원 아시아 모멘텀

# 원 아시아 모멘텀

**초판 1쇄** 2011년 6월 7일

..........................................................................

**지은이** 장대환
**펴낸이** 윤영걸 **담당PD** 이경주 **펴낸곳** 매경출판㈜
**등 록** 2003년 4월 24일(No. 2-3759)
**주 소** 우)100-728 서울 중구 필동1가 30번지 매경미디어센터 9층
**전 화** 02)2000-2610(편집팀) 02)2000-2636(영업팀)
**팩 스** 02)2000-2609 **이메일** publish@mk.co.kr
**인쇄·제본** ㈜M-print 031)8071-0961

..........................................................................

ISBN 978-89-7442-740-5

값 15,000원

아시아는 세계의 미래이자 한국의 미래다

# [ 원 아시아 모멘텀 ]

장대환 지음

ONE ASIA MOMENTUM

매일경제신문사

## 프롤로그

역사는 크게 굽이칠 때 위험과 기회를 선사한다.

휩쓸려갈 수도 있지만 발전의 폭과 속도를 높이려면 변화의 기운에 올라타야 한다.

지금 아시아인들은 그러한 역사적 급류(急流)를 목도하고 있다.

과거 500년간 서구가 장악했던 경제적 헤게모니가 아시아로 옮겨지고 있다. 징후는 뚜렷하다.

2008년 글로벌 금융위기를 계기로 아시아는 세계 경제의 핵심적인 성장엔진으로 각인됐다. 중국을 비롯한 아시아 주요 국가의 경제 성장은 서구 선진국을 압도하고 있다. 이런 추세라면

머지않아 서구를 앞지르고 세계 최대 경제권으로 발돋움할 것이다. ADB(아시아개발은행)는 ASEAN(아세안)+3 경제규모가 2014년에 미국을, 2020년에 EU(유럽연합)를 추월할 것으로 전망하고 있다.

국제적인 위상도 일취월장(日就月將)했다. 2010년 11월 G20 서울 정상회의에서 확인했듯이 세계인들은 이제 아시아의 목소리에 귀를 기울인다.

하지만 아쉽게도 아시아는 여전히 잘게 쪼개져 있다. 나라마다 경제발전 수준이나 정치체제, 종교, 언어, 역사적 경험이 천차만별이다.

그래서 원 아시아(One Asia)는 모자이크(Mosaic)다. 즉, 아시아(Asia)는 잘게 깨어진 여러 조각들과 같다. 찬찬히 들여다보면 크기와 모양이 다르고 빛깔도 제각각이다. 원 아시아는 이런 다양한 조각들을 정교하게 모아 아름다운 '모자이크'를 만들자는 구상이다.

천편일률적인 조각들로는 모자이크를 만들 수 없다. 조각이 각양각색일수록 모자이크의 그림은 더 뚜렷해진다. 조각 하나의 단점도 전체 모자이크에서는 장점이 될 수 있다.

쉽지 않은 작업이지만 원 아시아는 이미 거스를 수 없는 대세(大勢)다. 일찌감치 통합 논의를 진행시켜온 ASEAN 10개국은 물론이고, 원 아시아의 핵(核)이라 할 수 있는 '한국, 중국, 일본'이 아시아통합의 필요성에 공감하고 행동을 시작했다.

한·중·일 자유무역협정(FTA)의 타당성을 검토하기 위한 산관학회의는 2011년 3국 정상회의에 보고서를 제출한다. 이 보고서가 채택되면 한·중·일 FTA 논의는 본격적인 정부 간 협상으로 업그레이드된다. 한·중·일 FTA가 체결될 경우 3국의 국내총생산(GDP) 규모는 10조 달러에 달한다. 단박에 EU(16조 달러)와 NAFTA(14조 달러)에 이어 세계 3대 자유무역지대로 자리매김하게 되는 것이다.

굳이 FTA가 아니더라도 원 아시아를 향한 정부 차원의 협력은 제도화 단계에 접어들고 있다. 2010년 5월 3국 정상은 3개국 협력을 위한 상설사무국 설치에 합의했고, 한국 국회는 이미 관련 협정안을 비준 동의했다.

2008년 글로벌 금융위기는 세계질서를 뒤흔들어 놓았다. 과거 역사적 격변기에 그랬듯이 아시아를 이루는 조각들이 다시 한 번 흐트러진 셈이다. 한동안은 혼란스럽겠지만 흩어진 조각을 제대로 맞춘다면 일찍이 경험해보지 못한 기회를 잡을 수도 있을 것이다.

이제 중요한 것은 모멘텀(Momentum)이다. 무르익어가는 주변 여건들에 행동의 동기를 부여해야 한다. 특히 선진그룹과 후진그

륙, 일본과 중국, 동북아와 동남아 사이에서 조정자(Coordinator) 또는 촉진자(Facilitator) 역할을 할 수 있는 한국이 나설 때가 됐다. 한국은 아시아에서 유일하게 미국·EU와 FTA(자유무역협정)를 맺은 나라이기 때문에 아시아와 미국·유럽을 연결시키는 역할도 할 수 있다.

한국이 촉진자·조정자로서 원 아시아 구축에 기여하려면 선진국(先進國)뿐만 아니라 문화적·도덕적 우월성을 갖춘 선진국(善進國)이 되어야 할 것이다. 문화적·심리적·지적인 여유를 바탕으로 남을 먼저 배려하고, 다양성을 받아들일 수 있어야 제대로 된 리더십이 발휘될 수 있다. 이런 측면에서 원 아시아의 비전은 대한민국의 발전과 번영에 직결된다고 볼 수 있다.

이 책은 원 아시아의 '입문서(Introductory Textbook)'를 염두에 두고 쓰였다. 아시아의 개념부터 시작해 원 아시아가 무엇이고, 왜 필요한지, 어떻게 실현할 것인지를 설명했다. 또 역사 속에 등장하는 원 아시아와 함께 아시아 지도자들이 진단한 원 아시아의 미래도 별도의 장(章)으로 담았다.

책을 읽어가다 보면 원 아시아의 지리적 범위에 얽매일 필요가 없다는 점, 한·중·일의 공동노력이 무엇보다 중요하다는 점, 모래알 같은 아시아를 한 데 묶기 위해서는 서로 존중하고 이해하려는 노력이 필수적이라는 점 등을 자연스럽게 납득하게 될 것이다.

　영문 이니셜로 표현되는 국제기구 명칭이나 EU의 역사 등이 다소 낯설 수는 있겠으나, 전체적으로 원 아시아의 큰 맥락을 이해하는 데에는 무리가 없을 것이다.

　더 풍요롭고, 더 평화롭고, 더 개방적으로 변모한 원 아시아는 세계와 인류 전체의 축복이기도 하다. 원 아시아가 실현되면 긴장관계에 있던 아시아는 화합과 여유의 하모니가 흐르는 지역으로 변모할 것이다. 그 안에서 세계인들은 더 큰 시장에서 더 많은 성장기회를 누리며, 오늘날 서구 선진국 국민들의 전유물인 여가생활의 기쁨을 느끼게 될 것이다. 더 커진 아시아의 영향력은 더 큰 책임감으로 이어져 인류 발전에 기여할 것이다.

　지난 60여 년 동안 적지 않은 한국인들이 아시아를 의식하지 않고 살아왔다. 몸은 아시아에 있지만 눈과 마음은 서구를 향하고 있었던 것은 아니었을까?
　학자와 학생들은 서구의 학문을 공부해 검증된 제도와 시스템을 습득하는 데 급급했고, 관리들은 서구의 원조와 차관을 얻어와 나라를 일으키는 데 여념이 없었다. 기업인들은 서구의 트렌드를 읽어 선진국 시장을 겨냥한 수출품을 만들어내는 데 골몰해야 했다.

하지만 이제는 달라졌다. 아시아는 세계의 미래이자, 한국의 미래다. 이 책이 그러한 미래의 포부를 여는 데 자그마한 도움이 되기를 바란다.

매일경제신문 · mbn 회장 장대환

# ONE ASIA
## CONTENTS

프롤로그 _4

### Part I 세계가 주목하는 원 아시아
1. 칭기즈칸의 위대한 제국 _15
2. 역사 속의 원 아시아 _23
3. 이제는 아시아가 대세 _30

### Part II 원 아시아로 향하는 길
1. 원 아시아의 기본 개념 _45
2. 아시아의 현주소 _51
3. 아시아의 다양성 _60
4. 아시아의 공통 가치 _65
5. 원 아시아 범위 _72

## PartIII 세계를 리드하는 원 아시아

1. 원 아시아에 대한 각국의 입장 _99
2. 동아시아공동체 발전 과정 _105
3. EU에서 배우는 원 아시아의 길 _113
4. 세계 석학 및 지도자들의 발언 _135
5. 아시아통합 제안 _138

## PartIV 여러 측면에서 바라본 원 아시아 구상

1. 여러 측면에서 바라본 원 아시아 _151
2. 경제적 측면에서의 원 아시아 _154
3. 안보적 측면에서의 원 아시아 _175
4. 문화적 측면에서의 원 아시아 _179
5. 지식네트워크 측면에서의 원 아시아 _183
6. 기업의 역할 '생산네트워크' _190
7. 그 밖의 원 아시아 구상 '물류(교통) 네트워크' _202

## PartV 원 아시아 액션플랜

1. 원 아시아 실현의 걸림돌 _221
2. 원 아시아의 핵 한·중·일 _245
3. 원 아시아 실현을 위한 액션플랜 _255

## 에필로그 _283

## 부록

- 한국의 FTA 추진현황 _305
- 용어설명 _307
- 참고자료 _314

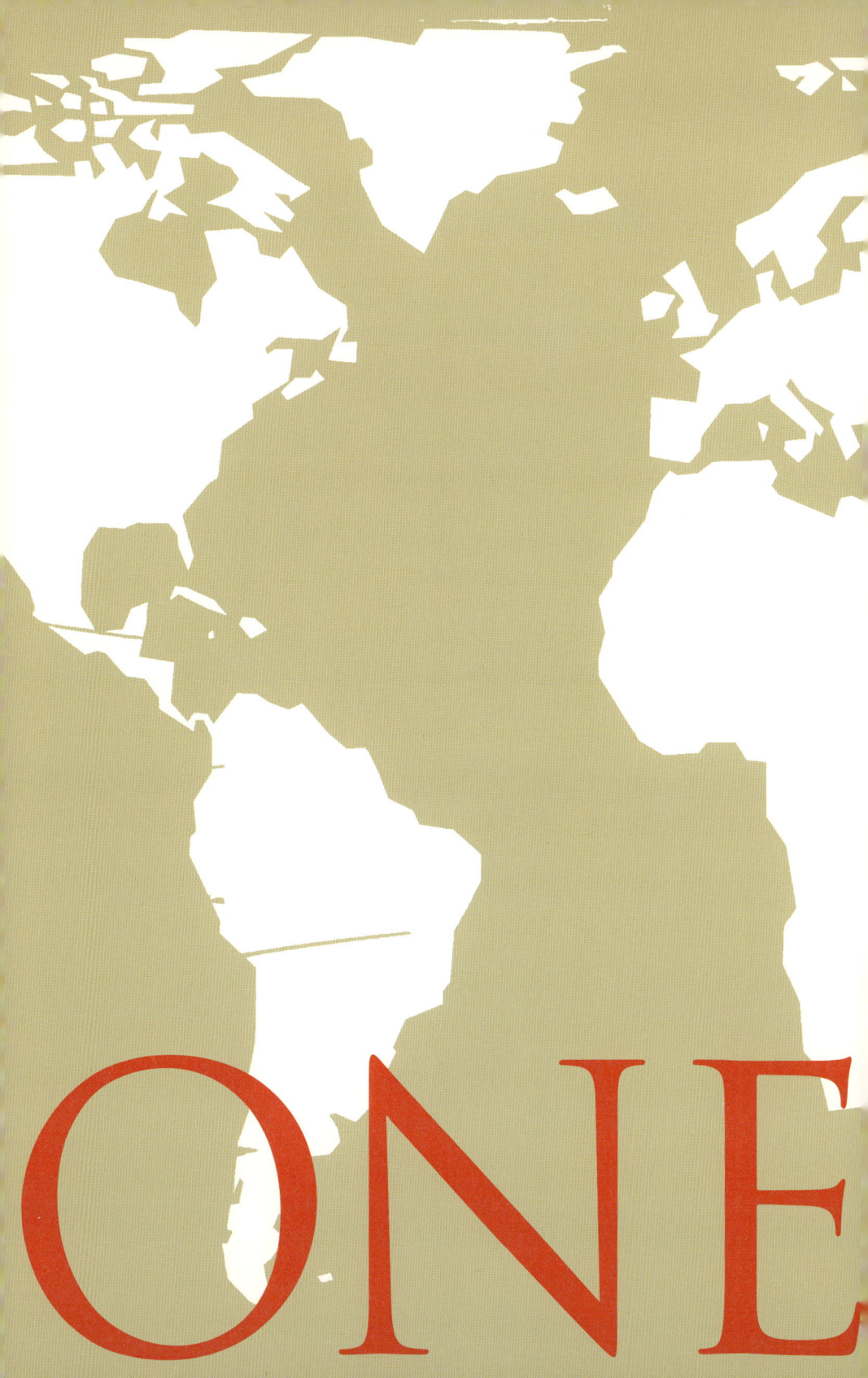

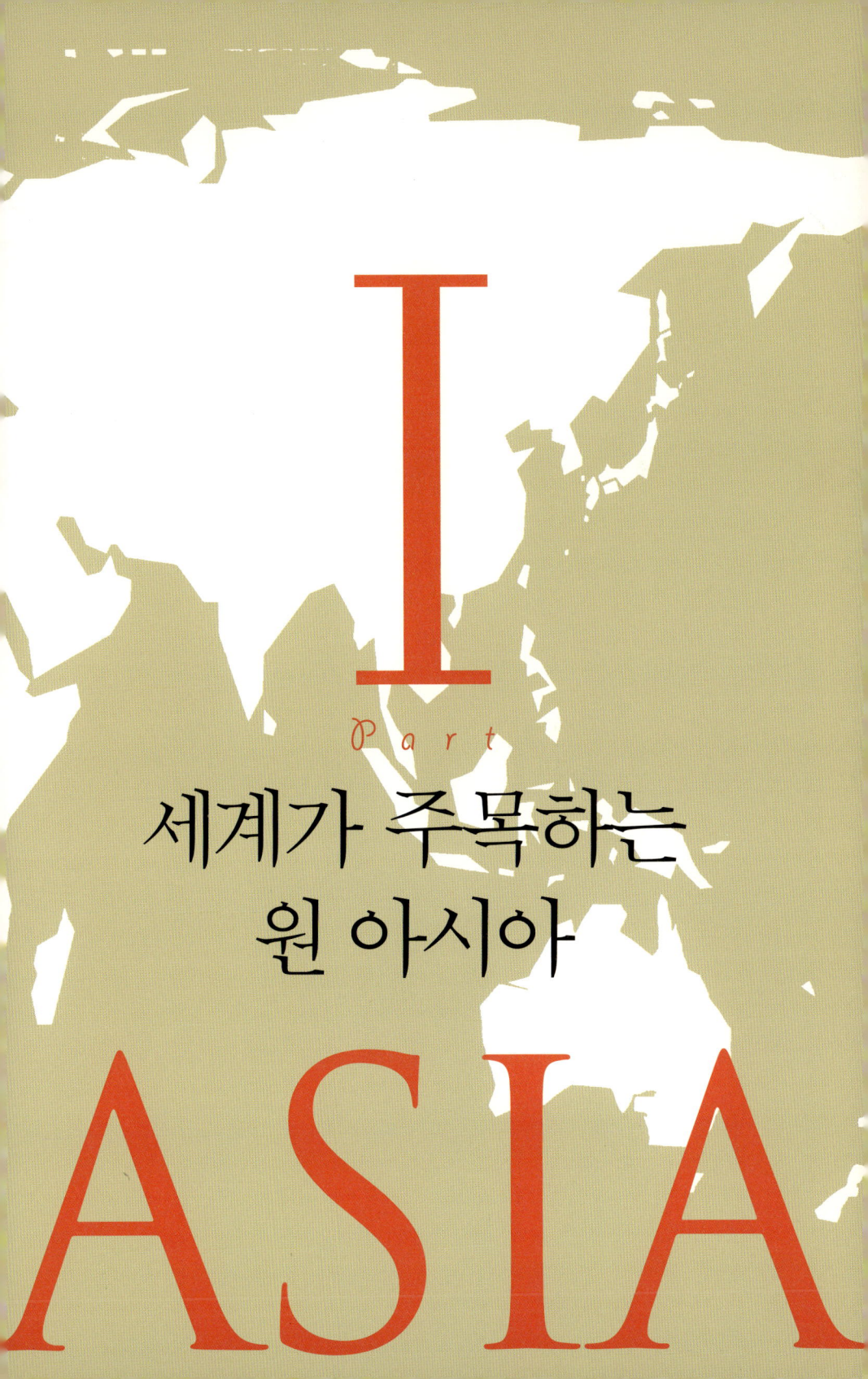

ONE ASIA

## SECTION 1
# 칭기즈칸의 위대한 제국

몽골은 서구문명을 반석 위에 올려놓은 로마제국보다 훨씬 더 많은 땅과 사람을 정복했다. 제국을 달성한 시간도 로마의 400년보다 훨씬 짧은 25년에 불과했다. 대단히 효율적인 통합이 이뤄졌던 셈이다.

원 아시아(One Asia)는 역사적 사실이다. 역사 속에서 꾸준히 모습을 드러내왔고, 심지어 실현된 적도 있다. 700여 년 전 초원의 위대한 정복자 칭기즈칸. 그는 몽골 기마군단이라는 당대 최고 수준의 무력에 실용주의라는 혁신적인 소프트웨어를 담아 원 아시아를 이룩했다. 13세기 칭기즈칸과 그의 후손들이 정복한 면적은 3,320만 $km^2$로 아시아의 대부분을 넘어 지중해 동쪽까지 이르렀다.

몽골은 서구문명을 반석 위에 올려놓은 로마제국보다 훨씬

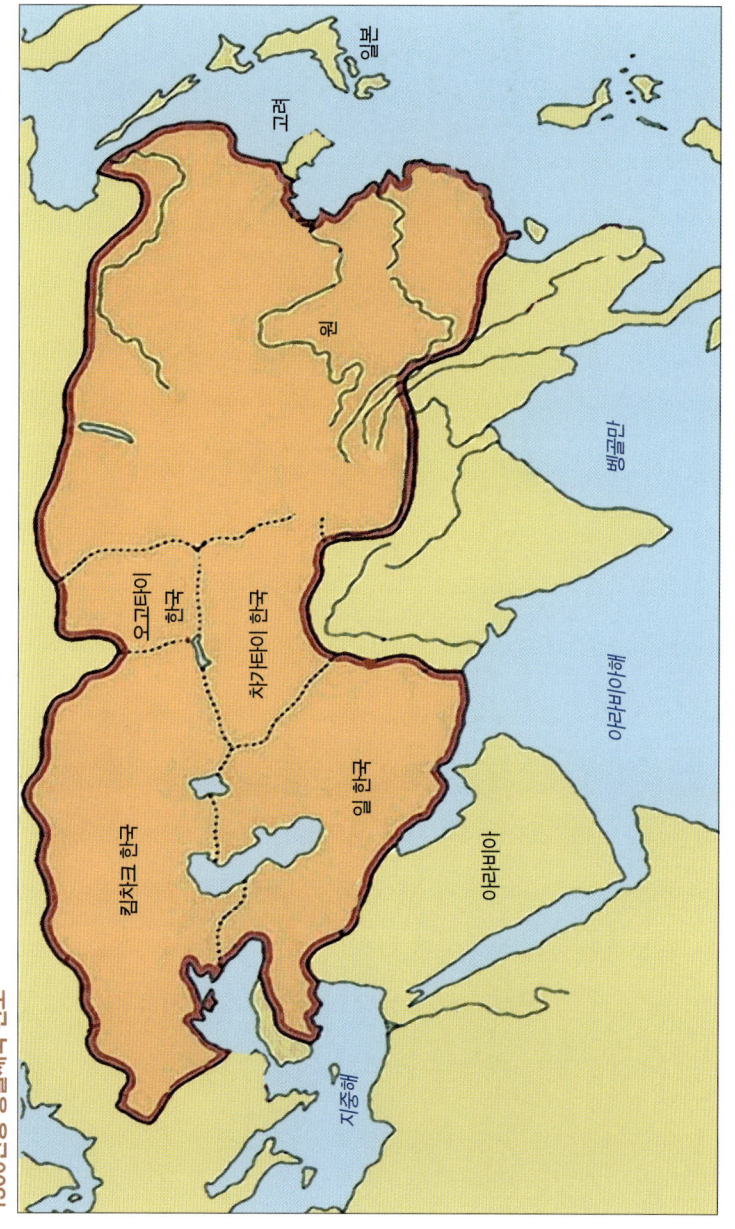

1300년경 몽골제국 판도

더 많은 땅과 사람을 정복했다.[1] 제국을 달성한 시간도 로마의 400년보다 훨씬 짧은 25년에 불과했다. 대단히 효율적인 통합이 이뤄졌던 셈이다. 비결은 무엇이었을까?

## 팍스 몽골리카

| 팍스 몽골리카(Pax Mongolica)의 핵심적인 통치비법은 실용주의였다. 제국의 원동력이었던 칭기즈칸의 기마군단은 실용주의를 전쟁에 접목시킬 줄 아는 군대였다. 칭기즈칸이 철저하면서도 일관되게 실천한 전쟁 규칙은 '항복하면 모두 살려주지만 반항하면 모조리 죽인다'는 것이었다. 저항하는 적군은 무자비하게 학살했지만 싸움을 포기하고 항복한 적군은 고스란히 자신의 군대로 받아들였다.

정치 분야도 마찬가지였다. 칭기즈칸이 죽은 후에도 그 후손들은 경제적 이해관계를 중시하는 실용주의 노선을 그대로 이어받아, 정치적 분쟁을 극복해가며 방대한 제국을 유지했다.

칭기즈칸의 실용주의는 몽골제국에 국한된 것이 아니었다.

---

[1] Jack Weatherford, 《Genghis Khan and the Making of the Modern World》, Three Rivers Press, 2004

몽골제국이 무너진 후에도 팍스 몽골리카의 실용주의 전통은 수백 년을 이어져 내려와 근대 세계 체제의 기반이 됐다. 칭기즈칸이 강조하고 실천했던 자유 교역, 자유 교통, 지식 공유, 세속 정치, 종교 간 공존, 국제법, 치외법권 등은 인류에 남겨진 유산으로서 지금도 살아 숨쉬고 있다.

## 자유무역을 통한 경제 부흥

│ 칭기즈칸의 몽골제국은 주위의 많은 문명을 연결하고 혼합하여, 장점을 취하고 단점을 버림으로써 새로운 세계 질서를 창조해냈다. 칭기즈칸이 제국을 건설했던 13세기는 여러 문명이 제각각 존재했던 시기였다. 지리적으로 접해있거나 가까운 이웃국가 외에는 다른 문명을 알지 못했다. 중국은 유럽을, 유럽은 중국을 서로 몰랐던 시절이었다.

하지만 칭기즈칸은 이런 사고방식에 얽매이지 않았다. 한 곳에서는 흔한 물건이 다른 지역에선 귀한 물건으로 탈바꿈된다는 점을 간파한 칭기즈칸은 자신이 정복한 지역에 약 30km마다 역참을 설치, 유라시아를 횡단하는 교역로를 확보했다. 또 각 지역의 상업요지에는 교역기지를 세울 것을 독려했고, 교역로의 안전은 완벽하게 보장했다. 동서양의 시장을 하나로 묶고,

비교우위론에 입각해, 자유무역을 정확하게 구현했던 것은 당대의 수퍼 파워, 경찰국가 노릇을 했던 몽골제국이 교역로 전체를 지배했기 때문에 가능한 일이었다. 자유무역을 통한 경제적 부흥은 몽골인 1명이 100명의 이민족을 다스리는 소수지배의 구조를 정당화하는 정치·경제적 밑천이 됐다.

## 위대한 스탠더드 창시자

| 칭기즈칸과 몽골제국은 위대한 스탠더드(Standard)의 창시자이기도 했다. 세계의 모든 언어를 표기할 수 있는 단일 알파벳도 그런 업적 중 하나다. 팍파(Phags-pa)문자는 티베트 라마승 팍파가 티베트 알파벳을 바탕으로 만든 41개 글자다. 몽골의 권력이 시들면서 팍파문자도 잊혀져갔지만, 여기서도 몽골제국 특유의 실용주의가 드러난다. 칭기즈칸의 손자 쿠빌라이 칸은 팍파문자를 제국의 공식문자로 채택했지만 이를 강요하지는 않았다. 요즘으로 치면 스탠더드는 제시하되, 수용 여부는 철저히 시장에 맡긴 것이다.

칭기즈칸은 인종적으로 다양한 대규모 부족 연합체의 평화를 유지하기 위해 새로운 법을 정하기도 했다. 이른바 '칭기즈칸의

대법령'이라 불리는 이 법은 당시로선 혁신적인 내용을 담고 있었다. 몽골인의 노예 금지, 여자 납치 금지, 돈으로 산 여자와의 결혼 금지, 간통 금지, 도둑질 금지 등 사람들 간의 신뢰를 깨뜨리는 전통적인 관행들을 과감하게 개혁했다. 그러면서도 개별 집단들이 독자적으로 갖고 있던 전통은 대법령과 충돌하지 않는 한 허용했다. 이런 개방성 때문에 칭기즈칸의 대법령은 최고의 법 또는 관습법 역할을 할 수 있었다.

칭기즈칸은 특히 자신이 법 아래 있음을 선언함으로써 법의 일관성을 확립했다. 군주가 법 위에 군림하는 것을 당연시했던 유럽 문명보다 훨씬 앞선 시절에 평등주의와 법치주의 전통을 세운 것이다.

칭기즈칸이 사망하기 직전 사용을 인가한 지폐도 실용주의가 낳은 새로운 스탠더드였다. 물물교환이나 무거운 금속화폐 대신 지폐를 사용할 수 있게 되자 교역이 한결 편리해졌다. 당시 사용된 몽골의 화폐는 아프리카에서도 발견될 정도로 활발하게 유통됐다. 이는 영국이 지폐를 찍어내기 400년 전의 일이었다.

한발 더 나아가 보편적으로 통용될 수 있는 통화체계를 확립하기도 했다. 제국 내 각 나라가 전통적으로 사용해오던 명칭과 무게대로 경화를 계속 주조하도록 허용하면서도 수케(500조각으로 나눈 은괴)와 가치가 연동되도록 했다. 이를 통해 제국 정부는 예산 수립 과정을 표준화할 수 있었다. 칭기즈칸의 셋째 아들 우구데이 칸은 무게와 측량 단위를 표준화했다. 교역의 편의성을 높이기 위한 조치였다.

## 종교 및 사상의 자유 보장

| 역사에 등장하는 대부분의 제국은 정복한 지역에 자신들의 문명을 강요했다. 로마는 라틴어, 와인, 올리브유, 밀농사 등을 정복지에 강요했다. 기후와 토양이 제각각이었지만 상관없었다. 터키의 에페소스에서 독일의 쾰른에 이르기까지 로마의 도시 설계와 건축 양식이 적용됐고, 밀농사가 적합하지 않은 땅에서도 밀농사를 지어야 했다. 이런 사례는 많다. 영국은 뭄바이에 튜더 왕조식 건물을, 네덜란드는 카리브해에 풍차를, 스페인은 멕시코에서 아르헨티나까지 자신의 양식을 적용한 성당과 광장을 건설했다. 단순히 영토만 지배하는 것이 아니라 문화까지도 이식하려 노력했던 셈이다.

그러나 몽골은 달랐다. 정복당한 사람들에게 종교·사상을 강요하지 않았다. 치열한 전쟁 중에도 종교·사상 때문에 사람을 죽이는 일은 없었다. 오히려 모든 사람에게 완전하고 전면적인 종교적 자유를 보장했다. 당시 몽골제국에는 오늘날 우리가

알고 있는 온갖 종교들이 큰 충돌 없이 공존했다.

## 아시아 – 유럽 지식공유 네트워크

몽골의 교역로는 물자뿐만 아니라 지식체계를 교환하고 거래하는 네트워크 구실을 했다. 몽골제국을 촘촘히 연결해놓은 역참 시스템은 오늘날 철도망, 체신망과 유사하다. 교역로를 거쳐 유통된 아시아, 유럽, 아프리카의 지식은 근대 세계를 여는 계기가 됐다.

모든 형태의 지식은 상품이 될 수 있다고 믿었던 몽골인들은 전쟁 중에 포로로 붙잡은 기술자는 죽이지 않았다. 1219~1225년 호라즘 원정 때의 일이다. 중앙아시아의 패자 노릇을 했던 호라즘과 칭기즈칸의 군대가 격돌했다. 본격적인 전투에 앞서 칭기즈칸은 사신단을 파견했으나 호라즘의 지배자 무하마드가 이들을 처형해버렸다. 분노한 칭기즈칸은 호라즘의 수도 헤라트를 함락한 후 대학살에 나선다. 150만 명의 주민들이 끌려나와 120만 명이 학살됐다. 그러나 이런 대학살극에서도 기술자들은 목숨을 건질 수 있었다.

## SECTION 2
# 역사 속의 원 아시아

아시아통합 논의가 수백 년간 이어져 오늘날 원 아시아로 이어지고 있음은 유의할 필요가 있다. 안보 및 정치적 평화뿐만 아니라 원 아시아의 개념 속에는 문화적 · 경제적 · 정치적 효율 극대화를 두루 포함하고 있다는 점이 다를 뿐이다.

칭기즈칸의 몽골제국이 패망한 이후에도 '아시아를 한 데 묶자'는 아이디어는 역사 속에서 명맥을 이어왔다. 특히 20세기 들어 아시아의 지식인들은 칭기즈칸을 통해 아시아통합의 개념을 적극적으로 검토했다. 서구의 과학자나 정치가들이 황화(Yellow peril)에 대한 공포를 키우고 있던 것과는 정반대였다. 황화란 황인종에게 서구의 문명과 기술이 전해질 경우 장차 자신들에게 피해를 줄 것이라는 백인종의 피해망상증을 말한다.

그러나 칭기즈칸 이후 대부분의 아시아통합 구상은 이렇다 할 성공을 거두지 못했다. 특히 20세기 초로 거슬러 올라가는 일본의 아시아통합론은 주변국들에게 엄청난 고통을 줬다.

## 역사에 상처를 남긴 일본의 아시아통합론

| 지금으로부터 100여 년 전인 1904년 3월 15일 〈뉴욕타임스〉에 'United Asia a possibility(Steven Bell)'라는 제목의 글이 실렸다. 아시아의 통일 가능성을 다룬 글이었다. 그러나 내용을 찬찬히 들여다보면 오늘날 거론되는 평화로운 통합을 다룬 글은 아니었다. 일본이 아시아 전역을 아우르는, 역사상 가장 큰 제국을 건설하는 첫 번째 나라가 될 수 있을지에 대한 얘기였다.

당시 일본은 아시아의 강자(强者)로 급속히 부상하는 국가였다. 특히 1904년은 일본이 청·일전쟁을 통해 청나라를 무너뜨린 지 10년째 되는 해였다. 더구나 글이 실린 1904년 3월은 일본 함대가 러시아의 뤼순군항을 기습 공격함으로써 러·일전쟁이 발발한 직후이기도 했다. 서구인의 시각에서는 강력한 군사력을 바탕으로 아시아에서 영향력을 확대하는 일본의 행보가 범상치 않게 보였을 것이다.

실제로 청·일전쟁과 러·일전쟁은 아시아의 패권 향방에 중대한 변화를 가져왔다. 이 두 사건을 계기로 일본의 대동아제국 건설을 위한 시도가 계속됐고, 결국 제2차 세계대전으로 이어졌다. 일본은 제2차 세계대전에서 '대동아공영권(大東亞共榮圈)'이라는 아시아 연대론을 적극 내세웠다. 아시아가 서양 세력의 식민지배로부터 벗어나려면 일본을 중심으로 일종의 지역 블록인 대동아공영권을 결성해 정치·경제적 공동번영을 꾀해야 한다는 주장이었다.

이에 앞서 《더 북 오브 티(The Book of Tea)》(1906년)의 저자로 일본의 유명한 사상가 오카쿠라 카쿠조는 "유럽의 영광은 아시아의 굴욕이다"며, "아시아는 하나다(Asia is one)"라고 밝히기도 했

**일본의 유명한 사상가 오카쿠라 카쿠조와 그의 책 《더 북 오브 티》**

다. 그는 아시아의 '종교와 미술' 속의 '미(美)와 애(愛)'를 원동력으로 삼아 서양의 패권에 대응하는 '하나의 아시아'를 형성할 것을 주장했다. 오카쿠라 카쿠조 역시 아시아 각국의 분열과 다양한 문화적 배경을 잘 알고 있었다. 그럼에도 불구하고 '하나의 아시아'를 강조한 것은 정신세계에서 서양 문명을 극복하는 가장 좋은 방법이라고 생각했기 때문이었다.

그러나 '아시아는 하나다'라는 그의 명제는 제2차 세계대전 과정에서 일본 군국주의를 미화하는 선전에 활용돼 혹독한 비판을 당하기도 했다. 아시아 맹주로 부상한 일본의 아시아 지배를 정당화하는 것 아니냐는 의심 때문이었다.

실제로 20세기 초부터 거론됐던 일본 내 아시아통합론은 군국주의 망령이 덧씌워지면서 심하게 왜곡됐다. 일본은 1945년 8월 항복을 선언했지만 전쟁 과정에서 주변 아시아 국가들에게 씻을 수 없는 고통을 안겨줬다. 당시 일본이 아시아 국가들에게 입힌 깊은 상처는 오늘날에 이르기까지 원 아시아를 가로막는 '보이지 않는 장벽'으로 작용하고 있다. 특정 국가의 이익이 우선시되는 배타적이고 일방적인 통합은 무리가 따를 수밖에 없다.

## 쑨원의 대(大)아시아주의

20세기 이후, 아시아통합 구상은 일본만이 독점했던 것은 아니다. 중국에서는 혁명적 민주주의자 쑨원(孫文)이 대(大)아시아주의를 부르짖었다.[2]

그는 1924년 일본 고베상업연구소에서 행한 연설에서 "아시아 서부국가들이 친밀하게 결속하면 유럽의 강대한 민족에 대항할 수 있다"고 주장했다. 당시 아시아 인구는 9억 명이고 유럽은 4억 명밖에 안 되는데, 아시아가 핍박당한다는 것은 용납할 수가 없다는 주장이었다.

쑨원은 당시의 국제구도를 패도(覇道)와 왕도(王道)의 대립으로 인식했다. 쑨원의 생각은 동양의 왕도가 서양의 과학기술을 흡수하면 패도를 극복할 수 있다는 것이었다. 그는 "일본은 앞으로 패도의 길을 갈 것인가, 왕도의 길을 갈 것인가"라며 일본인들의 신중한 처신을 호소하기도 했다.

---

2) 쑨원(孫文), 1924년 11월 28일 일본 고베 강연

**세계평화주의자였던 안중근 의사와 유고작 《동양평화론》**

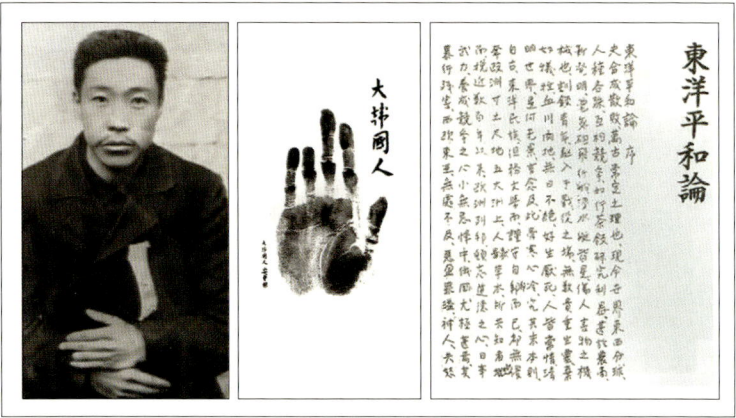

## 안중근 의사의 동양평화론

| 지금으로부터 100여 년 전인 1910년 세계평화주의자인 안중근 의사는 옥중에서 《동양평화론》을 집필했다. 안 의사는 미완성 유고작인 《동양평화론》을 통해 '동아시아공동체'론을 재조명했다. 안 의사는 동양평화론에서 한·중·일 3국 간 동양평화협의체를 구성해 공동은행을 설립하고 공용화폐를 발행하는 동시에, 공동평화군과 대학을 창설하자고 역설했다. 오늘날의 아시아 지역공동체, 아시아 화폐 통합론을 연상시키는 제안들이다. 특히 군사와 재정 통합을 포함한 지역공동체 구상은 오늘날의 EU(유럽연합)와 비슷하다.

안 의사는 《동양평화론》에서 한·중·일 3국 관계를 '대등한 국가관계'로 인식했으며, 이웃 국가에 대한 침략과 영토 확장을 비판하고 평화적 공존을 강조했다. 한·중·일 3국이 평등하고 상호 협력하는 동맹관계를 맺어야 한다는 주장이었다.

안중근 의사의 동양평화론이나 쑨원의 대(大)아시아주의는 약육강식의 논리가 득세했던 제국주의 시절에는 시대적인 한계가 있었던 주장이었다. 특히 쑨원의 대아시아주의에는 구체적인 실천방안이 없을 뿐더러, 중화세계의 재현을 추구하는 듯한 요소도 적지 않았다.

다만 아시아통합 논의가 수백 년간 이어져 오늘날 원 아시아로 이어지고 있음은 유의할 필요가 있다. 안보 및 정치적 평화뿐만 아니라 원 아시아의 개념 속에는 문화적·경제적·정치적 효율 극대화를 두루 포함하고 있다는 점이 다를 뿐이다.

SECTION 3
# 이제는 아시아가 대세

제2차 세계대전 이후 아시아의 4룡, 즉 NIEs가 날아오르더니, 중국과 인도가 초고속성장의 기지개를 활짝 펴고 있다. 한때 '탈아시아'를 외쳤던 일본도 이제는 아시아로 눈을 돌리고 있다. 이른바 '아시아의 시대'가 도래한 것이다.

## 아시아에 쏠린 시선

칭기즈칸 이후 700여 년 동안 세계패권에는 수많은 변화가 있었다. 오늘날 세계가 경험하고 있는 가장 두드러진 변화는 바로 아시아의 급부상이다. 새롭게 부상하는 아시아는 서구 선진국을 모방하고 쫓아가는 예전의 아시아가 아니다. 자원과 인력을 수탈당하는 식민지 아시아는 더더욱 아니다. 이제 아시아는 서구 선진국과 어깨를 견주며 함께 경쟁하고, 아시아적 가치관과 기준을 제시하며 세계를 리드하는 글로벌 파워로 거듭나고 있다. 부(富)의 이동이 세계 패권의 판도를 뒤바꿔 놓은 것이다.

제2차 세계대전 이후 아시아의 4룡(龍), 즉 NIEs(Newly Industrialized Economies, 한국, 대만, 싱가포르, 홍콩)가 날아오르더니, 중국과 인도가 초고속 성장의 기지개를 활짝 펴고 있다. 한때 '탈(脫)아시아'를 외쳤던 일본도 이제는 아시아로 눈을 돌리고 있다. 이른바 '아시아의 시대(Asian century)'가 도래한 것이다.

UN이 제시한 '2020 메가트렌드'는 아시아의 부상을 첫 번째 메가트렌드로 꼽고 있다.[3]

지금 글로벌 경제 질서는 WTO(세계무역기구) 체제에 따른 전방위적인 자유무역과 함께 각국이 배타적 지역 경제통합을 서두르는 이중적인 흐름을 보이고 있다. 이미 미국을 중심으로 한 NAFTA(북미자유무역협정)와 유럽 국가들의 EU(유럽연합)는 세계 경제의 양대 축으로 자리매김하고 있다. 이러한 주변 환경의 급격한 변화는 아시아에게 행동(Action)을 요구하고 있다.

---

3) 〈유엔 미래 보고서(State of the Future)〉, State of the World report, 2007

## 아시아, 글로벌 경제의 중추

│ 아시아는 지금도 글로벌 경제를 좌지우지할 수 있을 만큼의 몸집을 갖고 있다. 아시아에 사는 인구는 세계 인구의 55% 이상이다. 하지만 향후 인구추이를 감안하면 아시아의 중요도는 앞으로 더욱 높아진다.

UN과 세계은행 등에 따르면 아시아 인구는 2007년부터 2025년까지 7억 4,900만 명, 2025년부터 2050년까지 4억 8,700만 명이 늘어날 것으로 예상되고 있다.

단순히 인구만 많은 것이 아니다. 아시아는 구매력 평가 기준으로 세계 GDP(국내총생산)의 약 37%, 세계 수출의 약 27%를 차지한다. 더구나 아시아는 생산성 경쟁에서도 앞서 나가기 시작했다. IMF(국제통화기금)는 최근 3개년 평균 생산성 증가율이 중국은 거의 9%에 달했고, 나머지 아시아 국가들도 거의 5%였다고 추산한다. 이는 선진국의 생산성 증가율 2%를 크게 웃도는 수준이다.

세계적 투자은행 골드만삭스는 2050년 세계 경제는 미국·중국·인도의 3대 축이 이끌 것이라고 전망하고 있다. 지난 200년 간 세계 경제를 쥐락펴락했던 미국-유럽의 양대구도는 더 이상 지속될 수 없다는 의미다.

영국의 유력 경제지인 〈파이낸셜 타임스〉는 한 심층분석 기사에서 세계패권이 동(東)으로 움직이고 있다고 진단했다.[4] 19세기 말 미국이 신흥 강국으로 등장한 이래 가장 중요한 글로벌 차원의 부와 힘의 재조정이다. 아시아가 명실상부한 '글로벌 스탠더드'가 될 수 있을지는 좀 더 지켜봐야 할 것이다. 그럼에도 불구하고 일본을 빼면 늘 변두리를 맴돌던 아시아가 세계 경제의 주역으로 부상한 것은 부인할 수 없는 현실이다.

일단 2012년 말이면 중국은 미국을 제치고 세계 최대 제조업국이 될 것이 확실시된다. 영국과 미국에 이어 250년 만에 세계 제조업의 리더가 세 번째로 바뀌는 것이다.[5]

## 중국 · 인도의 급부상

| 중국과 인도의 성장은 눈이 부실 정도다. 전망 기관에 따라 시점의 차이는 있지만 중국의 경제 규모가 세계 1위로 오르는 것은 시간 문제로 받아들여지고 있다. 빠르면 2015년, 늦어도 2030년까지는 중국이 미국을

---

4) David Pilling, "Poised for a shift", 〈Financial Times〉, 2010.11.23
5) Jonathan Garner, 모건 스탠리 애널리스트, 2010

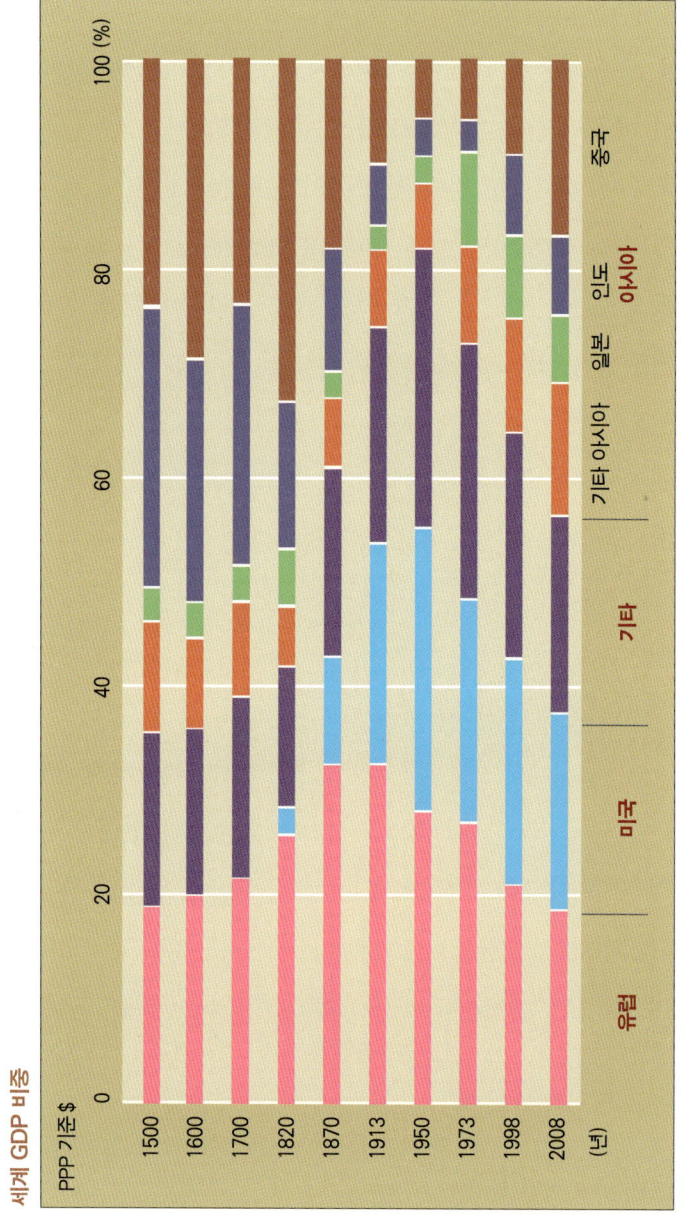

제치고 세계 최대 경제국으로 부상할 것으로 전망된다. 이미 미국인의 절반 가량은 세계 1위 경제대국으로 중국을 꼽고 있다는 조사 결과도 있다.

중국 다음으로 세계 1위의 경제대국으로 떠오를 나라로는 인도가 꼽힌다. 씨티그룹은 오는 2020년까지 중국이 미국을 제치고 세계 최대의 경제대국으로 부상하지만, 2050년에는 인도가 중국을 앞질러 세계 1위의 경제대국이 될 것으로 예상했다.

버락 오바마 미국 대통령이 인도를 방문했을 때 현지 외교 관리가 동정조로 "미국의 실업 문제를 돕기 위해 수십억 달러를 들여 미국산 비행기와 장비를 구매할 필요가 있다"고 말했다는 에피소드는 세계 경제의 중심축이 아시아로 빠르게 이동하고 있음을 상징한다.

국제외교 무대에서의 아시아 발언권 역시 갈수록 커지고 있다. G20(주요 20개국)에서 목소리를 높이는 나라는 중국, 인도, 한국, 인도네시아, 호주 등이다. 환율전쟁 직전까지 치달았던 2010년 가을, 이들 아시아 국가들은 G20 서울 정상회의에서 자국의 이익을 반영하기 위해 적극적으로 의견을 개진했다. 심지어 중국은 미국의 방만한 재정과 환율 정책에 대해 훈수를 두기까지 했다.

아시아로 파워가 이동한 것이 새삼스럽지 않다는 시각도 있다. 잠재력을 감안하면 최근의 경제적 급부상이 그다지 놀랍지 않다는 설명이다. 노벨경제학상 수상자인 아마르티아 센(Amartya Sen)[6]은 "세계를 어떤 기준으로 나누느냐에 따라 세계패권의 지각변동이 다르게 보일 것"이라며, "인도와 중국은 18세기에 이미 세계 GDP 50%를 차지한 대국이었다"고 지적했다.

## 아시아, 금융위기 극복의 주역

| 2008년 글로벌 금융위기는 아시아가 세계 경제의 원동력으로 부상하고 있다는 사실을 다시 확인하는 계기가 됐다. 세계 경제의 성장엔진으로서 아시아의 가치를 확실히 각인시켰다.

IMF에 따르면 글로벌 금융위기 발생 이듬해인 2009년 미국과 유럽은 각각 -2.4%와 -4.8%의 마이너스 성장을 감수해야 했다. 이에 비해 인도와 중국은 각각 7.3%와 8.7%의 고도성장을 기록했다. 세계 경제 성장의 중심이 미국·유럽에서 아시아 신흥 지역으로 이동한 것이다.

---

6) 아마르티아 센(Amartya Sen), 하버드대학교 교수, 인도 출신 경제학자로 1998년 아시아인 최초로 노벨 경제학상을 수상하였다.

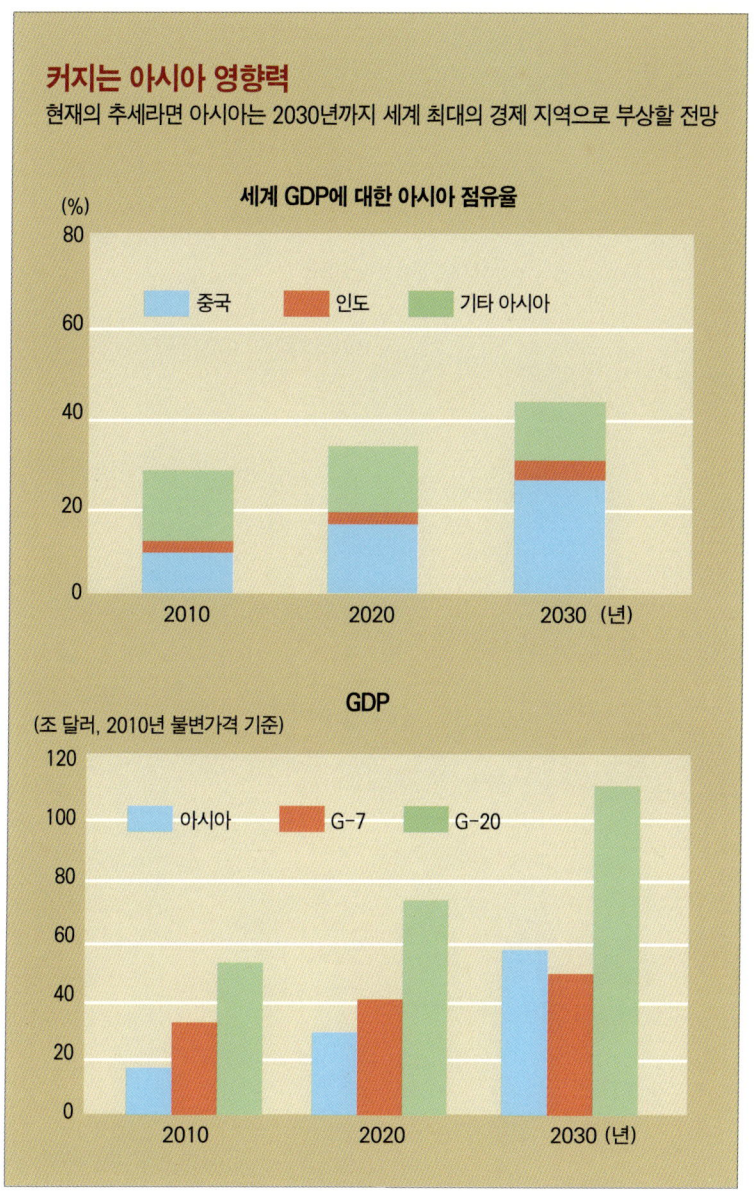

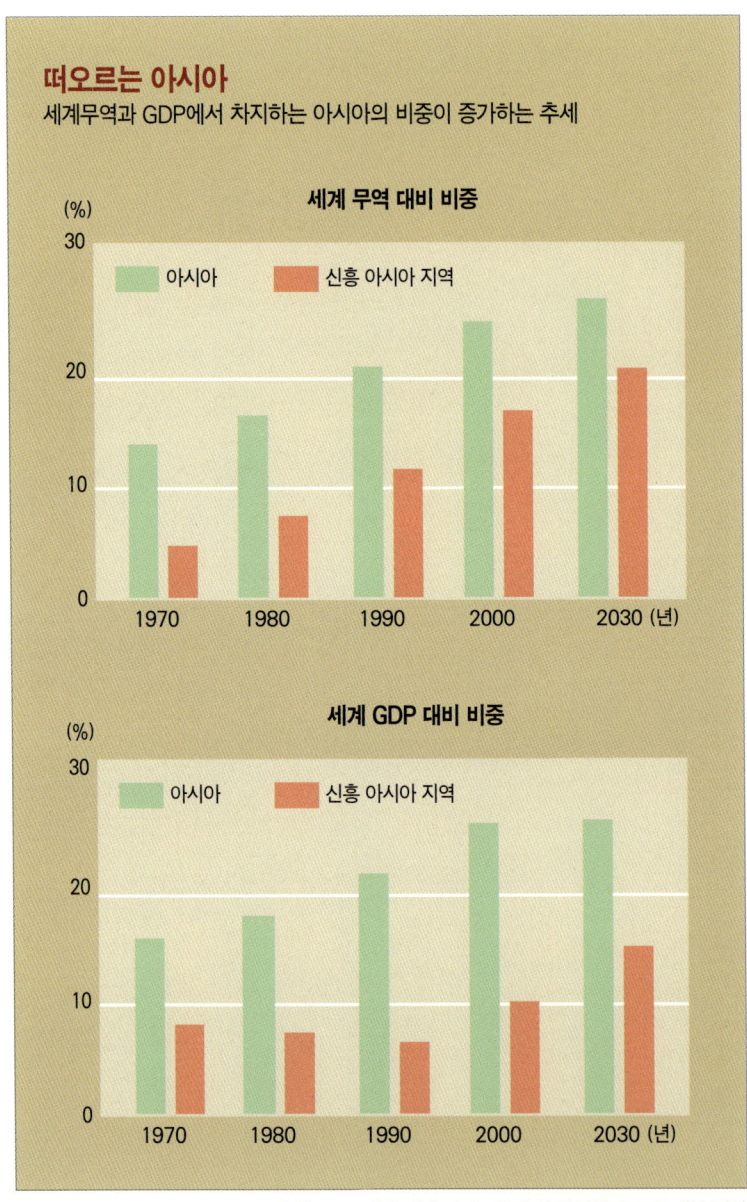

'아시아의 놀라운 반등'이란 제목의 커버스토리를 담은 〈이코노미스트〉

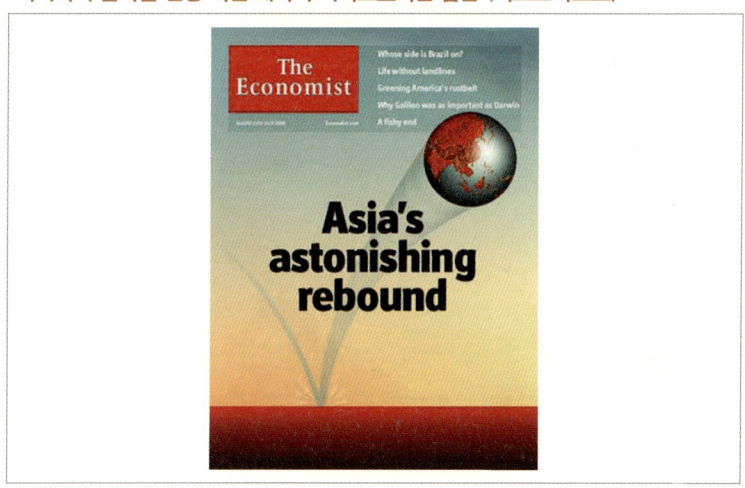

영국의 경제주간지 〈이코노미스트〉는 '아시아의 놀라운 반등[7]'이라는 제목의 커버스토리에서 호주와 뉴질랜드를 포함한 아시아의 경제 규모는 5년 이내에 지금보다 약 50% 성장해 전 세계 생산의 3분의 1을 담당할 것으로 내다봤다. 아시아 경제의 몸집이 미국과 유럽의 경제를 합친 수준으로 확대된다는 뜻이다.

글로벌 금융위기를 극복한 이후에도 아시아 경제의 역동성은 세계 경제의 회복과 성장에 큰 기여를 하고 있다. 아시아의

---

7) "아시아의 놀라운 반등(Asia's astonishing rebound)", 〈Economist〉, 2009.8.13

GDP는 2030년께 서방 선진 7개국(G7)의 국내총생산을 초과할 것으로 전망되고 있다.

2008년 글로벌 금융위기 이후 돋보인 또 다른 변화는 세계무역에서 부쩍 커진 아시아의 역할이다. 글로벌 금융위기의 원산지격인 미국, 유럽 등 선진국들은 아시아로부터의 수입이 크게 감소했다. 하지만 아시아 지역은 역내 무역 강화를 통해 위기를 극복해나갔다. 앞으로 상당기간 동안 아시아 지역은 빠르게 성장하는 반면 선진국의 경기회복은 완만하게 진행될 전망이다.

또 선진국들의 경우 국가재정에 상당한 어려움을 겪고 있지만 일본을 뺀 아시아 신흥국의 정부재정은 여전히 건전한 편이다. 이 같은 현실은 개발도상국과 아시아 신흥국 간의 무역 확대를 초래하고, 글로벌 금융자금의 아시아 신흥국 유입 가능성을 높이는 요인으로 작용할 것이다.

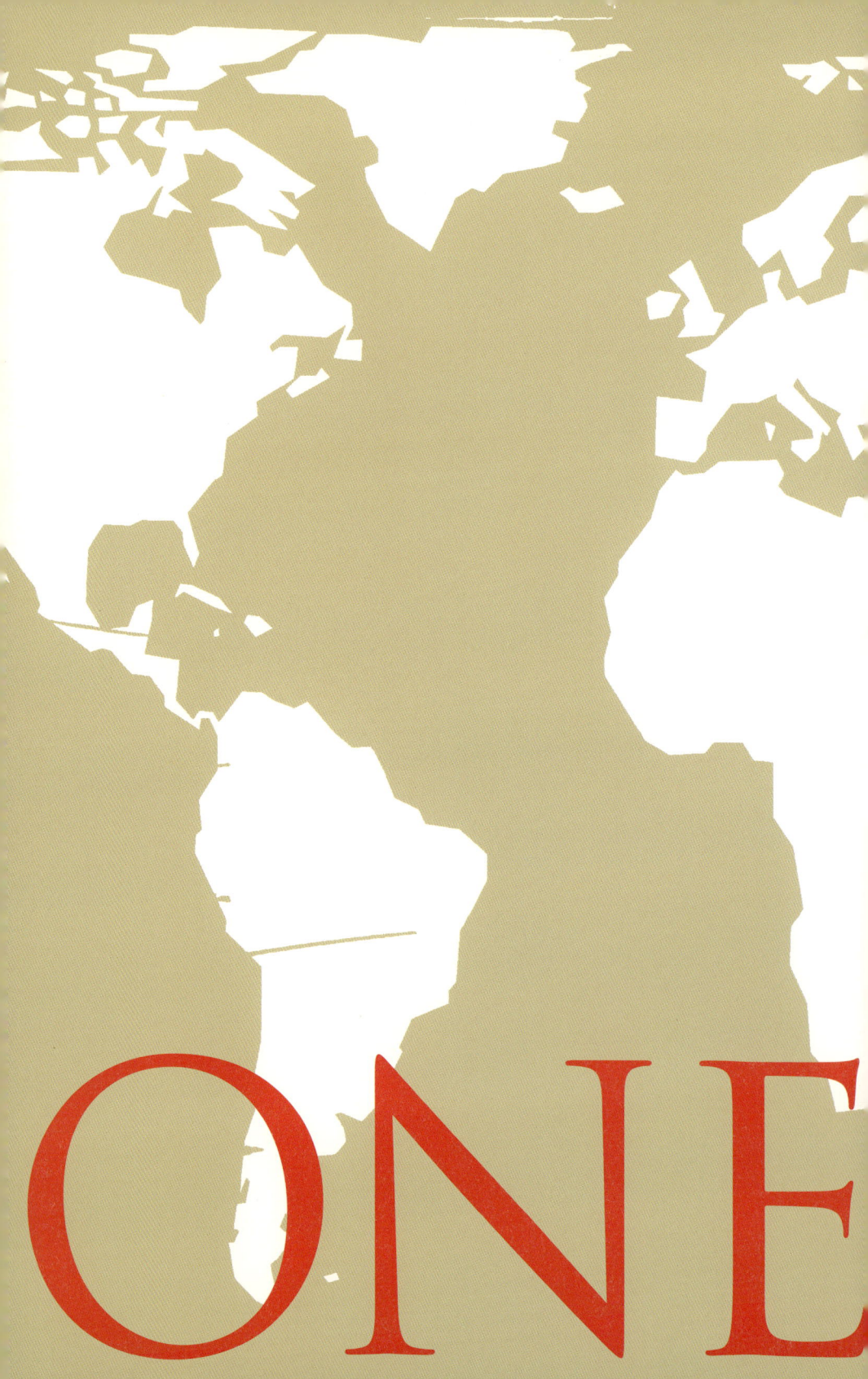

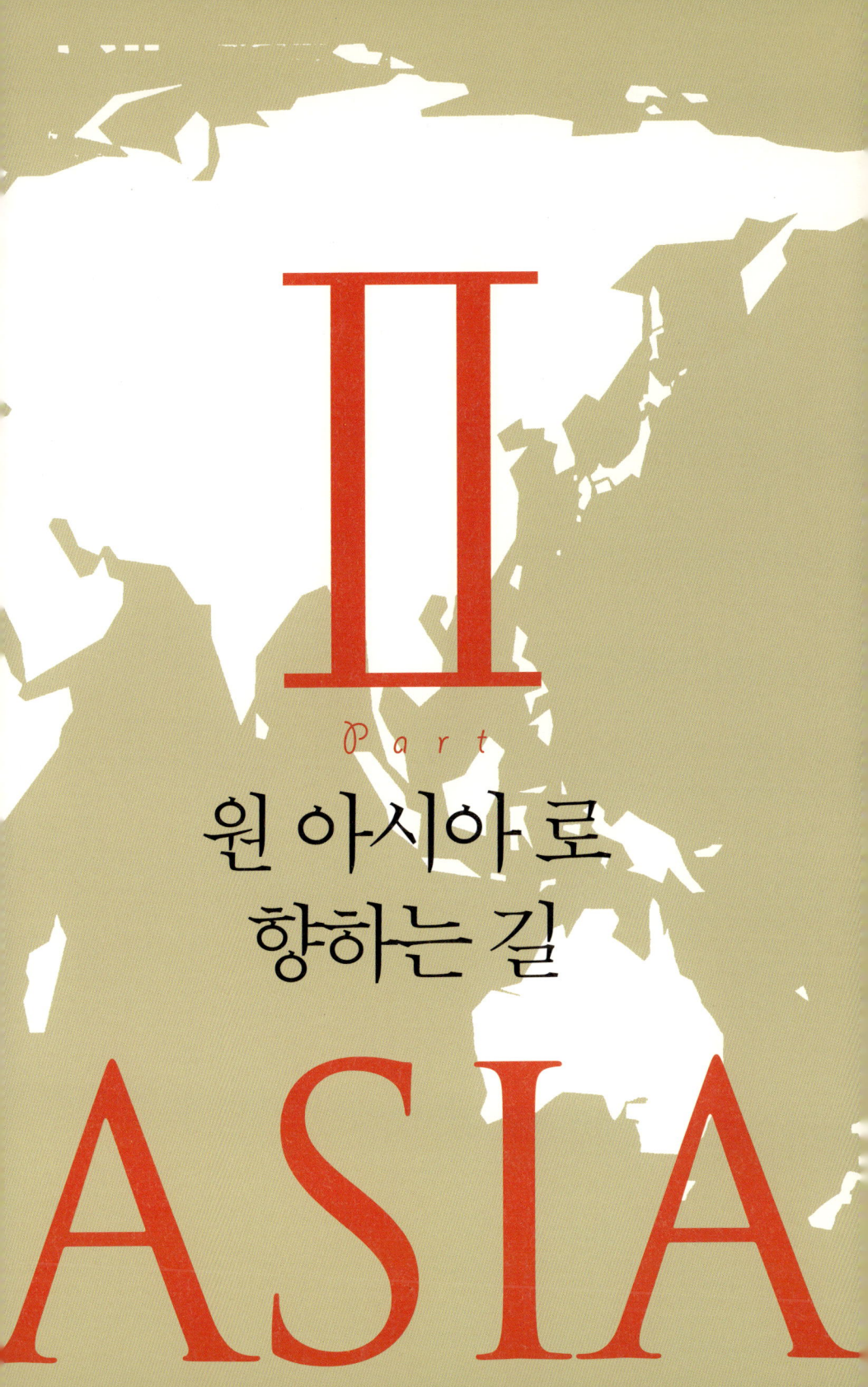

ONE ASIA

# SECTION 1
# 원 아시아의 기본 개념

원 아시아의 개념은 단순히 경제협력공동체보다 훨씬 포괄적이다. 궁극적으로는 경제뿐만 아니라 안보협력, 문화교류, 지식공유 등을 포함하는 복합적 통합을 지향한다.

원 아시아

아시아 경제통합체 결성의
필요성 대두

세계 지역주의 및
블럭화 추세

21세기 아시아 시대

**기본 개념**

- '**경제공동체**' 글로벌 경제 기회와 위험에 슬기롭게 대처
- '**평화공동체**' 분쟁과 갈등을 해소하고 전쟁 위험 감소
- '**문화공동체**' 반목과 질시의 역사를 발전적 극복

**대상**

- 지리적 근접성, 상보적 관계, 제도적 협력이 가능한 국가

**실천 과제**

- 역내 FTA, 관세동맹, 공동시장, 화폐 통합
- 불확실성 공동대처, 아시아 공동번영 추구
- 역내 군사 긴장 완화, 안정체제 유지
- 문화네트워크를 통한 유대감 및 공동체의식 함양

**비전**

- 배타적이지 않은 유연한 공동체
- 다자주의(Multilateralism) 공동체
- 실용주의적(Pragmatic) 공동체

## 경제 · 안보 · 문화 복합공동체

| 흔히 원 아시아를 얘기하면 동아시아 내 다자간 자유무역협정(Multilateral FTA)을 떠올린다. 그래서 역내 경제협력을 강화해 EU나 NAFTA(북미자유무역협정)에 대응할 것을 주문하곤 한다. 완전히 틀린 얘기는 아니다.

지금 세계는 글로벌공동체와 지역공동체라는 상반된 두 개의 흐름이 동시에 진행 중이다. 얼핏 지역공동체가 글로벌화에 역행하는 현상처럼 보일 수 있지만 실제로는 글로벌화에 따라 지역공동체가 촉진되고 있다고 봐야 할 것이다. 이런 정세를 감안할 때 원 아시아의 핵심개념 중 하나가 거대한 통합경제권인 EU, NAFTA에 대응할 아시아 공동체인 것은 분명하다.

그러나 원 아시아의 개념은 그보다 훨씬 포괄적이다. 궁극적으로는 경제뿐만 아니라 안보협력, 문화교류, 지식공유 등을 포함하는 복합적 통합을 지향한다.

원 아시아 구상은 국민국가 단위로 나뉘어져 있는 현재의 지역 질서를 좀 더 통합된 공동체적 질서로 바꾸자는 것이다. 이러한 구상에는 유사한 시도를 앞서 실천하고 있는 EU의 경험을 중요한 역사적 진전으로 평가하고, 이제는 아시아도 평화와 공동번영을 추구하는 통합을 시도할 때가 됐다는 공감대가 밑바

지역공동체 현황

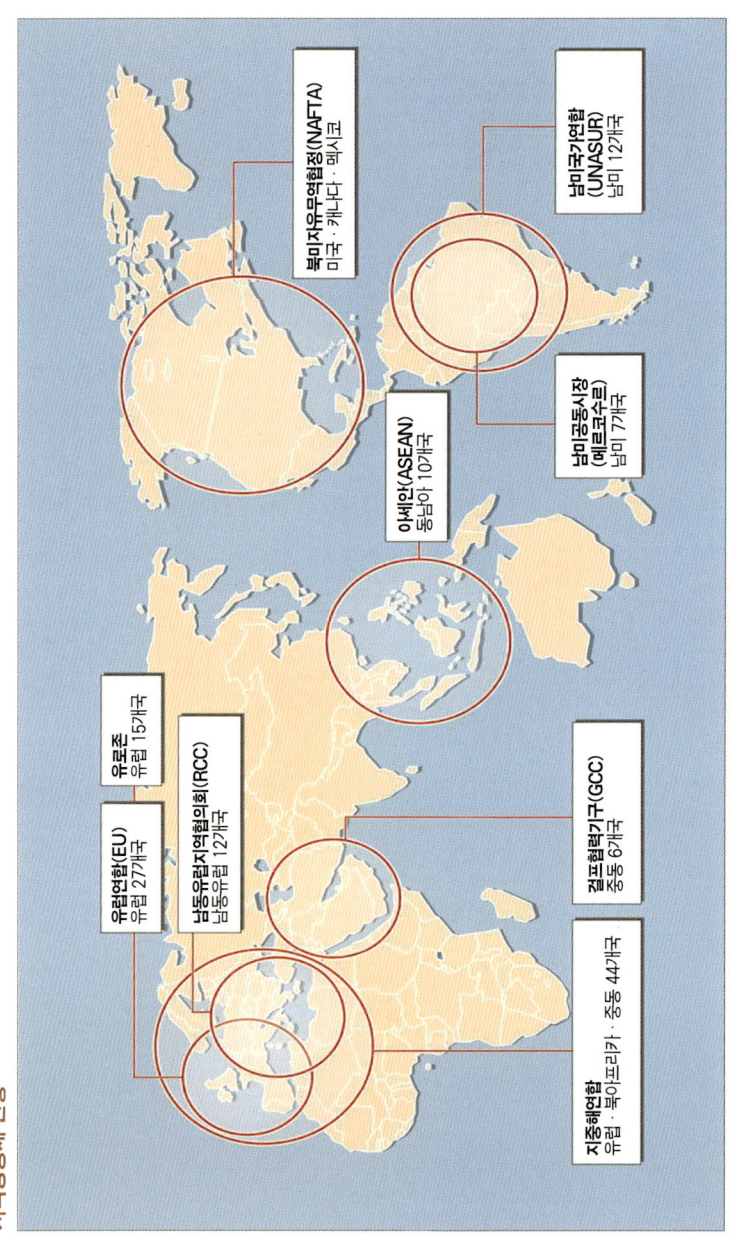

48

탕에 깔려있다.

요컨대, 원 아시아는 글로벌 경제가 가져오는 기회와 위험에 슬기롭게 대처하기 위한 '경제공동체', 분쟁과 갈등을 해소하고 전쟁의 위험을 없애는 '평화(안보)공동체', 그리고 반목과 오해의 역사를 극복하는 '문화공동체' 구축을 그 내용으로 하고 있다.

원 아시아 구상의 출발점은 지리적으로 근접한 아시아 국가들 사이에서 가장 많이 논의되고, 또 어느 정도 진척을 이루고 있는 경제협력이 될 것이다. 하지만 복합공동체라는 원 아시아의 궁극적인 목표를 달성하려면 경제뿐만 아니라 다양한 분야에서 유대를 맺고, 아시아의 번영을 위한 미래를 함께 설계하려는 노력이 필요할 것이다.

원 아시아의 대상 국가는 ASEAN(아세안)+3(한·중·일), 혹은 ASEAN+6(한·중·일, 호주, 뉴질랜드, 인도)에서 시작해 점진적으로 범위를 넓혀가는 것이 최대 효용을 낼 수 있는 방법일 것이다.

원 아시아의 형태는 국가연합, 공동체, 연방국가 등 다양할 수 있다. 형태를 미리 못 박을 필요는 없다. 그 어떤 형태든 가장 중요한 것은 통합 과정에 있어 시기·단계별로 유연하게 대처할 수 있어야 한다는 점이다. 이를 위해서는 충분한 논의와 아시아 실정에 맞는 벤치마킹, 그리고 즉각적인 피드백이 필수적이다.

21세기 아시아통합은 과거 일본 중심의 '대동아공영권'처럼 특정 국가의 이익을 극대화하기 위한 논리에 기반해서는 곤란하다. 참여국들이 공동의 기구를 마련하고, 이를 통해 참여국 공동의 이익을 위한 이해를 조정한다는 원칙이 있어야 한다.

SECTION 2

# 아시아의 현주소

설사 지리적인 기준을 정한다 하더라도 정치, 경제, 안보, 문화적인 관점에서 어디서부터 어디까지를 아시아로 볼 것이냐에 대해서는 매우 다양한 시각과 분석이 존재할 수 있다.

'아시아(Asia)'의 어원에 대해서는 여러 가지 설이 있다. 흥미로운 것은 '아시아'란 개념이 서구에서 비롯됐을 가능성이 높다는 점이다. 일반적으로는 고대 그리스인들이 자기네 나라 동쪽에 위치했던 나라를 '아수(Asu)'라고 불렀던 것에서 유래된 것으로 알려져 있다. 아시리아어로 아수는 동쪽이라는 뜻이다.

지도상으로 유라시아 대륙의 동쪽에 위치한 나라들을 하나의 지역으로 대충 구분짓는 것은 그다지 어렵지 않다. 다만 세부적

**중세 아시아 지도**

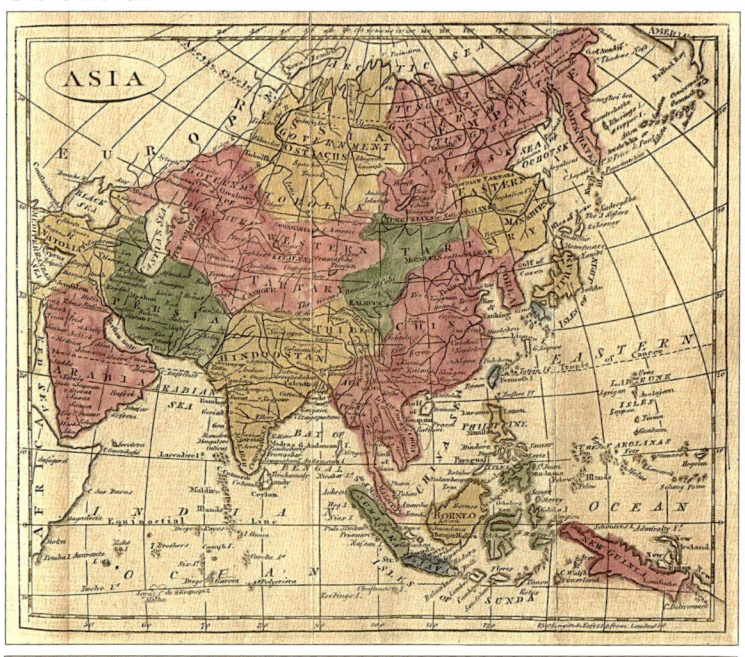

인 구분 기준을 제시하는 것은 또 다른 얘기다. 지리적으로 아시아를 명확히 규정하는 것은 예나 지금이나 모호한 측면이 있다. 또 설사 지리적인 기준을 정한다 하더라도 정치·경제·안보·문화적인 관점에서 어디서부터 어디까지를 아시아로 볼 것이냐에 대해서는 매우 다양한 시각과 분석이 존재할 수 있다. 아시아의 다양함은 지리적 근접성과 인종적 공통점, 아시아적 가치라는 문화적 공통분모를 압도하는 것처럼 보이게 만든다.

분명 아시아는 다양하다. 천차만별(千差萬別)이란 말이 어색하지 않을 정도다. 그러나 다르다는 이유만으로 원 아시아가 일궈낼 공동의 이익을 포기할 필요는 없다. 다양성은 창조적인 시너지(Synergy) 효과의 원천이 되기도 한다.

원 아시아를 실현하는데 있어 중요한 것은 '아시아는 함께 행동할 수 있다'는 유대감이다. 그런 유대감이야말로 아시아에서 통합된 공동체적 질서를 형성할 수 있는 원동력이다.

# 인종

유전적으로 아시아인들은 같은 뿌리를 갖고 있다. 인간게놈기구[8](HUGO)가 범아시아 단일염기다형성(SNP) 컨소시엄을 통해 수집한 아시아인 73인종 1,928명을 대상으로 유전형 분석을 실시한 결과, 동남아가 동아시아인의 기원인 것으로 밝혀졌다. 한국, 중국, 일본의 동아시아인은 동남아에서 이동해 동아시아에 가장 늦게 정착했는데, 일본인은 한반도를 거쳐 이동하여 정착한 것으로 추정되고 있다.

인류의 기원에 대해서는 크게 두 가지 학설이 있다. 아프리카 단일 기원설과 대륙 동시 발생설이다. 대륙 동시 발생설은 여러 인종이 각각 여러 대륙에서 기후와 환경에 따라 각자 발생했다는 학설이다. 이에 비해 아프리카 단일 기원설은 약 100만 년 전에 아프리카에서 인류가 이동했다는 설이다. 일부 유럽학자들과 중국학자들이 "중국, 인도, 러시아 등에서 100만 년 이상 된 고인류 화석이 발견된다"며 반박하고 있지만 대체로 아프리

---

8) 인간게놈프로젝트(HGP, Human Genome Project) : 인간이 가지고 있는 게놈의 모든 염기 서열을 해석하기 위한 프로젝트로 1990년에 시작되어 2003년에 완료됐다. 세계 각국의 유전자센터와 대학 등에 의해 국제 인간게놈서열 컨소시엄이 조직됐으며, 현재까지도 프로젝트를 보완하는 발표가 계속 이뤄지고 있다.

**인류는 아프리카에서 기원해 동남아를 거쳐 동북아로 이동**

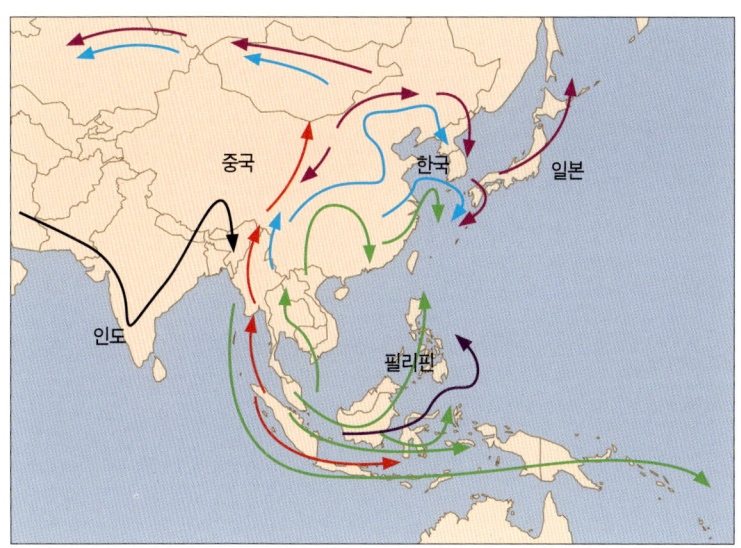

PART Ⅱ 원 아시아로 향하는 길

카 단일 기원설이 정설로 받아들여지고 있다

　아프리카 기원설에 따르면 약 7만 년 전 아프리카에서 아시아로 넘어온 인류는 5만 년 전쯤 인도 남부 등 살기 좋은 해안가에 정착했다. 얼마 뒤 이들 가운데 일부가 태국, 말레이시아, 인도네시아, 필리핀 등으로 옮겨갔고, 또 다른 일부는 더 따뜻한 태평양섬까지 이동하기도 했다. 어떤 이들은 이동 방향을 북쪽으로 잡았는데, 이들 중 일부가 중국을 거쳐 다시 남하한 곳이 지금의 한반도라는 추정이다.


## 지리

　│ 아시아 대륙이라 하면 동(東)으로는 시베리아와 일본, 서(西)로는 터키에 이르는 지역을 말한다. 그러나 아시아 대륙에는 워낙 넓은 지역에, 워낙 많은 나라와 민족이 살고 있기 때문에 정확히 '아시아'가 어떻게 이루어졌는지는 애매모호하다. 예를 들어 아시아를 터키, 중동, 중앙아시아, 러시아를 제외한 극동 지역과 동남아시아 및 인도 대륙으로만 규정하기도 한다. 이는 특히 제2차 세계대전 이후 미국의 분류에 따른 것이다. 또 위키피디아에 따르면 협의의 아시아는 문화적 공통점을 가진 극동아시아(Far East)로 동아시아, 동남아

**아시아의 범위**

광의의 아시아

협의의 아시아

출처 : 위키피디아

PART Ⅱ 원 아시아로 향하는 길 57

시아와 남부아시아 일부로 정의된다.

아시아를 여러 지역으로 나눠 분류하기도 한다. 지리적으로는 아시아를 흔히 북부아시아, 중앙아시아, 서남아시아, 남부아시아, 동남아시아, 동아시아의 6개 지역으로 구분하고 있다.

## 문화권

| 세계 4대 문명 기원지는 황하 유역의 문명과 인더스강 유역의 문명, 이집트 나일강 유역의 이집트 문명, 티그리스·유프라테스강 유역의 메소포타미아 문명이다. 이 가운데 이집트 문명을 제외한 3곳이 모두 아시아에 집중돼 있다.

발원지가 제각각인 만큼 파생된 문화권도 매우 다양하다. 특히 아시아 지역에서 중화의 영향력은 종교를 막론하고 매우 크다. 이에 비해 지리적으로는 아시아 대륙에 속하지만 이슬람 문화권인 중동 국가들은 문화권으로는 북아프리카와 아랍(Arab)에 가깝다고 볼 수 있다.

- **북부아시아**

  태평양 연안에서 우랄산맥에 이르는 지역, 통상 '시베리아'라고 부르는 지역

- **중앙아시아**

  몽골, 중국의 네이멍자치구·신장웨이우얼자치구, 티베트 고원, 카자흐스탄 등 중앙아시아 5개국이 포함된 '내륙 아시아(Inner Asia)'

- **서남아시아**

  이슬람, 유목, 오아시스, 사막, 석유로 특징되는 아랍권 지역

- **남부아시아**

  대륙에 버금가는 인도반도에 위치한 국가들. 인도, 파키스탄, 네팔, 부탄, 방글라데시, 스리랑카, 몰디브 포함

- **동남아시아**

  인도차이나반도와 그 남동쪽의 말레이제도로 이루어진 지역으로 ASEAN 10개국

- **동아시아**

  동쪽은 태평양, 남쪽은 남중국해에 면하는 지역. 한국, 북한, 중국, 일본, 대만 포함

## SECTION 3
# 아시아의 다양성

아시아 국가들은 영토의 크기 및 인구 규모, 경제 발전 수준, 정치체제뿐만 아니라 문화·종교적으로도 상당한 차이를 보이고 있다.

｜EU를 구성하고 있는 유럽 국가들과 비교해보면 아시아의 다양성은 더욱 두드러진다. EU 국가들은 기독교 문화(Christianity)와 백인종(Caucasian)이라는 동질성을 바탕으로 역사와 문화의 상당 부분을 공유해왔다. 게다가 경제 발전 수준까지 엇비슷해 EU로의 발전이 비교적 순조로웠다는 평가를 받는다.

이에 비해 아시아 국가들은 영토의 크기 및 인구 규모, 경제 발전 수준, 정치체제뿐만 아니라 문화·종교적으로도 상당한 차이를 보이고 있다. 근대화 과정에서 서구 열강들에 의해 점령

당하거나 식민지로 전락한 경험이 있다는 것 정도가 공통점으로 꼽힐 뿐이다. '아주 다르다'는 현실은 아시아통합의 범위를 한국, 중국, 일본 등 동아시아로 좁혀도 마찬가지다.

사실 동아시아는 지리적 개념에 불과하다고 해도 과언이 아니다. 하나로 묶기에는 정치·경제·문화적 배경이 너무나 다르기 때문이다. 이 때문에 아시아의 다양성은 아시아 지역협력 또는 지역통합을 가로막는 핵심 요인으로 거론되어 왔다.

## 경제 수준

│ 아시아에는 중국처럼 광대한 국토에 13억 명이 훨씬 넘는 다양한 종족의 인구가 사는 나라가 있는가 하면 싱가포르와 같은 도시국가의 형태도 공존한다. 경제 발전 수준에서도 현격한 차이가 존재한다. 일본은 한때 세계 2위의 경제대국으로 서방 선진국 그룹인 G7의 일원이며, 한국, 대만, 말레이시아, 인도네시아 등은 신흥공업국으로 빠른 경제 성장을 거듭하고 있다. 중국은 문화혁명 등의 여파로 뒤늦게 산업화와 시장경제에 뛰어들었지만 엄청난 생산 능력과 높은 성장 잠재력을 발판으로 세계 최대 경제대국을 눈앞에 두고 있다. 경제적으로 중국은 국제사회에서 이미 미국과 함께 세계

질서를 좌지우지하는 'G2'의 지위를 인정받고 있다.

이에 비해 베트남, 미얀마, 라오스, 캄보디아 등 인도차이나 국가들은 높은 잠재력에도 불구하고 아직까지는 경제 성장에 있어서 다소 뒤쳐져 있는 형편이다.

## 정치체제

│ 아시아 국가들의 정치체제는 '모래알'이라는 말이 어울릴 정도로 매우 다양하다. 지구상의 어느 지역보다도 넓은 스펙트럼을 갖고 있다. 다만 일본과 태국을 제외하면 대부분의 아시아 국가들이 근대화 과정에서 식민지 경험을 갖고 있다는 정도가 공통점이다. 시기적으로는 1945년 제2차 세계대전 종전 직후 독립했다.

정치체제 측면에서는 한국, 일본과 같이 전면적으로 민주주의가 뿌리를 내린 나라가 있는가 하면 중국, 베트남, 라오스처럼 시장경제를 받아들이면서도 정치적으로는 사회주의체제를 유지하고 있는 국가들도 있다. 이밖에 싱가포르, 말레이시아, 캄보디아, 미얀마 등은 다소 독특한 형태의 권위주의체제를 유지 중인 나라들이다.

일본, 태국, 캄보디아는 입헌군주제며, 브루나이는 여전히 전제

군주제의 정치체제를 갖고 있다. 비록 군주제는 아니지만 북한은 전 세계에서 유일하게 3대째 권력 세습을 시도하는 독재체제다.

## 종교

| 종교적인 측면에서도 아시아는 매우 높은 수준의 다양성이 존재한다. 종교적으로는 유교, 불교 등 아시아에서 발원한 종교에 기독교, 이슬람교 등 외래종교가 혼재해 있다. 국민 대다수가 특정 종교를 믿는 나라도 있지만 한 나라 안에서도 종교적 다양성이 인정되는 나라도 많다. 한국은 중국, 인도, 중동에서 발원한 주요 종교들이 큰 무리 없이 공존하고 있는 나라다.

## 언어

| 아시아에는 국가와 민족만큼이나 다양한 언어가 사용되고 있다. 세계에서 인구가 가장 많은 중국의 경우 80여 개의 언어와 30여 개의 문자가 존재한다. 인도에서는 공용어인 힌디 외에 14개 종의 지방 공용어가 있으며

영어가 상용어로 쓰인다. 방언을 포함하면 800여 종에 이른다. 이밖에 아시아에서는 한국어, 중국어, 태국어 등 국가별 공용어가 20여 개에 달한다. 싱가포르에서는 영어와 함께 중국어, 말레이어, 타밀어를 공용어로 정해놓고 있으며 영국에 조차됐다가 중국에 반환된 홍콩은 광동어, 영어, 북경어 3개를 공용어로 정해놓고 있다.

## 화폐

| 화폐의 경우는 공용화폐가 없는 것은 물론이고, 모든 나라가 저마다의 화폐를 사용한다. 통화금융시스템도 독립적으로 운용되고 있다. 다만 관광지를 중심으로 일본 엔화가 통용되고 있을 뿐이다. 다만 최근 들어 중국 위안화의 유통량이 늘어나고 있다[9]. 달러나 유로를 대신해 위안화로 역내 무역대금을 결제함으로써 국제기축통화로서의 지위를 획득하려는 중국 정부의 정책과 맥을 같이 한다. 일본도 자국 엔화의 국제화를 위해 지속적인 노력을 기울이고 있다.

---

9) 중국은 위안화를 국제통화로 키우겠다는 전략 하에 시범지구 확대, 위안화 해외투자 허용, 특정 지역 위안화 예금 허용 등을 추진해왔다. 위안화로 결제한 중국의 대외무역액은 2009년 7월 광둥성·상하이·베이징 시범지역에서 위안화 결제를 시작한 이후 14개월 만에 1,000억 위안(약 17조 원)을 넘었다.

## SECTION 4
# 아시아의 공통 가치

아시아적 가치는 유교의 덕목인 조직에 대한 충성, 사회기강의 중시, 건전한 노동정신, 교육 존중, 성취 의욕, 근면·절약, 개인보다 단체 우선, 가족중심주의, 서열의 존중 등을 담고 있다.

아시아 사람들은 서양 사람들에 비해 영적인 것에 매혹되는 경향이 있다. 육체보다는 정신력을 중시하고 정신세계의 영험함을 얘기하는 것에 익숙하다. 이처럼 '서양과 다르다'는 것은 곧 아시아만의 공통점을 가지고 있다는 뜻이기도 하다.

2010년 개봉해 아시아에서도 흥행에 성공했던 레오나르도 디카프리오 주연의 〈인셉션(Inception)〉은 꿈을 소재로 한 영화다. 꿈속에 있는 꿈을 통해 현실과 정신세계를 넘나들며 모험을 한다는 스토리다. 이 영화가 개봉되자 서구의 인터넷 커뮤니

티에서는 영화 스토리에 대한 해석이 분분했다. 꿈이라는 것 자체가 서양인들에게는 익숙하지 않은 배경이자 설정이었기 때문이다. 하지만 아시아인들에게 꿈속의 꿈은 그다지 낯설지가 않다.

기원전 4세기를 살았던 중국의 철학자 장자(莊子)의 제물론(齊物論)에는 〈인셉션〉의 설정이 그대로 등장한다. 장자는 '호접몽'의 에피소드에서 "내가 나비로 꿈을 꾼 것인가, 나비가 나로 꿈을 꾼 것인가"라는 의문을 던진다.

## 아시아적 가치

| '아시아적 가치(Asian Values)'란 용어는 1970년대 초에 처음 등장했다. 1970년대부터 고도성장의 기적을 이룩한 동아시아의 네 신흥공업국들(한국, 홍콩, 대만, 싱가포르)의 성공 요인을 분석하는 과정에서 고안됐다.

서구의 학자와 언론들은 아시아 네 마리 용(龍)의 성공이 가족과 국가에 충성을 다하는 가부장적이고 다소 권위주의적인 유교적 전통에서 비롯됐다고 진단하고, 이를 아시아적 가치라고 추켜세웠다.

1980년대 이후에도 서양 학계에서는 동아시아 국가들의 고도성장을 가능하게 한 비경제적 요인을 주로 유교문화에서 찾으며 깊은 관심을 보였다.

아시아적 가치는 유교의 덕목인 조직에 대한 충성, 사회기강의 중시, 건전한 노동정신, 교육 존중, 성취의욕, 근면·절약, 개인보다 단체의 우선, 가족중심주의, 서열의 존중 등을 담고 있다.

예를 들어, 정부가 어떤 정책을 수립할 때 국민 개개인이 찬·반의사를 표현할 수 있다고 가정해보자. 서양 사람들은 내가 선호하는 정책인가를 생각한다(Do I like it?). 그러나 동양적인 사고는 우리에게 이로운 정책인가를 생각한다(Do we need it?). 이렇듯 자신이 속해있는 집단에 대한 소속감과 충성도가 아시아적 가치의 중요한 측면이다.

아시아적 가치가 돋보이는 또 다른 예는 조직 구성원에 대한 인식이다. 서양에서는 직원을 회사를 위해 움직이는 하나의 부품으로 생각하고 취급하지만 동양적 가치관은 '사람' 그 자체를 중요하게 여긴다. 이는 일본 도요타 자동차의 경영 이념에서 가장 극명히 드러난다. 기업은 도구에 불과하며, 기업을 움직이는 것은 사람이라는 것이 도요타 자동차의 철학이다.

1990년대 중반까지만 해도 아시아적 가치는 경제 기적을 낳은 아시아인들의 근면하고 성실한 특징을 지칭하는 긍정적인 표현으로 사용됐다. 심지어 일부 서구 언론은 1980년대 아시아의 눈부신 경제 성장을 부러워한 나머지 '아시아적 가치가 21세기 세계를 이끌어갈 주도적인 가치'라는 찬사를 보내기도 했다.

그러나 1997년 아시아 외환위기가 터지면서 '아시아적 가치'는 하루아침에 위기를 부른 원흉으로 전락했다. 아시아 각국에 만연한 천박한 연고주의와 망국적인 족벌주의, 부패한 관료주의를 키우는 온상으로 지목됐다. 아시아적 가치가 놀라운 경제적 성과를 이뤘다지만 실은 내부로부터 부패와 비효율을 키워 결국은 위기를 초래했다는 것이다. 가족과 조직에 대한 맹목적인 순응을 강조하는 아시아적 가치는 권위주의 정부를 정당화하기 위한 변명에 불과하다는 지적도 나왔다.

아시아적 가치의 몰락에 결정적인 역할을 한 이는 2008년 노벨 경제학상을 수상한 폴 크루그먼이다. 그는 1994년 '아시아 기적의 신화(The myth of Asia's miracle)[10]'란 포린 어페어즈(Foreign Affairs) 기고글에서 "아시아 신흥공업국들의 급속한 경제 발전은 기술과 제도의 발전을 통한 생산성 향상을 통해 이룬 것이 아니라 노동과 자본 등 생산요소를 과도하게 투입한 결과에 지나지 않

---

10) 폴 크루그먼, "아시아 기적의 신화(The Myth of Asia's Miracle)", 〈포린 어페어즈〉 Vol.73, 1994

는다"며 조만간 한계에 부닥칠 것이라고 경고했다. 그의 불길한 예언은 3년 후 아시아 금융위기가 발생하면서 그대로 적중한 듯이 보였다.

그러나 재기불능의 상태에 빠져 상당 기간 회복이 어려울 것 같았던 아시아 경제는 불과 1년여 만에 되살아났다. 서구의 비관론자들은 2001년 IT(정보기술) 거품이 꺼졌을 때도 '아시아의 기적은 끝났다'며 장기침체를 예상했었다. 그러나 아시아 경제는 미국과 유럽의 어느 나라보다도 빨리 일어섰다.

서구의 전문가들은 100년에 한 번 올까 말까 하다는 2008년 글로벌 금융위기를 맞아 아시아 경제가 상당 기간 침체를 벗어나지 못할 것이라고 예측했다. 수출 의존도가 높은 아시아 국가들의 경제는 핵심 수출시장인 미국과 유럽이 회복되기 전에는 회복되기 어렵다는 이유에서였다. 그러나 이번에도 아시아는 특유의 저력을 과시하며 세계 어느 지역보다도 빨리, 그리고 가장 뚜렷한 회복세를 보여줬다.

아시아 경제가 갖은 시련에도 번번이 오뚝이처럼 일어난다면 거기엔 뭔가 특별한 이유가 있는 게 아닐까. 서구 언론들이 다시 아시아에 주목하기 시작했다.

〈이코노미스트〉지는 특집기사 '아시아의 놀라운 반등'에서 아시아의 빠른 경제 회복에는 그럴만한 이유가 있다고 전했다. 아시아 국가들이 제조업 부문에서 반등의 기회를 선점할 수 있었고, 막혔던 무역금융이 신속하게 풀렸으며, 건전한 재정구조 덕분에 효과적인 경기부양에 나설 수 있었다는 것이다. 물론 아시아의 금융회사들이 이번 금융위기의 타격을 적게 받았던 점도 큰 힘이 됐다.

모두 맞는 말이다. 하지만 아시아가 탁월한 역량을 발휘할 수 있었던 데는 아시아만의 독특한 특성이 작용하고 있다고 봐야 할 것이다. 아시아적 가치가 다시금 주목을 받는 이유다.

## 서양의 지혜에 귀 기울인 아시아

'아시아의 토인비', '신유교 윤리의 막스 베버'로 불리는 싱가포르국립대학교 공공정책대학원장 키쇼어 마부바니는 아시아 사회의 성공은 아시아 문명의 숨겨진, 또는 잊혀진 장점을 재발견했기 때문이 아니라, 인고의 시간을 거치면서 서구 지혜의 7가지 중심 기둥(Pillar)을 발견했기 때문이라고 말한다.

7개 기둥이란 자유시장경제, 과학과 기술, 능력주의, 실용주의, 평화문화, 법치주의, 그리고 교육을 말한다. '아시아적 가치'가 호랑이의 이빨이라면 아시아가 발견한 '7개의 기둥'은 날개인 셈이다. 호랑이가 날개까지 달았으니 아시아는 힘차게 비상

할 수밖에 없었다는 진단이다.

  경제 성장을 통해 자신감을 갖게 된 아시아인들은 서구에 대한 열등감에서 벗어나 독자적인 힘을 축적하고, 더 높은 수준의 삶을 추구하게 됐다. 래리 서머스(Lawrence Summers) 전 미국 국가경제위원회(NEC) 의장은 아시아의 경제 성장을 한 단락의 글로 설명했다.

> "사람들이 산업혁명이라 칭한 이유는 인류 역사상 처음으로 한 인간의 일생 동안 현저한 변화를 보일 정도로 생활수준이 상승했기 때문이다. 현재 아시아의 성장률에 따르면, 생활수준은 100배 상승할 것이다. 한 인간의 일생 동안 10,000% 상승하게 된다. 앞으로 300년 동안을 기록할 역사책은 냉전과 이슬람의 약진을 부차적인 이야기로 다루면서 아시아의 도약과 이후 상황들에 대해 중점적으로 말할 것이다."
>
> 출처 : Kishore Mahbubani, 《The New Asian Hemisphere : The irresistible shift of Global power to the East》, PublicAffairs, 2009, pp. 9-10

SECTION 5

# 원 아시아 범위

아시아는 하나의 범주로 분류할 만큼 공통성이 많은 지역이 아니다. 그렇다면 '무엇'에 초점을 맞추어야 아시아를 하나의 지역으로 설정할 수 있을까?

| 원 아시아 공동체와 관련해 그 지역적인 범위 또는 회원국의 범위를 어떻게 설정할 것인가에 대해서는 아직까지 뚜렷한 합의점이 없다. 핵심인 이슈는 기존 ASEAN+3를 중심으로 지역통합을 할 것인가, 아니면 역외국 참여 확대를 도모할 것인가로 집약된다.

EU의 경우 1950년대부터 서유럽 국가들이 20여 년 동안 내부적 심화과정을 거치면서 확고한 초석을 마련했다. 그리고 이를 바탕으로 1970년대부터 영국, 아일랜드, 덴마크 등으로 회원국을 단계적으로 넓혀나가기 시작했고, 2009년에는 27개국 회

원국을 포괄하는 지역통합을 이루는데 성공했다.

원 아시아 공동체도 이와 마찬가지로 ASEAN+3 형태로 발족한 다음 공동체로서의 정치·경제적 정체성을 확립하고, 이후 점진적으로 회원국 범위를 확대하는 방법을 고려해 볼 수 있다.

## 미국에 원 아시아를 이해시켜야

또 다른 이슈는 미국의 참여 또는 개입의 문제다. 원 아시아가 현실화되기 위해서는 이 지역에서 패권의 지위를 놓지 않으려는 미국과의 입장 정리가 필요하다. 따라서 동아시아 지역협력이 미국의 국익에 반하는 것이 아니라 오히려 아시아의 안정과 번영을 추구하는 미국의 중·장기적 이해관계에 부합한다는 점을 적극적이고도 효과적으로 이해시켜야 한다. 그러기 위해서는 원 아시아가 배타적이 아니라 유연한 성격을 가진 공동체를 지향하고 있음을 강조할 필요가 있다.

최근 APEC(아시아·태평양경제협력체)의 안보 기능을 강화해 나가려는 미국 입장에 대해 역내 국가들은 열린 자세를 가지고 적극적으로 이를 이해하고 수용하려는 노력이 있어야 한다. 현실적으로

이 지역의 안보통합 문제는 미국을 제외하고는 논의 자체가 불가능하다. 역내 국가들은 APEC이나 다른 미국 중심의 다자안보 협력체의 틀을 고려할 필요성이 충분히 있다.

## 원 아시아의 4가지 조건

아시아는 하나의 범주로 분류할 만큼 공통성이 많은 지역이 아니다. 그렇다면 '무엇'에 초점을 맞추어야 아시아를 하나의 지역으로 설정할 수 있을까?

첫째, 지리적인 측면에 기초한 지역적 범주를 먼저 설정해야 한다. 지리적으로 가까우면 상호 교류와 작용의 가능성도 높아지기 때문이다. 단순히 가능성뿐만이 아니라 역사적으로도 실제로 그러한 경우가 많았다.[11]

지리적 근접성에 기초한 공동의 이익은 공동체로 나아가는 1차적 토대라 할 수 있다. 20세기 후반부터 21세기인 현재에 이르기까지 한국, 중국, 일본 간이나 동남아 국가들 간, 그리고 이들을 아우르는 동아시아 지역 전체에 걸쳐 지리적 근접을

---

11) 양길현, 〈동아시아 공동체의 가능성과 전략〉, 서강대학교 동아연구소, 2005

통한 교류가 다른 지역권과의 교류에 비해 점차 증가하고 있는 추세다.

둘째, 공동체는 부가가치의 창출이 가능할 만큼 충분히 '넓은' 지역이어야 하지만 '깊은' 협력이 어려울 만큼 너무 넓어서는 안 된다. 만일 깊이를 생각하지 않고 넓이만을 추구하다보면 당연히 통합의 구심력이 약화될 수밖에 없기 때문이다. 구심력이 약해지면 항구적 공동체 형성은 그만큼 어려워지게 된다. 이런 점을 감안하면 태평양과 유럽이 연계된 원 아시아는 타당성이 떨어진다고 볼 수 있다.

셋째, 지리적으로 근접한 국가들끼리는 서로 부족한 부분을 서로 보완해주는 상보적(相補的)인 관계를 형성할 필요가 있다. 1997년 아시아를 엄습한 외환위기는 아시아 국가들 간의 상호 연관성이 얼마나 긴밀한가를 새삼 일깨워 주는 계기가 됐다. 태국에서 위기가 촉발되자마자 인도네시아와 한국이 감염되는 모습을 보면서 동북아와 동남아가 별개의 단위가 아니라는 인식이 널리 공유됐다.

넷째, 원 아시아의 범주를 지리적으로만 구분한다면 자칫 한 지역의 설정이 자연적 과정으로만 이해되는 오류를 범할 수 있다. 지리적 근접성이 하나의 범주로 자리 잡고, 발전하기 위해서는 역내에 '제도적 틀'이 반드시 뒷받침되어야 한다. 제도적 틀은 지역을 하나의 단위로 응집시킬 수 있는 토대가 된다. 또

## 아시아 주요국 경제 규모(GDP)와 인구

| 국가 | GDP | 인구 |
|---|---|---|
| 뉴질랜드 | 1,380억 달러 | (437만 명) |
| 호주 | 1조 2,197억 달러 | (2,223만 명) |
| 아세안 | 1조 7,884억 달러 | (5억 8,854만 명) |
| 일본 | 5조 3,909억 달러 | (1억 2,734만 명) |
| 대만 | 4,270억 달러 | (2,333만 명) |
| 한국 | 9,863억 달러 | (4,891만 명) |
| 중국 | 5조 7,451억 달러 | (13억 4,141만 명) |
| 홍콩 | 2,265억 달러 | (721만 명) |
| 인도 | 1조 4,300억 달러 | (12억 1,594만 명) |

*괄호 안은 인구
출처 : IMF (2010년 기준)

그러한 제도적 틀은 지역적 정체성을 형성하는 데 중요한 역할을 하게 된다.

## EAFTA vs. CEPEA

현재 아시아 경제공동체를 추진하는 데 가장 가능성이 있는 단위는 ASEAN+3에 기반한 EAFTA(동아시아자유무역협정)와 ASEAN+6에 기반한 CEPEA(동아시아포괄적경제파트너십)이다. EAFTA는 기존의 EAVG(동아시아비전그룹)나 EASG(동아시아연구그룹)에서 비롯된 것이며, CEPEA는 일본이 제안한 ASEAN+6를 근거로 하는 FTA이다.

공식적으로 현재 2개의 FTA가 모두 논의되고 있다. EAFTA에 대해서는 일본을 제외한 ASEAN+2가 모두 명시적으로 반대하지는 않으며, CEPEA는 일본이 목소리를 높이고 있는 가운데 인도, 호주, 뉴질랜드가 찬성하고 있다.

ASEAN+3 국가가 EAFTA 외에도 CEPEA를 하나의 대안으로 논의하는 까닭은 일본의 집요한 주장과 경제공동체를 추진하는 것에 대한 ASEAN의 소극적인 자세 외에도, 현실적으로 인도의 부상을 무시할 수 없기 때문이다. 비록 중국의 경제 규모에 비

### 아시아·태평양 지역 공동체 현황 및 구상

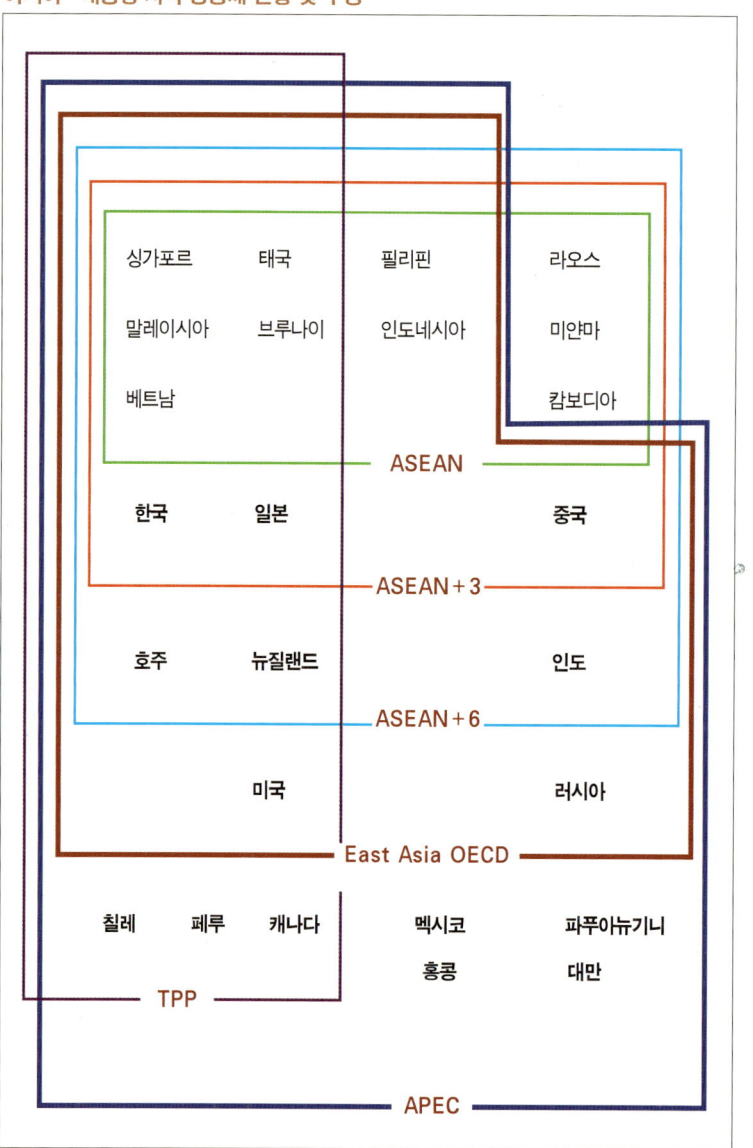

해서는 아직 절대적으로 작지만 인도가 중요한 시장으로 떠오르고 있는 것은 분명한 사실이다.

사실 원 아시아에는 한국, 중국, 일본을 비롯해 ASEAN 10개국이 최우선 순위를 차지하게 될 것이다. 이들 국가는 그동안 다양한 협의를 통해 아시아통합에 의견을 같이하고 미미한 수준이지만 첫걸음을 떼고 있다. 또 13개국 이외에 인도, 호주, 뉴질랜드가 원 아시아의 대상이 될 수 있다. 결국 자연스럽게 EAFTA(ASEAN+3)냐, CEPEA(ASEAN+6)냐의 문제로 이어지게 된다.

인도는 아시아의 3개 축(중국, 일본, 인도) 중 하나로 인도를 빼고는 원 아시아 콘셉트가 힘을 받기 어렵다. 서양 사람들에게 '아시아'를 물으면 어떤 나라를 떠올릴까? 세계 2, 3위의 경제대국인 중국과 일본에 이어 떠올릴 국가가 인도다. 4대 문명의 발생지 중 하나인 인도는 지금까지 독자적인 문화를 계승해왔다. 또 중국의 대국화를 경계하는 역내 다른 국가들에게 인도는 중국과 경쟁 구도를 형성하여 공동체 내에서 힘의 쏠림을 방지할 수 있는 수단으로도 여겨진다.

대표적인 아시아주의자인 마하티르 빈 모하마드 전 말레이시아 총리는 닛케이신문이 주최한 제16회 국제교류회의 '아시아의 미래'에서의 대담에서 동아시아공동체구상에서 인도의 지위에 대해 "우선은 동남아, 동북아에 한해 그룹을 형성하고 잘되면 인도를 참여시키면 된다"는 견해를 밝힌 바 있다.

## 호주, 뉴질랜드 역시 원 아시아 일원

호주와 뉴질랜드는 선뜻 아시아라고, 말하기 어려울 수도 있다. 인종·문화적으로 이질적이고 지역도 오세아니아로 분류되기 때문이다. 하지만 지리적으로 인도네시아, 말레이시아와 가깝고, 아시아 이민자 수가 꾸준히 늘어나고 있다. 더욱이 역내 교역비중도 크다. 실용적인 측면에서는 원 아시아 회원국으로서 충분한 자격을 갖추고 있는 것이다.

인종을 크게 세 부류로 나누면 황인, 백인, 흑인이 된다. 그리고 아시아를 이루고 있는 인종은 황인, 즉 아시아인이다. 하지만 이 분류로 모든 사람을 명확하게 구분 짓기에는 어려움이 있다. 인도인을 어떻게 분류할지 고민해 본 적이 있는 사람이라면 공감할 것이다. 아랍인 또한 보는 사람들에 따라 다르게 분류한다. 중앙아시아에 뿌리를 내린 민족들 역시 마찬가지다.

하지만 확실히 구분되는 국가가 있는데, 바로 호주와 뉴질랜드다. 분명 동아시아 민족들과는 인종적인 이질감이 존재한다. 유럽에서 이주해온 이들은 문화적으로도 다른 아시아 국가들과 매우 다르다. 무엇보다 수 해 전까지만 해도 이들은 아시아의 일부이기를 거부했다. 인종적인 우월감이라기보다 영국 여왕을 모시는 영연방(Common Wealth) 국가로서 그 뿌리가 다르다고 생각했기 때문이다.

그러나 아시아의 부상과 인근 국가들의 단결은 이들 나라의 입장을 바꿔 놓았다. 또 이들 나라의 인구에서 차지하는 아시아계도 급증했다. 심지어 케빈 러드 전 호주 총리도 중국계 호주인이었다. 이제 이들 두 나라는 실리적인 측면에서 그 어떤 나라보다 아시아에 편입되기를 원하고 있다. 양국 정상들도 아시아통합에 적극적인 모습을 보이고 있다. 경제력만 놓고 봤을 때, 호주는 아시아에서도 큰 편에 속하지 못한다. 그나마 뉴질랜드는 호주보다도 훨씬 작은 규모이다. 그러나 지리적으로 가까운 탓에 경제의 많은 부분을 아시아에 의존하고 있는 형편이다.

한 가지 주목할 만한 사항은 호주와 뉴질랜드가 ASEAN+6에 미국을 포함하는 방안을 희망하고 있다는 점이다.

태평양 건너편 아메리카 대륙의 미국이 원 아시아에 낀다는 것은 '역내'라는 기본적인 전제에서 벗어난다는 문제점이 있다. 현실적으로 이런 통합은 환태평양경제동반자협정(TPP, Trans-Pacific Partnership)에 가까운 형태가 될 것이다. 물론 원 아시아의 범위가 반드시 지질학적인 위치에 기반할 필요는 없다. 그러나 미국이 포함될 경우 APEC과 크게 다를 것이 없을 뿐만 아니라 아시아 국가 간 통합에 비해 그 시너지가 상대적으로 크지 않을 것이라는 의견도 있다.

## 대만과 홍콩은 원 아시아 주요 멤버

대만과 홍콩은 범중화권이라는 공통점이 있다. 하지만 각 경제 주체가 가지고 있는 내용에는 큰 차이가 있다. 아시아권에서 대만과 홍콩이 차지하는 비중은 상당한데, IT(정보기술)가 발달한 대만이나 동·서양 교류의 허브 역할을 해온 홍콩은 원 아시아 추진 과정에서 큰 힘이 될 수 있다.

홍콩의 경우 독립적인 행정부를 구성하고 있지만 중국 반환 이후 주권 문제가 명확해졌다. 반면 대만의 경우는 조금 달라서 대만을 하나의 독립된 주권으로 볼 경우 원 아시아 구성국가가 하나 더 늘어나게 된다.

아시아 관련 통계자료를 보면 가끔 오류를 발견할 수 있는데, 바로 대만과 홍콩의 지표들을 누락시키는 경우이다. 현재 각 국제기구들에서 발표되고 있는 자료들은 중국 본토와 대만, 홍콩, 그리고 마카오의 수치를 따로 산출하고 있는데, 이를 통합하지 않고 사용하는 경우를 종종 볼 수 있다. 홍콩과 마카오는 중국 영토이기 때문에 앞으로 원 아시아를 논의하는 과정에서 누락시키는 실수만 범하지 않는다면 구분하는데 어려움이 없을 것이다. 대만의 경우는 중국과의 관계에 따라 다르게 논의가 전개되어야 할 것이다. 하지만 2010년을 기점으로 양국 간 경제협력으로 관계가 한층 부드러워지고 있는 추세고, 원 아시아라는 연결고리가 마련되면 중국, 대만의 관계는 더욱 발전적인 방향으로 나아갈 것으로 기대된다.

## 환태평양경제동반자협정(TPP) 주목해야

│ 전 세계 인구의 50%(약 35억 명), 교역량의 45%를 차지하는 아시아·태평양 지역을 2015년까지 무역·투자 장벽을 철폐한 사실상의 단일시장으로 만들자는 움직임도 있다.

한국과 미국, 중국, 일본 등 아시아·태평양경제협력체(APEC) 21개 회원국은 G20 서울 정상회의 직후인 2010년 11월 13, 14일 일본 요코하마에서 정상회의를 열고 유럽연합(EU)과 같이 구속력 있는 지역 내 경제블록을 출범시키자고 합의했다. APEC이 궁극적으로 지향하고 있는 경제통합구상인 FTAAP(아시아·태평양 자유무역지역)을 실현하기 위해 TPP(환태평양경제동반자협정), ASEAN+3, ASEAN+6 등을 모두 활용할 필요가 있다는 것에 합의한 것이다.

이 회의에서 21개 회원국은 2015년까지 역내 자유무역지대 창설을 목표로 이행 성과를 매년 점검하고 이를 기반으로 구체적인 행동강령을 제정하는 한편 2015년 회의에서 성장 전략의 추진 방향을 확정하기로 합의했다.

회원국 정상들은 이 같은 내용을 골자로 '요코하마 비전'을 발표하고, 역내 불균형 해소를 통한 균형 성장, 친환경기술을 활용한 지속 성장, 정보기술과 지적재산권 등 혁신 성장, 식품 안전과 테러·재해 방지 등 안정 성장, 중소기업·여성 등을 배려한 보편 성장 등 5대 성장 전략을 제시했다.

EU와 같이 지역 내 비관세 장벽을 철폐한 FTAAP가 설립되면 글로벌 경제의 새로운 성장엔진으로서 '원 아시아 시대'를 앞당기는 계기가 될 것으로 보인다.

## ASEAN+3, CMIM(치앙마이 이니셔티브 다자화)

ASEAN+3 체제는 10년을 넘어서면서 의미심장한 옥동자를 낳았다. 치앙마이 이니셔티브 다자화(CMIM)체제라는 금융위기에 대한 안전판을 만드는데 성공한 것이다.

CMIM은 아시아 역내에 금융위기가 발생했을 때 유동성을 지원하는 금융안전망이다. 기존 CMI(치앙마이 이니셔티브)는 한국, 중국, 일본과 ASEAN 5개국(태국, 말레이시아, 인도네시아, 싱가포르, 필리핀) 간의 개별적인 양자 스왑계약체계이었기 때문에 실효성이 제한적이었다.

이에 비해 CMIM은 ASEAN+3(한·중·일) 전체 회원국 및 홍콩이 참여하는 단일계약에 의한 다자간의 체계적인 공동대응체계라는 차이가 있다. 2010년 3월 출범 시 합의한 재원 규모는 1,200억 달러다.

1,200억 달러 공동기금 중 중국, 일본이 32%에 해당하는 384억 달러를 각각 부담하고, 한국은 16%인 192억 달러를 부담한다. 나머지 20%인 240억 달러를 ASEAN 국가들이 부담하는 구

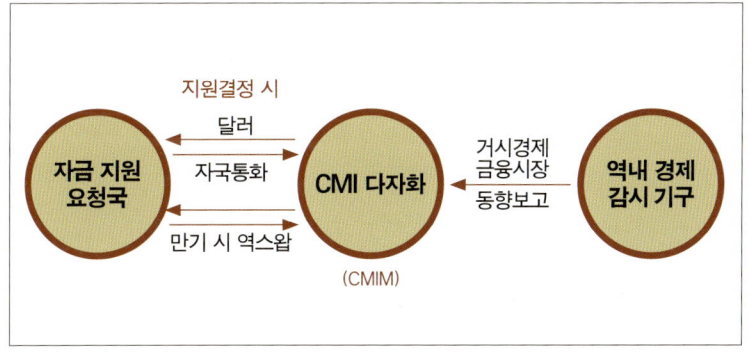

출처 : 기획재정부

**CMIM 각국별 분담금 및 인출 가능 규모**

|  | 한국 | 중국 | 일본 | 아세안 | 계 |
|---|---|---|---|---|---|
| 분담금 규모 (비중) | 192억 달러 (16%) | 384억 달러 (32%) | 384억 달러 (32%) | 240억 달러 (20%) | 1,200억 달러 (100%) |
| 인출 가능 규모 | 192억 달러 | 192억 달러 | 192억 달러 | 631억 달러 | 1,207억 달러 |

홍콩 포함(홍콩 분담금 42억 달러, 인출 가능 금액 21억 달러)
출처 : 기획재정부

조로 되어 있다. 위기 발생 시 자금을 요청하면 일주일 내 자금 지원 결정과 인출이 이뤄지도록 했다.

한국의 제안에 따라 ASEAN+3 국가 간에 이 금액을 증액하는 안이 논의되고 있다.

유럽 재정위기 시 구제금융에 투입된 규모를 고려할 때 1,200억 달라는 금액이 결코 많지 않다는 지적이 제기됐기 때문이다. 한국은 CMIM의 규모를 두 배 이상 늘리자고 제안해놓은 상태다.

CMIM체제는 중장기적으로 아시아통화기금(AMF)을 설립하는 과정에서 핵심 역할을 할 것이다. 아시아통화기금은 세계통화기금(IMF)의 아시아 버전으로 1990년대 일본이 제창했으나 세계은행이 강하게 반대하고 아시아 참여대상국들도 일본 측의 과도한 주도권 행사를 염려해 흐지부지됐던 전례가 있다. 하지만

CMIM이 10년 이상의 시간을 갖고 관련국들이 공감대를 키워 이뤄진 만큼 역내 경제감시기구(AMRO) 설립이 제대로 이뤄지면 아시아통화기금으로 확대·발전될 가능성 적지 않다.

## 유연한 공동체 형성 지향

앞서 밝힌 대로 원 아시아를 구성하는 국가들의 범위가 어디까지 포함되어야 할 것인가에 대해서는 EAFTA(ASEAN+3)냐, CEPEA(ASEAN+6)냐의 문제로 귀결된다. 각국의 이해관계에 따라 입장이 갈라지고 있다.

하지만 잊지 말아야 할 것은 원 아시아의 기본정신이다. 미리 원 아시아의 대상을 못 박아 놓을 이유가 없다. 13개국이나 16개국, 혹은 그 이상으로 확정짓지 말고 유연한 공동체를 지향해야 하는 것이 스마트한 접근법일 것이다.

원 아시아 추진방식으로 유럽의 사례처럼 유럽이사회, EU, 관세동맹의 복잡한 벤다이어그램 방안도 생각해볼 수 있다. 유럽 안에서 각 협약 참가국의 테두리가 일치하지 않는 것처럼 아시아 역내에서도 경제, 안보 등 분야별로 참여국을 다르게 하는 방안은 논의해 볼 가치가 있다.

EAFTA인가, 아니면 CEPEA인가의 문제는 정치적으로 결정되어서는 곤란하다. 경제적 타당성을 면밀히 분석해 추진해야 한다. 경제적 타당성 분석의 가장 중요한 판단 기준은 FTA를 창설했을 때 창출되는 경제적 편익과 실현 가능성이다. FTA는 더 많은 국가가 참여하면 할수록 시장이 확대되어 경제적 편익이 커지게 된다. 실현 가능한 범위에서 통합 작업을 시작해 본궤도에 오르면 참여 범위는 자연스럽게 넓어질 수 있다. 따라서 추진 과정에서는 한꺼번에 모든 것을 이루겠다는 욕심을 버려야 한다. 현재 논의되고 협의된 상태에서 빨리 추진할 수 있는 쪽으로 추진해야 실현 가능성을 높일 수 있다.

## 원 아시아와 G20

2010년 가을 대한민국의 수도 서울에서는 세계사적으로 큰 의미를 갖는 국제행사가 열렸다. 글로벌 경제의 조타수 역할을 하는 주요 20개국(G20) 정상이 한 자리에 모여 머리를 맞대고 향후 세계 경제가 나아가야 할 길에 대해 고민한 것이다.

G의 시초는 G10으로 거슬러 올라간다. G10은 IMF(국제통화기금) 기능이 자리를 잡아가는 상황에서 선진국 재무장관과 중앙은행장들이 모여 막후에서 국제 금융 시장 안정성을 유지하기 위해

1963년 탄생했다. G10에는 미국, 영국, 프랑스, 독일, 이탈리아, 일본, 캐나다 등 지금의 G7에 스웨덴, 네덜란드, 벨기에가 멤버로 참여했다.

이후 G5가 부상했는데 결속력을 다진 결정적 계기는 오일쇼크였다. 1973년 중동 국가들이 OPEC(석유수출국기구)를 통해 원유 수출가격을 단번에 끌어올린 사건이다. 석유 소비가 많았던 탓에 혹독한 경기 침체와 인플레이션을 경험한 미국, 프랑스, 영국, 일본, 독일은 G5를 통해 공동대응을 모색했다.

재무장관 모임이던 G5가 정상급 모임인 G6로 확대·개편된 것은 발레리 지스카르 데스탱 프랑스 대통령과 헬무트 슈미트 독일 총리 간의 개인적 친분이 큰 역할을 했다. 두 사람 모두 재무장관 출신으로 1972년부터 1974년까지 3년간 G5 멤버로 함께 활동했다. 비슷한 시기에 재무장관과 대통령·총리를 지낸 두 사람은 G5를 정상회담으로 승격시키기로 의견을 모으고 포드 미국 대통령의 동의를 얻어냈다. 일본과 함께 당시 유럽각료이사회(ECM) 의장국이던 이탈리아까지 참여시키기로 결정하면서 1975년 G6 정상회의가 열렸다.

이듬해인 1976년에는 미국의 지원을 받은 캐나다가 정식회원국으로 추가돼 G7 정상회의로 확대·개편됐다. 그러나 이때만 해도 G7은 강력한 협의기구가 아니었다. 결속력이 강한 모임으로 발전하게 된 계기는 역시 위기였다. 2차 오일쇼크로 세계 경제가 휘청거리자 G7 정상회의의 가치가 빛을 발했다. G7은 1981년 정상회담부터 차기 정상회담 의장국을 명시하기 시작함으로써 실질적인 협력 네트워크로서 인정받기 시작했다.

1989년 독일 통일, 1991년 소련 붕괴로 동서냉전이 막을 내리자 국제질서가 크게 달라졌고, 협의체제도 진화했다. 결국 1991년 런던에서 열린 G7 정상회의에 고르바초프 당시 러시아 대통령이 참석함으로써 G8으로 확대되는 계기를 마련했다. G8은 1998년 공식 탄생했다.

이 시기에 G7은 대개 1년에 한 차례 정상회의를 열어 세계의 경제 문제를 논의했다. 그러나 1997년 아시아의 외환위기를 맞아 선진 7개국의 협력만으로는 위기를 해결하기 어렵다는 한계에 봉착하게 된다. 중국, 인도 등 정치·경제적으로 성장한 신흥국들이 포함되지 않아 대표성이 결여된다는 문제점도 제기됐다.

이에 따라 IMF 회원국들 가운데 가장 영향력 있는 20개국을 모으기로 했는데, 그것이 바로 G20이다. G20 회원국은 숫자 그대로 20개에 불과하다. 하지만 G20의 경제적 위상은 대단하다. G20 국가가 전 세계 192개국 국내총생산(GDP)에서 차지하는 비중은 약 85%에 달한다. 교역량은 80%를 차지한다. 중국과 인도 등의 영향이 크다지만 압도적인 비중이다. 전 세계 인구 중 3분의 2가 이들 20개 나라 또는 지역의 국적을 지니고 있다. 결국 G20 회원국들이 전 세계 경제를 대표한다고 봐도 큰 무리가 없다.

G20 회원국은 미국, 프랑스, 영국, 독일, 일본, 이탈리아, 캐나다 등 G7에 속한 7개국과 유럽연합 의장국에 한국을 비롯한 아르헨티나, 오스트레일리아, 브라질, 중국, 인도, 인도네시아, 멕시코, 러시아, 사우디아라비아, 남아프리카공화국, 터키 등 12개 신흥국을 더한 20개국이다.

이 중 아시아 국가는 한국을 비롯해 중국, 일본, 인도, 인도네시아 등 5개국이다. 전 세계 주요 20개국의 모임에 아시아 국가가 5곳을 차지한 것은 대륙별 안배도 일부 감안된 결과다. 그러나 부쩍 성장한 아시아의 위상을 대변한 것으로 봐도 무방할 것이다.

G20는 1999년 12월 독일에서 첫 회의가 열린 이래 매년 정기적으로 회원국의 재무장관과 중앙은행 총재가 회담하다가 글로벌 금융위기 발생을 계기로 2008년부터는 각국 정상이 모이는 회의로 격상됐다. 회의의 주요 내용은 국제금융의 현안이나 특정 지역의 경제위기 재발 방지책, 선진국과 신흥시장 간의 협력체제 구축 등이다. IMF, 세계은행(IBRD), 유럽중앙은행(ECB), 국제통화금융위원회(IMFC)가 옵서버 자격으로 참가한다. 한편 2010년 11월 서울 정상회의에서는 IMF 쿼터 변경에 대한 합의가 이루어졌다. 한국의 IMF 쿼터(Quota)는 1.41%에서 1.8%로 늘어났다.

## 동상이몽 G20 회원국 경제 상황

G20의 다양성은 원 아시아를 추진하는 과정에서 중요한 참고가 될 만하다. G20의 이름으로 묶여 있지만 이들 나라의 경제적 상황은 매우 다르다. 가령 1인당 GDP만 보더라도 IMF의 2010년 전망치 기준으로 4만 달러가 넘는 나라(호주, 미국, 캐나다, 프랑스, 독일)가 있는가 하면 최저인 인도는 1,176달러 수준이다.

그러나 1인당 GDP가 G20 내에서의 국가별 영향력을 결정하는 것은 아니다. 중국, 인도 등은 고도성장을 거듭하면서 전체 경제 규모와 영향에서 선진국을 앞서 가고 있기 때문이다. 예컨대, 중국은 미국에 이어 세계 2위 경제대국으로 위상이 높아졌으며, 브라질은 이제 영국, 이탈리아와 어깨를 나란히 할 정도가 됐다.

처지가 제각각인 20개의 나라가 경제적 공동이익을 쫓아 한데 묶여졌다는 점은 시사하는 바가 크다. G20 회원국 간에는 경제 상황뿐만 아니라 정치체제나 언어, 종교상의 격차도 상당하다. 그럼에도 불구하고 공동이익이 될 만한 이슈를 논의하는 데 있어서는 전혀 어색함이 없다. 다양성에도 불구하고 유연하고도 개방적인 공동체적 특성을 갖고 있기 때문이다.

**G20 정상회의 개최지**

제1차 미국 워싱턴, 2008년 11월 15일~16일

제2차 영국 런던, 2009년 4월 2일~3일

제3차 미국 피츠버그, 2009년 9월 24일~25일

제4차 캐나다 토론토, 2010년 6월 26일~27일

제5차 대한민국 서울, 2010년 11월 11일~12일

제6차 프랑스 칸, 2011년 11월 3일~4일(예정)

---

1그룹 : 돈 넘치는 산유국(러시아, 사우디아라비아) – 달러 넘치고 물가는 급등

2그룹 : 무역흑자 선진국(독일, 일본, 한국) – 수출 의존도 높아 환율 문제 민감

3그룹 : 무역흑자 신흥국(중국, 아르헨티나, 인도네시아) – '통화가치 절상' 선진국 압력 높음

4그룹 : 무역적자 선진국(EU, 미국, 영국, 호주, 캐나다) – 자국 경기부양 시급

5그룹 : 무역적자 신흥국(브라질, 인도, 멕시코, 남아공 등) – 통화 강세 부담 높음

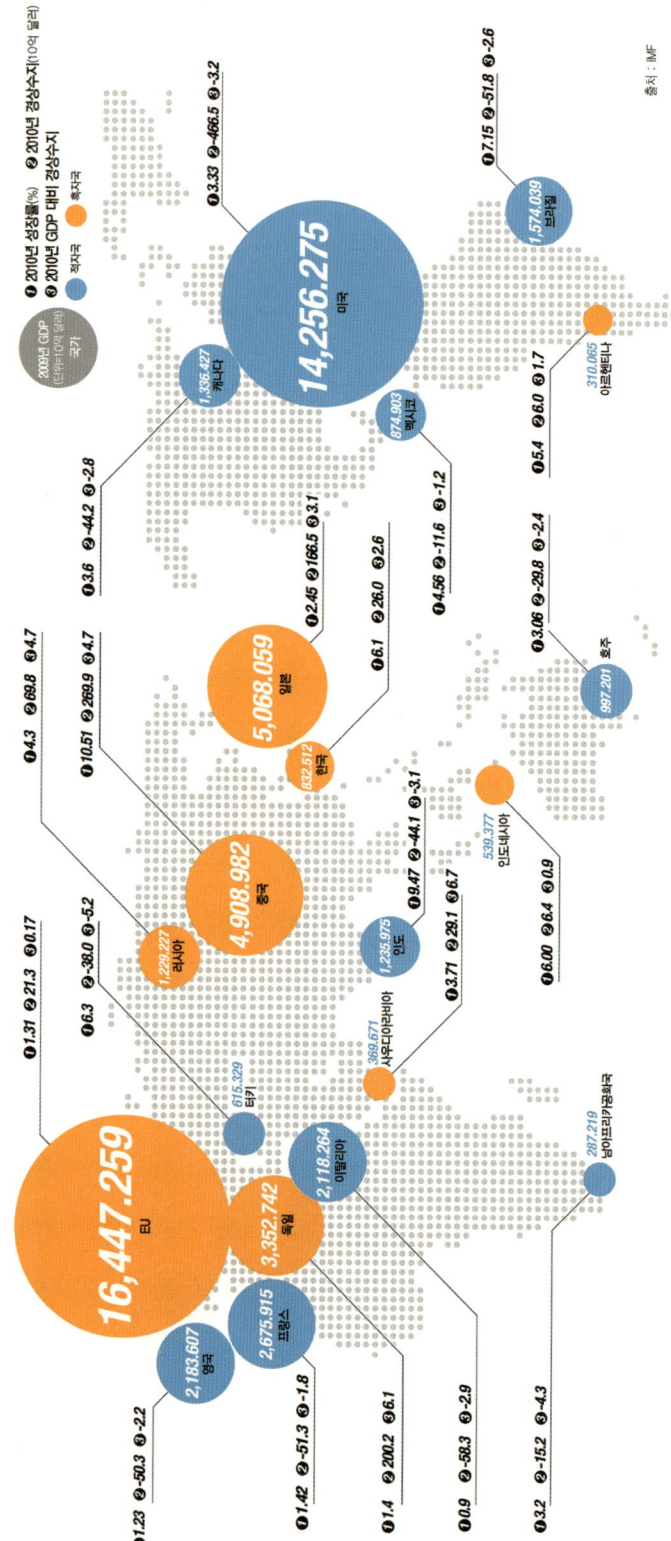

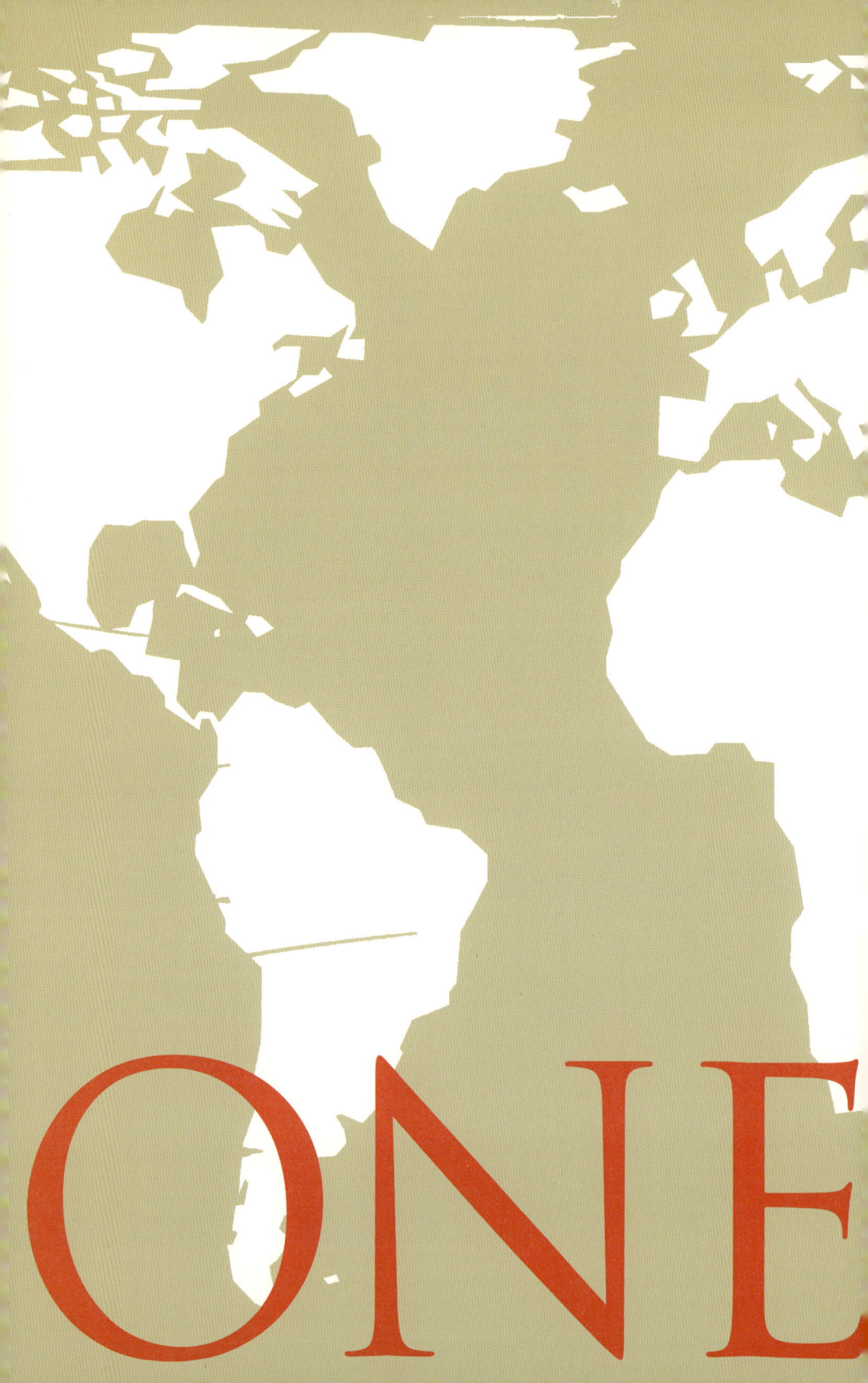

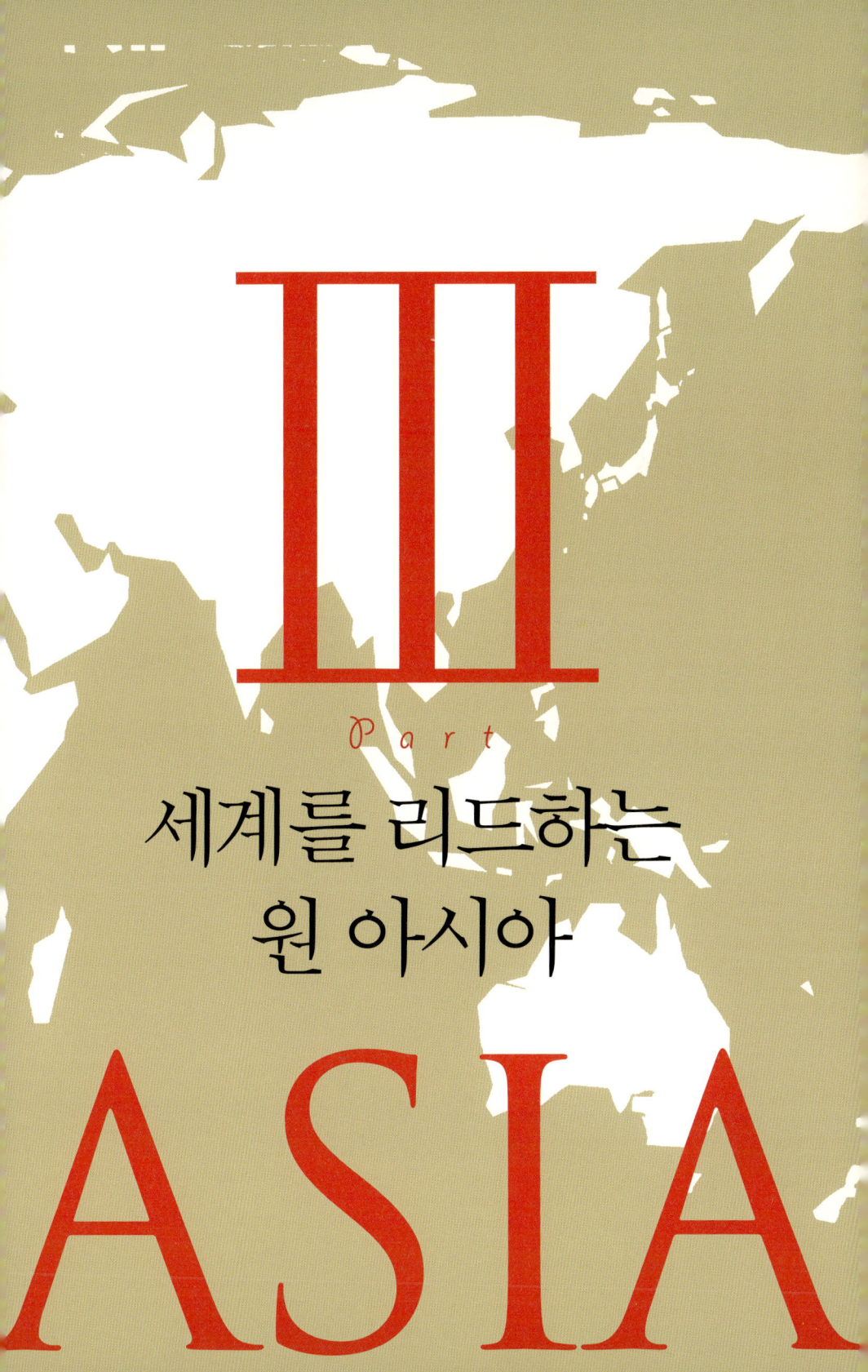

ONE ASIA

SECTION 1

# 원 아시아에 대한 각국의 입장

'세계 경제 재도약의 엔진, 동아시아와 한국의 역할', 이명박 대통령 취임 3주년을 맞아 2011년 2월 열린 '글로벌코리아 2011' 국제회의 주제다.

## 평화 정착을 위해 적극 나서는 한국

| '세계 경제 재도약의 엔진, 동아시아와 한국의 역할'은 이명박 대통령 취임 3주년을 맞아 2011년 2월 열린 '글로벌코리아 2011' 국제회의 주제다. 매년 대통령 취임식 날짜에 즈음해 열리는 이 행사 주제를 보면 그 해의 대외정책 방향을 알 수 있다. 어떤 부문에 대한 지혜를 갈구하고 있는지 여실히 보여주기 때문이다. '글로벌코리아'는 국제적 거물들을 초청해 이런 고민거리에 대해 조언을 구하는 성

격의 행사다.

이날 이 대통령은 "남과 북이 군사위협을 거두고, 평화·경제 공동체를 일구는 과정은 이웃나라 모두에게 유익한 평화통일의 토대를 구축하고, 동아시아 번영의 새로운 블루오션을 제공할 것"이라고 말했다. 이 대통령은 이보다 2년 전인 2009년 3월 인도네시아 순방 시 '신아시아 구상'을 발표했었다. 미국·일본·러시아에 치우쳤던 외교관계를 아시아까지 넓혀 적극적인 아시아 외교에 나서겠다는 내용이었다. 아시아권 내 모든 국가와 FTA 체결을 추진하는 등 경제 통합도 적극적으로 하겠다는 내용을 담고 있다. '신아시아 구상' 발표 이후 이를 실천에 옮기기 위한 후속 조치가 이어지고 있다.

## 중화권 세력 결집에 나서는 중국

2010년을 기점으로 명실상부하게 G2 국가로 부상한 중국은 점점 더 아시아공동체에서의 리더 역할을 다져가고 있다. 대중화지구(Greater China : 홍콩·마카오·대만을 포괄하는 권역)에서는 이미 활발하게 통합이 진행되고 있다. 2010년 6월 중국과 대만이 서명한 ECFA(경제협력기본협정)는 향후 중국의 대외전략이 어떻게 변화할 것인가를 보여주는 신호탄이었다.

싱가포르, 말레이시아 등 화교가 경제권을 주도하고 있는 국가들과도 자연스레 통합의 속도가 빨라지고 있는 추세다. 중화권 결집에 나서는 중국 입장에서 가장 신경이 쓰이는 것은 미국이다. 중국이 ASEAN+3 통합에 적극적인 것은 미국, 인도 등을 견제하기 위한 심리가 담겨 있다고 볼 수 있다.

## 중국 견제에 열 올리는 일본

일본은 중국 급부상을 가장 부담스러워 하는 아시아 국가다. 중국과 달리 일본이 ASEAN+6 (한국, 중국, 일본, 인도, 호주, 뉴질랜드)를 선호하는 것은 사실상 중국을 견제하기 위한 목적이 크다. 일본 입장에서는 아시아에서 중국의 영향력이 커지는 것을 견제하기 위해서라도 이들의 합류가 절실한 것이다.

일본은 APEC(아시아·태평양경제협력체)에 대해서도 무게를 싣고 있다. G20체제가 등장하며 동력을 상실한 APEC에 대해서 미련을 버리지 않는 것은 일본이 처한 현실을 대변해준다.

2010년 APEC 정상회의를 개최했던 간 나오토(菅直人) 일본 총리는 "세계의 성장축인 아시아·태평양 국가가 기본적으로 자유무역 방향으로 발전해 나가는 룰을 만드는 방안을 논의하고 싶다"고 말했다.

## 버거운 주도권을 놓지 않는 ASEAN

│ 아시아 역내 통합에 가장 먼저 나선 것은 ASEAN이었다. ASEAN의 결속은 역설적으로 생존을 위한 투쟁의 과정이었다. 가는 화살도 여러 개가 모이면 꺾기 힘들다는 뜻의 '절전지훈(折箭之訓)'이라는 사자성어가 ASEAN이 놓인 처지를 압축적으로 요약해준다.

ASEAN 국가들의 총 GDP는 1조 8,000억 달러 규모로 일본의 3분의 1 정도. 개별 국가로 보면 동북아 국가들과 동등한 입장에서 통합을 논의하기가 어려울 정도로 작다.

그러나 이들 10개국이 뭉치면 달라진다. ASEAN 내에서도 일부 국가들은 별도 협의체를 통해 소규모 통합을 추진하고 있다. 메콩강유역경제권(GMS) 국가들이 통합을 위해 별도로 정상회의를 열고 있는 것이 대표적이다. ASEAN은 향후 아시아권 통합에 캐스팅보트 역할을 할 수 있다는 장점이 있다. 동북아시아 3개국 사이의 팽팽한 긴장관계가 조성될수록 ASEAN의 존재 가치가 더 높아진다는 것은 누구도 부인할 수 없다.

## 아시아 내의 기득권을 유지하려는 미국

│ 당연한 얘기지만 미국의 동아시아공동체전략은 철저하게 미국의 기득권(리더십과 동맹체제) 유지라는 목표에 맞춰져 있다. 동아시아를 넘어서 아·태 지역주의를 강조하는 것은 미국이 중국을 겨냥하기 위한 힘의 결집 필요성을 절실하게 느끼고 있다는 점을 보여준다.

2009년 11월 버락 오바마 대통령은 도쿄 산토리홀 연설에서 자신의 원천은 아시아라며 말문을 열었다. 역대 미국 대통령들에게 경제 문제는 유럽, 안보 문제는 중동이 가장 큰 관심 지역이었지만, 이제 이에 대한 틀을 바꾸겠다고 선언한 셈이었다.

오바마 대통령은 스스로 아시아에서 자랐다고 했고, '태평양 대통령'이라 지칭했다. 그는 미국이 태평양 국가로 분류되길 희망했다. 사실 역대 미국 대통령들에게 아시아의 동맹국은 단연 일본이었다. 그러나 오바마 대통령은 과감하게 중국을 택했다.

오바마 대통령이 아시아를, 그중에서도 중국에 그토록 공을 들이는 것은 그만한 이유가 있다. 아시아가 '미국의 생존에 없어서는 안 될 존재'이기 때문이다. 전통적인 경제 우방인 유럽과 일본은 경기침체에서 헤어나지 못하고 있다. 반면 중국, 한국 등 ASEAN 경제는 활활 타오르고 있다. 그에게 아시아는 미국을 구해줄 유일한 생명줄인 것이다.

오바마 대통령은 "우리가 아시아 국가에 5% 수출을 늘리면 미국 내 일자리는 수십만 개가 늘어난다"며, 노골적으로 아시아를 통한 미국의 회생을 거론했다. APEC 21개국 정상들을 모아놓고는 공정한 무역을 거론하며 미국에 대한 수출보다 미국 상품을 수입하라고 압박하기도 했다.

같은 맥락에서 미국은 인도, 베트남 등과 같은 중국과 분쟁 중인 아시아 내 우호국과의 관계를 더 긴밀히 하는 전략을 취하고 있다.

## SECTION 2
# 동아시아공동체 발전 과정

10년 후를 내다본 장기 협력과제에 대한 기본 합의는 이루어졌다. 이제 이런 과제들을 얼마나 강도 높게 추진하느냐에 원 아시아의 운명이 달려 있다고 해도 과언이 아니다.

## 원 아시아를 위한 노력

1961년 동남아연합(ASA) 창설 : 태국, 필리핀, 말레이시아

1967년 ASEAN : ASA + 인도네시아, 싱가포르 등 5개국 중심

1989년 APEC 창설 : 호주의 주도로 ASEAN과 미국 등 21개국 참여

1990년 동아시아 경제회의 시도 무산

1992년 ASEAN 자유무역지대 창설 합의 : 역내 관세 인하 및 철폐

1994년 ASEAN 지역안보포럼(ARF) 창설

1994년 APEC 보고르선언 : 아·태 지역에서 무역·투자 자유화 추진

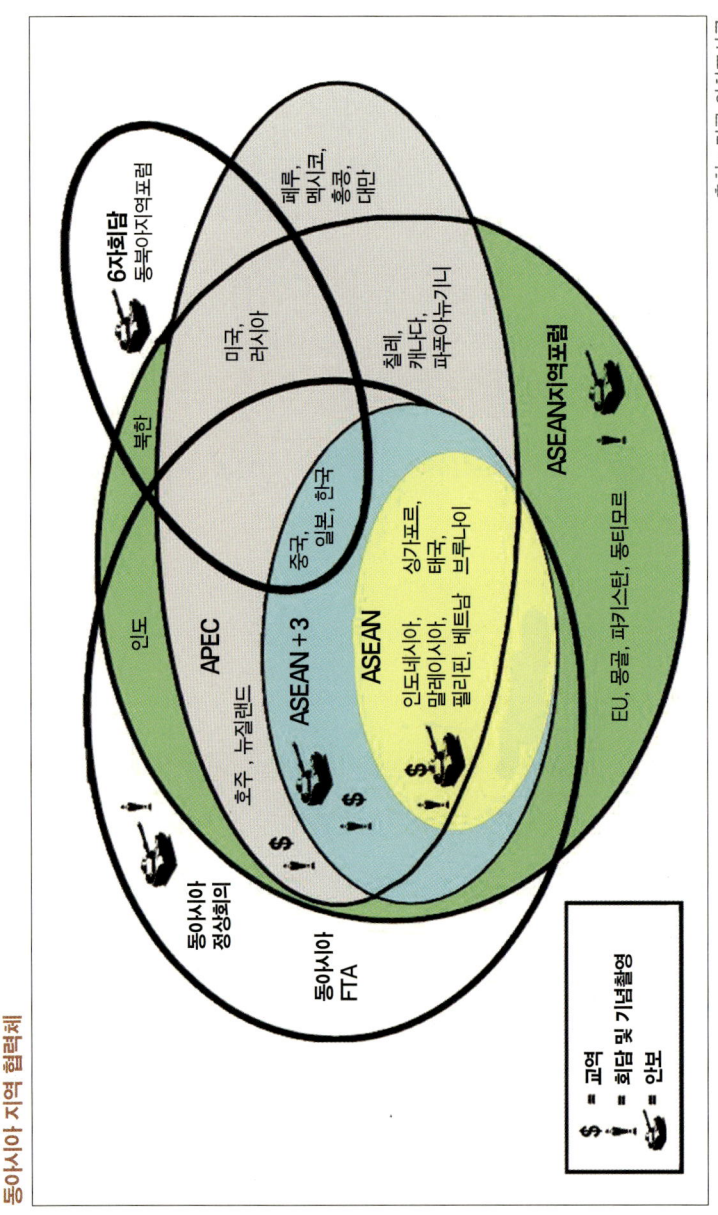

1996년 아시아 · 유럽정상회의(ASEM) 시작

1997년 ASEAN+3 정상회담 시작

1999년 ASEAN 10개국 완성 : 브루나이, 베트남, 라오스, 미얀마, 캄보디아 가입

2000년 치앙마이 이니셔티브(CMI) 발족

2005년 동아시아정상회의(EAS) 발족 : ASEAN + 3 + 호주, 뉴질랜드, 인도

2007년 ASEAN 헌장 서명 및 2008년 12월 발효

2009년 치앙마이 이니셔티브 다자화(CMIM) 공동기금 설립 합의

2009년 이명박 대통령 신아시아 외교 구상 발표

2009년 히토야마 일본 총리 동아시아공동체 구상 발표 : 우애외교

2009년 미국 대통령 ASEAN 10개국 정상과 첫 정상회담

2009년 아시아 · 태평양공동체(APC) 추진 : 케빈 러드 전 호주 총리

2010년 '비전 2010' 채택 : 한 · 중 · 일 협의체제 구축

지금은 역사의 그림자 속으로 사라졌지만 아시아 지역 역내 통합의 첫 발걸음은 '동남아연합(ASA)'이었다. 1961년 태국, 필리핀, 말레이시아 3개국이 지역 협력을 증진시키기 위해 창설했다. 이후 중국 문화대혁명, 싱가포르의 독립 등으로 ASA는 보다 외연을 확대할 필요성이 제기됐다.

이런 배경에서 ASA가 해체되고 1967년 8월 '아세안(ASEAN, Association of Southeast Asian Nations, 동남아시아국가연합)'이 탄생했다. ASEAN은 ASA 회원국에 인도네시아·싱가포르가 참여해 5개국으로 출발했다. 이후 브루나이, 베트남, 라오스, 미얀마, 캄보디아 등이 잇따라 가입하여 10개국 협의체로 발전했다.

설립 당시에는 공산주의 팽창에 대응하려는 성격이 강했지만 점차 경제협력체로 성격이 바뀌었다. ASEAN은 정상회의, 경제장관회의, 외교장관회의, 금융장관회의 등을 두며 명실상부 동남아시아를 대표하는 지역공동체로 자리매김했다.

동남아와 동북아를 포괄하는 동아시아 차원의 지역주의는 1990년 말레이시아 총리였던 마하티르(Mahathir Bin Mohamad)가 제안한 동아시아경제그룹(EAEG, East Asia Economic Group)이 그 기원으로 평가된다. 그러나 이는 처음부터 의도적으로 미국을 제외했다는 한계가 있었고, 결국 이런 원인으로 무산됐다.

지지부진했던 통합 논의에 탄력이 붙은 것은 아시아를 강타했던 1990년대 말 외환위기였다. ASEAN+3(한·중·일), 3국의 정상회의가 정례화되기 시작했고, ASEAN이 10개 국가로 완성된 것이 1999년이었다.

2001년 브루나이에서 열린 5차 ASEAN+3(한·중·일) 정상회의는 동아시아통합을 위한 초석을 놓은 회의로 평가받는다. 당시 김

## ASEAN+3 운영 현황

| 수준 | 정상 | 각료급 | 고위급 | 국장급 | 실무급 | 총계 |
|---|---|---|---|---|---|---|
| 외교 | ASEAN+3 정상회의 | ASEAN+3 FMM | ASEAN+3 SOM | ASEAN+3 CPR+3 | ASEAN+3 CPR+3 WG | 5 |
| 초국가적 범죄 | | AMMTC+3 | SOMTC+3 | CPR+3 | SOMTC+3 마약에 관한 WG | 3 |
| 경제 | | AEM+3 | SEOM+3 | | | 2 |
| 재무 | | AFMM+3 | AFDM+3 | | ● 6개 실무급 회의<br>● ABMI 포컬그룹 회의<br>● CMI 실무급 회의<br>● 전문가그룹 회의<br>● ETWG<br>● ASEAN+3 연구그룹 | 13 |
| 에너지 | | AMEM+3 | SOME+3 | SOME+3 EPGG | 5개 포럼 | 8 |
| 환경 | | AEMM+3 | ASOEN+3 | | | 2 |
| 농림 | | AMAF+3 | SOM AMAF+3 | | | 2 |
| 정보통신 | | TELMIN+3 | TELSOM+3 | | | 2 |
| 관광 | | M-ATM+3 | NTOs+3 | | | 2 |
| 노동 | | ALMM+3 | SLOM+3 | | | 2 |
| 보건 | | AHMM+3 | SOMHD+3 | | | 2 |
| 문화·예술 | | AMCA+3 | SOMCA+3 | | | 2 |
| 사회복지 | | AMMSWD+3 | SOMSWD+3 | | | 2 |
| 청소년 | | AMMY+3 | ASOMY+3 | | | 2 |
| 과학기술 | | AMMST+3 | COST+3 | | | 1 |
| 농촌개발 빈곤경감 | | | SOMRDPE+3 | | | 1 |
| 재난관리 | | | ACDM+3 | | | 1 |
| 광물 | | | ASOMM+3 | | | 1 |
| 여성 | | | ACW+3 | | | 1 |
| 정보 | | AMRI+3 | SOMRI+3 | | | 1 |
| 교육 | | | OMED+3 | | | 1 |
| 총 20개 | 1 | 16 | 21 | 2 | 18 | 60 |

출처 : 외교통상부

대중 대통령은 동아시아 자유무역지대(EAFTA) 창설 등을 제안해 각국 정상으로부터 호응을 얻어내는 등 아시아통합을 위한 논의에 주도적인 역할을 했다.

또 김 대통령의 제안에 따라 동아시아비전그룹(EAVG, East Asia Vision Group) 보고서가 논의되는 등 통합을 향한 구체적인 의제가 논의되기 시작했다.

## 비전 2020

| 2010년 5월 제주도 서귀포에 모인 한·중·일 3국 정상은 동아시아통합을 위한 중요한 발걸음을 내딛었다. 한·중·일 동북아 3개국의 협력을 위한 사무국을 설치하기로 합의한 것이다. 이른바 '비전 2020'의 핵심 골자다.

한국이 주도해 온 사무국 설치 제안이 받아들여져, 사무국은 한국에 두기로 했다. 사무총장은 3국이 돌아가면서 맡기로 합의했다.

정상회의는 상설화되어 있지만 상설협의체제까지 구축하게 된 것은 무척 의미가 깊은 일이다. 사무국은 3국 사이의 국제기구 같은 성격으로 3국의 정상회의는 물론 외교장관회의 등

17개 장관급회의를 포함해 50여 개 3국 정부 간 협의체를 지원하게 된다.

청와대는 협력 사무국이 '운송 수단(Vehicle)'이라면 '비전 2020'은 이정표에 해당한다고 평가했다. 모두 41개 항목으로 구성된 '비전 2020'은 3국 협력의 새로운 10년을 시작하면서, 앞으로 10년 동안 3국 협력의 미래상과 주요 실천과제를 담은 문서다.

치안 당국 간 협력 강화, 3국 FTA 체결 및 경제 통합 추구, 기후 변화 및 환경보호 협력 확대, 인적 교류 증진, 북핵 문제 해결 공조, 마약 퇴치 협력 등의 내용을 담고 있다.

이명박 대통령은 지난 2009년 10월 베이징에서 열린 3국 정상회의에서 상설 사무국 설치를 제안한 바 있다. 3국 정상은 특히 한반도 비핵화가 동북아 지역의 평화와 안보, 그리고 경제 번영에 기여할 것이라는 인식을 공유하고, 장기적으로 6자회담 과정을 통해 공동의 노력을 지속키로 했다.

이와 함께 국제표준 공동개발 및 주요 기술의 공통표준화를 골자로 하는 '표준협력 공동성명'과 보건의학 기술, 오염 방지 · 폐기물 처리 기술, 정보 기술(IT) 분야의 협력, 자연재해 대응력 공동 강화 등을 위한 '과학 혁신 협력 강화 공동성명'도 채택했다.

이외 노동 · 고용 분야 협의체 구축, 치안협의체 구축, 캠퍼스 아시아 시범사업, 공무원 교환 방문, 녹색경제 세미나 정례화,

순환경제시범단지 구축을 위한 고위급 포럼 개최, 한·중 외교관의 일본 단기연수 등 모두 7가지의 신규 협력 사업에도 합의했다.

  10년 후를 내다본 장기 협력과제에 대한 기본 합의는 이루어졌다. 이제 이런 과제들을 얼마나 강도 높게 추진하느냐에 원 아시아의 운명이 달려 있다고 해도 과언이 아니다.

# SECTION 3
# EU에서 배우는 원 아시아의 길

EU는 일정 수준의 공동합의를 하는 유럽 내 국가들로 구성된 공동체다. 또한 EU 회원국이라 해도 모든 조약이 적용되는 것은 아니다.

## 독일 사례

독일연방이 통일을 이룬 과정은 원 아시아를 추구하고 있는 한국에 뜻하는 바가 크다. 경제적 필요가 있으면 통합 과정은 힘을 받을 수 있다는 점이 핵심이다. 독일은 19세기까지만 해도 주변 유럽 국가들에 비해 뒤처진 산업을 공업화를 통해 부흥시켜 힘을 키워나갔다. 우리는 EU 통합에 실마리를 제공한 독일연방의 통일 과정에 대해 관심을 가질 필요가 있다.

> **독일의 통일 과정**
>
> 관세동맹 → 철혈정책 → 오스트리아 격파 → 북독일 연방 결성 → 프랑스 격파 → 독일제국

19세기 초 독일 땅 위에 있던 263개 왕국과 61개의 자유도시, 1,500여 개의 영주 국가들은 나폴레옹 패망과 함께 다른 유럽 국가들에 의해 39개의 연방국가로 정리됐다.

동서고금을 막론하고 강대국의 부상은 주변국의 경계를 일으키기 마련이다. 영국, 프랑스 등 당시 유럽 강대국들은 유럽 중

**프리드리히 리스트 기념우표**

앙부에 하나의 독일이 자리 잡는 것을 두려워했다.

이럴수록 독일 민족은 강력한 힘을 가진 통일국가의 출현을 염원하게 되었다. 통일을 향한 일련의 과정에서 선도적인 역할을 한 이가 저명한 경제학자인 프리드리히 리스트(Friedrich List)다.

1817년 튀빙겐대학교 교수로 부임한 리스트는 혁명이 아닌 평화적인 방법으로 통일이 이루어져야 하다고 주장했다. 그가 제시한 평화적인 방법이란 바로 경제통일이었다.

당시 독일의 분열은 경제 발전에 큰 걸림돌이 될 수밖에 없었다. 함부르크의 관세박물관에는 당시 여러 독일연방국가의 화폐들이 진열돼 있는데 한때 6,000가지가 넘는 화폐가 사용되었던 시절도 있었다.

연방국들은 국경에 세관을 설치하고 막중한 관세를 물었다. 차로 불과 몇 시간 거리에 있는 베를린에서 스위스 사이에 19세기 초에는 무려 10개의 연방국이 존재했다. 10개의 연방국을 거치는 동안 서류 심사와 환전을 열 번씩 해야 했으며, 더불어 열 번의 관세를 지불해야만 했다. 그 과정에서 때로는 지불한 관세가 운반하는 물품의 가격을 뛰어넘기도 했다.

결과적으로 독일의 무역 발전은 낙후됐고, 독일 제품의 경쟁력 저하를 가져왔다. 프리드리히는 독일 전역을 하나의 시장으로 결합시키기 위한 관세동맹을 결성하는 데 일평생을 매진했다. 그는 이것이 독일의 산업을 진흥시키고 국부를 증진해 통일로 가는 길이라고 믿었기 때문이다. 하지만 역내 관세 폐지로 정부의 수입이 감소할 것을 걱정한 낡은 지배계급은 프리드리히의 호소를 묵살했을 뿐 아니라 오히려 그를 불온사상의 선동자로 낙인찍었다.

독일 통일을 위해 우선적으로 경제를 부흥해야 하고, 그러기 위해서는 관세동맹을 통한 경제 통합을 이루어야 한다는 프리드리히의 사상은 시대를 뛰어넘는 것이었다.

10여 년 동안 모든 연방국을 돌며 설득한 결과, 결국 최대 연방국이었던 프로이센이 그의 제의를 받아들였다. 1818년 프로이센은 역내 관세부터 없앴다.

주변국들이 그 뒤를 따르자 놀라운 결과가 나왔다. 관세 부담이 없어지자 물건 값이 싸지고, 소비가 늘며 유통이 살아나 생산을 촉진시켰다. 1834년 1월 1일, 18개 연방이 모여 관세동맹을 맺은 것도 무관세와 시장 메커니즘의 위력을 확인했기 때문이었다.

이후에도 여러 연방국들이 계속해서 관세동맹에 가입했고, 관세 폐지는 결과적으로 더 큰 통일 시장을 탄생케 했다.

관세동맹은 독일 안에서 여러 나라끼리 서로의 제품에 세금을 붙이지 않는 것으로 지금 세계적인 추세인 역내 경제동맹 형태와 매우 유사하다. 당시 관세동맹은 독일 경제 전체를 폭발적으로 키워냈다.

1835년에 처음 깔린 철도의 총 연장이 1850년 5,800㎞에서 1860년 1만 1,600㎞로 늘어난 것도 관세 철폐로 인한 내수 활성화 덕분이었다. 독일에 자본주의의 싹이 튼 것도 이때였다. 급성장하는 경제에 고무된 관세동맹 가입국들이 교통시스템과 통화제도, 어음·도량형까지 순차적으로 통일시키자 19세기 중엽 관세동맹 지역의 산업 생산력은 영국과 프랑스에 이어 3위로 올라섰다. 경제 통합은 1871년 강력한 통일국가인 독일제국 성립으로 이어졌다. 비스마르크의 철혈(鐵血)정책에 앞선 경제 통합이 오늘날 독일의 반석을 깐 셈이다.

경제 통합이 정치·사회의 변화를 이끄는 구조는 역사에 묻힌 얘기가 아니다. 유럽연합도 유럽철강공동체가 발전한 결과물이다. 관세동맹이 추구했던 통합과 상생은 170년이 흐른 현재에도 여전히 시대의 과제다.


## EU 사례

| 두 차례의 세계대전을 겪고 수백 년 동안 무수한 살상과 비극적인 다툼을 반복하던 유럽은

마침내 지역 통합의 길을 선택했다. 1970~1980년대만 하더라도 유럽이 지금처럼 통합될 것이라는 기대는 크지 않았다. 유럽의 학자들조차 유로 단일화에 대해서 프랑스가 고상한 프랑(Franc)을 버리거나, 독일이 막강한 마르크(Mark)를 포기하는 일은 없을 것이라 단언했을 정도였다.

2011년 현재 논의가 진행 중인 아시아 지역을 포함해 3개 축 가운데 가장 발전된 형태라 불리는 EU는 선·후진국을 막론하고 지역경제 통합의 성공적인 모델로 인식되고 있으며, 타 지역에서 이를 벤치마킹하기 위한 관련 연구가 활발하게 진행되

**원 아시아와 EU 비교**

| 원 아시아 | | EU |
|---|---|---|
| 20억 | 인구(명) | 4억 2,000만 |
| 1,500만 | 면적(km) | 300만 |
| 7조 | GDP(달러) | 10조 1,000억 |
| 13개국(이상) | 회원국 | 27개국 |
| 중국(2010년) | 역내 최대 경제국 | 독일 |

고 있다. EU의 역사는 전 세계 모든 사람들에게 영감과 교훈을 주고 있다.

우선 유럽을 뒤덮은 냉전과 이질적인 체제를 극복하고, 자유와 인권, 시장경제와 정의를 기반으로 한 유럽 대륙을 실현했다. 또한 6개국에서 출발해 오늘날 27개국이 참여하는 대유럽 통합을 이룩함으로써, 분단과 갈등의 시대에서 통합과 협력의 시대를 열었다.

유럽은 로마제국과 로마 가톨릭으로 인해 정치·종교·문화·사회적으로 동일한 전통을 가진 공동체라는 의식을 공유해 왔다. 그런데 15세기 아랍인들에 의해 동로마제국이 함락되는 일이 벌어졌다. 이 사건은 유럽동맹을 제안하는 하나의 계기가 됐다.

1638년 프랑스 재무장관이었던 슐리 공은 기독교 공화국 형태로 연방을 제안했었다. 1713년 생 피에르 신부는 유럽 국가 간의 연방제 연합을 주장했으며, 철학자 루소는 생 피에르 신부의 제안에 공감하여 연방제 연합론을 발전시켰고, 1815년 생시몽과 티에리는 유럽공동체를 제시했다.

민족주의가 크게 일어난 시기였던 19세기 유럽은 연방국가로 탄생한 미국으로 인해 유럽연방 주장이 일어나기도 했다.

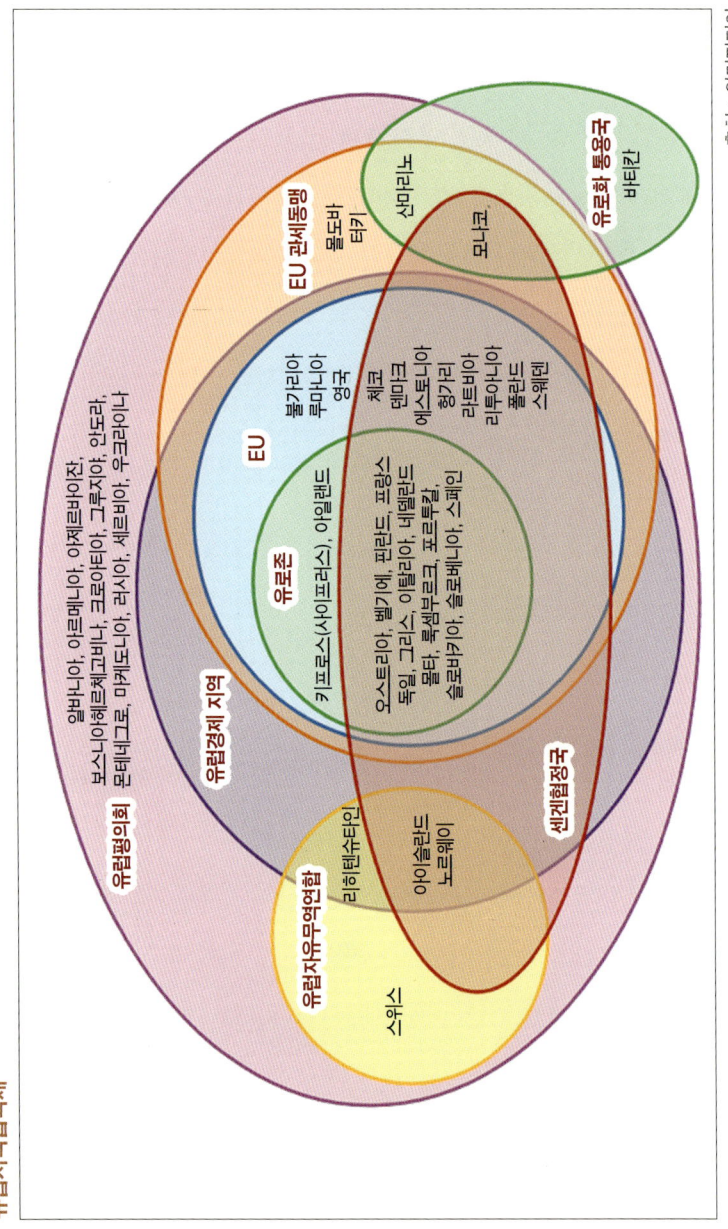

1849년 문학가이자 정치가였던 빅토르 위고는 파리에서 개최된 국제평화회의에서 유럽합중국(United States of Europe)이란 말을 처음으로 사용했다. 오스트리아 칼레르그는 1923년 유럽합중국을 건설해야 한다고 역설했다. 프랑스의 레옹 블룸이나 이탈리아의 스피넬리 등은 유럽연방만이 유럽에 평화를 가져온다고 주장했다.

다시 한 번 상기하고 넘어가야 할 사실이 있다. 바로 EU는 유럽 대륙 전체를 지칭하는 말이 아니라는 것이다. 유럽과 EU는 사뭇 다른 성격의 개념이라는 사실에 고개를 갸우뚱하는 사람도 있을 것이다.

EU는 일정 수준의 공동합의를 하는 유럽 내 국가들로 구성된 공동체다. 또한 EU 회원국이라 해도 모든 조약이 적용되는 것은 아니다. 예를 들어 영국, 덴마크, 스웨덴 등은 유로화 사용국이 아니다(非 유로존). 또한 영국은 솅겐협정(Shengen Agreement)에 가입하지 않아 입국 시 여권검사를 실시한다.

하지만 대부분의 EU 국가들은 회원국들 사이에 국경을 철폐했고, 출입국수속을 없앴다. 오늘날 EU 회원국의 국민들은 유럽국제공항을 마치 자국 공항을 드나들듯 자유롭게 출입하고 있다.

EU는 유로라는 단일화폐를 사용하기 때문에 회원국 국민들은 역내 국가들을 방문할 때 환전을 하지 않아도 된다. 또한 EU 내 무역 장벽이 사라져 회원국의 소비자들은 저렴한 가격에 양질의 상품을 선택할 수도 있다.

이 외에도 안보, 교육, 노동, 농업, 사회복지 등 다양한 영역에서 공동의 정책을 취하면서 유럽 부흥과 발전을 꾀하고 있다. EU 공동체를 출범한 지 50년이 조금 지난 2011년 현재, 회원국 27개국에 인구 약 4억 명을 가졌고, 세계 GDP의 약 4분의 1을 점하는 '글로벌 파워' 그룹이자 '평화와 공동번영의 상징'으로 인식된다.

### 센겐협정(Shengen Agreement)

국경 간 장벽을 허물어 유럽연합 탄생에 결정적 계기가 된 협정으로 국경 검문·검색 결과 여권 통제 폐지를 담고 있다.

이를 통해 물꼬가 터진 자유로운 이동 흐름은 유럽연합이 명실상부한 정치·경제공동체로 거듭나는 데 핵심적인 역할을 했다.

EU 회원국이 아닌 여행자도 센겐협정 가입국마다 일일이 비자를 받을 필요가 없어졌다. 단일 비자만 받으면 입국이 가능하며, 외국인 관광객 역시 큰 혜택을 보게 된 혁명적인 변화였다.

# EU 탄생 역사

1952년 유럽석탄·철강공동체(ECSC) 결성

1953년 유럽통계처(Eurostat) 설립

1957년 로마조약 체결 : 유럽원자력공동체(EUratom)와 유럽경제공동체(EEC) 창설

1967년 유럽공동체(EC)로 개편

1968년 관세동맹 결성

1973년 영국, 아일랜드, 덴마크 가입

1979년 유럽의회가 직접 선거로 새롭게 결성

1981년 그리스 가입

1986년 스페인, 포르투갈 가입

1990년 센겐협정 체결 : 국경 통제 폐지

1992년 마스트리히트조약 체결 : 경제, 통화 등의 통합 내용

1993년 유럽연합(EU)으로 명칭 변경

1995년 스웨덴, 핀란드, 오스트리아 가입

1998년 유럽중앙은행 창설

1995년 단일화폐인 유로화 출범

2000년 니스조약 체결

2002년 유로화 12개국에서 공식 화폐로 통용

2004년 폴란드, 체코, 헝가리, 슬로바키아, 슬로베니아, 라트비아,

리투아니아, 에스토니아, 키프로스, 몰타 추가 가입

2004년 유럽헌법 가결 : 유럽통합 대통령직과 외무장관 신설

2007년 루마니아, 불가리아 가입(27개 회원국)

2009년 리스본조약 발효

유럽의 경제 통합은 그들의 역사적 · 문화적 · 사회적 동질성과 '유럽은 하나' 라는 범유럽주의(Pan-Europeanism)에 기초하여 유럽의 경제 발전을 선도해 왔다. EU 깃발에 있는 12개의 노란별은 예수의 12사도를 상징하는 것으로, 유럽의 전통적인 기독교 사상을 표현하고 있다.

EU의 역사는 1950년대부터 시작한다. 1950년 프랑스의 로베르 슈만(Robert Schuman)과 독일의 콘라드 아데나워(Konrad Adenauer)는 ECSC(European Coal and Steel Community, 유럽석탄 · 철강공동체)에 대한 구상을 발표했다.

독일의 재무장을 억제하려는 프랑스와 전후 상실된 국제적 영향력을 제고하려는 독일의 이해, 유럽 공동시장의 창출을 통한 경제적 효과를 기대한 이탈리아와 베네룩스 3국의 이해가 맞아 떨어져, 1951년 파리조약에 따라 ECSC가 설립됐다.

그 후 로마조약에 의한 유럽경제공동체(EEC, European Economic Community)의 출범과 함께 유럽원자력공동체가 설립됐고, 1967년

7월 1일 EEC는 유럽철강공동체와 유럽원자력공동체를 통합하여 유럽공동체(EC, European Community)로 발전했다.

원래 EEC(European Economic Community, 유럽경제공동체) 회원국은 벨기에, 프랑스, 서독, 이탈리아, 룩셈부르크, 네덜란드 등이었으나 1973년에는 덴마크·아일랜드·영국이, 1981년 그리스, 1986년 포르투갈·스페인이 가입해 EU 출범 당시에는 12개 EC회원국으로 구성됐다.

1993년 11월 마스트리히트조약에 의해 오늘날의 유럽연합이 발족됨으로써 단일시장 단계를 넘어 보다 강화된 경제 통합 기구로 발전됐다. 1994년 유럽통화기구(EMI, European Monetary Institute)가 창설되었고 1995년 1월 1일 오스트리아·스웨덴·핀란드의 가입으로 회원국은 15개국으로 확대됐다.

1999년 1월 단일통화인 유로(Euro)화를 도입해 경제·통화동맹을 완성했다. 2004년 폴란드, 헝가리, 체코, 슬로바키아, 슬로베니아, 리투아니아, 라트비아, 에스토니아, 키프로스, 몰타 등 10개국이 가입했으며, 2007년 불가리아와 루마니아가 새로 가입함으로써 가맹국 수는 총 27개국으로 늘어났다.

EU 역내 통합 과정은 총 5단계에 걸쳐 역내 자유화를 실현하면서 이루어졌다.

1단계는 역내 회원국 간 관세 및 수량 규제의 철폐였다(1958년). 10년에 걸쳐 회원국 간 관세동맹을 이루었고, 역외 공동관세제도를 도입했다.

　2단계는 1973년에서 1986년까지의 기간으로 회원국이 당초 6개국에서 12개국으로 확대되었으며(영국, 아일랜드, 덴마크, 그리스, 스페인, 포르투갈), 인접 지중해 주변 지역의 공업국(주로 EFTA 회원국) 및 개도국과 자유무역협정·무역우대협정을 체결했다.

　3단계는 EU 집행위원회가 역내 시장 통합백서를 공식적으로 발표한 1985년 7월 15일 이후의 기간으로 역내 단일시장의 형성을 위한 전략이 추진됐다. EU의 역내 시장 형성은 EU가 자유무역지역과 관세동맹을 완성하고, 역내 국경 및 국경 관리의 철폐를 통해서 공동시장을 형성했다는 것을 의미한다.

　EU의 역내 시장이란 EU 회원국들이 생산 요소의 이동, 서비스 무역의 자유화뿐만 아니라 제조업 분야에서 잔존하고 있는 수량 규제의 철폐 등의 조치를 통해서 EU 역내에서 상품, 서비스, 자본 및 노동의 자유 이동이 허용되는 구체적인 공간(시장)을 의미한다. 이에 따라 각 회원국별로 상이한 각종 기술 기준, 규격, 공공조달, 보조금 규정 및 부가가치세제(VAT)의 통일, 또는 조화 등의 조치를 수반한다.

4단계는 1993년 1월 역내 시장의 출범 등 통합이 완성된 바탕 위에서 경제·통화동맹이 추진된 시기로 단일통화가 통용돼 완전 경제 통합이 이루어졌다. 1999년 유로화 도입 및 유럽중앙은행 설립을 포함한 유럽중앙은행제도가 도입됐으며, 2002년부터 민간 부문에도 유로화 통용이 시작됐다. 이는 EU가 유로화를 중심으로 한 단일통화권을 창출하는 등 EU 차원의 단일통화·금융제도의 정착을 의미한다.

5단계는 2000년 니스정상회의를 통해 중·동부 유럽 국가들의 EU 가입을 전제로 하여 EU의 제도 개편을 위한 조치를 마련

| 역내 관세 철폐 | 역외 공동관세 부과 | 역내 생산요소 자유이동 보장 | 역내 공동경제 정책 수행 | 초국가적 기구 설치·운영 |
|---|---|---|---|---|
| ① 자유무역협정 (NAFTA, EFTA 등) | | | | |
| ② 관세동맹 (베네룩스 관세동맹) | | | | |
| ③ 공동시장 (EEC, CACM, CCM, ANCOM 등) | | | | |
| ④ 완전 경제 통합 (마스트리히트조약 발효 이후의 EU) | | | | |

한 준비시기에서 출발했다. 이어 2003년에는 데살로니카정상회의에서 EU 헌법초안이 검토되기 시작, 유럽합중국으로 발전하기 위한 노력이 전개됐다.

2004년 5월에는 동유럽 8개국과 지중해 연안 2개국 등 10개국이 EU에 새로 가입해 EU의 경제·지리적인 영역이 과거 사회주의 국가권으로 확대됐다. 대통령제 도입을 골자로 한 유럽 헌법의 제정 등 EU의 법과 제도 정비를 통해 단일국가와 유사한 체제로 발전하기 위한 노력으로 메가 유럽의 탄생이 예고되고 있다.

**유럽연합 회원국(27국)**

그리스, 네덜란드, 덴마크, 독일, 라트비아, 루마니아, 룩셈부르크, 리투아니아, 몰타, 벨기에, 불가리아, 스웨덴, 스페인, 슬로바키아, 슬로베니아, 아일랜드, 에스토니아, 영국, 오스트리아, 이탈리아, 체코, 키프로스, 포르투갈, 폴란드, 프랑스, 핀란드, 헝가리

2009년 12월 1일 리스본조약의 발효와 함께 유럽은 유럽연합보다 강화된 유럽합중국으로 나아갔다. 리스본조약의 핵심은

EU 대통령 격인 정상회의 상임의장과 외무장관 격인 EU 외교안보정책 고위대표의 선출이었다.

EU는 그동안 경제공동체로는 상대적으로 월등히 성공했지만 정치공동체로는 많은 점에서 부족하다는 평가를 받아왔다. 성향이 판이하게 다른 EU 27개 회원국들이 각기 다른 목소리를 내면서 국제 외교에서는 EU의 단합된 입장이 표출되지 못했기 때문이다. 따라서 이 두 직책을 선출한 것은 EU의 정치적 통합을 강화하고, 대외적으로 EU를 대표할 인물을 내세워 국제사회에서 EU의 영향력을 확대시키겠다는 의미가 담겨 있다.

27개국 정상은 만장일치로 헤르만 판롬파이 벨기에 총리를 EU 정상회의 상임의장으로 선출했다. 또한 영국의 캐서린 애슈턴 EU 통상담당 집행위원을 초대 외교안보정책 고위대표로 임명했다.

헨리 키신저 전 미 국무장관은 재직 시절 "유럽과 대화하려면 누구에게 전화해야 하느냐?"는 말을 남겼는데, EU 대표 선출로 이런 질문은 역사 속으로 사라졌다.

EU 역내에서는 이미 '포스트 리스본(Post Lisbon)' 구상이 거론되고 있다. 그중에서도 지역 통합에서 가장 민감한 사안인 공동군대 창설이 공개적으로 논의되기 시작했다. EU의 공동방위군 창설 움직임은 과거에도 여러 차례 표출됐지만 회원국 간의 이견이나 소극적 태도, 미국의 견제로 뚜렷한 성과를 거두지 못했다.

하지만 공동방위 추진은 국제무대에서 지도적 위치를 확보하기 위해서 필요하다는 것이 EU 내의 여론이다. 이와 같은 군대 문제 역시 강력한 국가연합으로 가는 데 필요한 요소로 앞으로 진전이 있을 것이다.

## 유럽통합의 성공 요인

| 유럽통합이 성공적으로 진행되어 온 데에는 다음과 같은 요인들이 있었기에 가능했다. 먼저, 유럽 각국은 유럽통합 과정에서 인류의 보편적 가치에 기초한 선명한 통합 이념과 비전 및 철학을 공유했다. 평화를 추구하고 민주주의, 인권, 법치 존중의 이념가치를 공유했다.

둘째, 유럽통합은 부문통합에서 출발, 점차 심화되는 과정을 거쳤다. 경제의 특정 부분(ECSC, 1952년)에서 시작해 경제 전 분야(EEC, 1957년), 비정치적인 전 분야(EC, 1967년), 정치·안보·사회·문화 분야가 포함된 모든 분야의 통합인 EU(1993년) 등으로 통합이 점진적으로 확대·발전했다.

셋째, 개별 국가의 이익과 합치되는 협력과 통합 과정을 전개했다. 예컨대 프랑스는 유럽통합을 독일의 전쟁 능력 봉쇄 및 자국 기간산업의 안정적 발전 기회로, 독일은 전범국가로서의 외교적 고립을 탈피하고 독일 통일의 역내외 지지기반을 확보하는 기회로, 유럽 소국은 유럽통합을 시장 확대와 무역 증진의 호기로 인식했다.

우리에겐 EU를 통한 안보·경제·사회·문화의 상호통합이 이 지역의 모든 국민들에게 종전의 국가가 주지 못하는 영구평화와 공동번영을 가져다 줬다는 공감대가 형성되어 있다. 물론 여기에는 장기목표와 가치의 공유, 그리고 상호 신뢰 구축이 전제되어야 한다.

우리는 EU의 경험을 배워야 한다. 물론 EU의 정책 경험을 그대로 모방할 수는 없을 것이다. 아시아의 역사, 문화 등에 알맞은 모델을 새롭게 창조해 나가야 한다. 확실한 것은 자강(自强), 동맹(同盟), 균세(均勢)에 의존하는 20세기적 전략만으로는 더 이상 국가안보와 국민번영을 100% 보장하기 어렵다는 것이다.

따라서 21세기적 발상에 기초한 '상호통합의 네트워크 전략'을 구상해야 한다. 그리고 점차적으로는 '아시아 경제·안보 공동체'를 구상해야 한다.

또한 점차적으로 국민국가의 이익을 넘어설 각오와 함께, 장기적으로 '아시아지역연합(AU)'의 창출가능성을 모색해 나가야

### EU의 통합 추진에 나타난 주요 기본원칙 사례

**가중다수결 원칙에 의한 신속한 의사결정 방식 채택**
- 조세, 노동력의 자유 이동, 노동권 문제 등을 제외한 분야에 대해 만장일치제 대신 회원국별로 일정하게 분배된 투표 수에 의거하여 결정하는 원칙

**법 제정 우선 원칙**
- 예산 배정 등에 있어서 우선순위 선정이 아니고, 기본적으로 관련 규정 및 법규 제정을 우선으로 하는 원칙. 단, 구조기금(Structural Fund) 등 기금의 배정 경우는 예외

**특정 국가 중심의 EU 집행위 운영 금지 원칙**
- 일부 국가 및 집단에 의한 EU 집행위의 독점적 운영에 따른 사안의 파행성 방지 및 EU 집행위의 이익집단화 방지 원칙

**역내 국경 철폐 원칙**
- 잔존하는 역내 국경 통제 요소의 철폐 원칙

**보조성(Subsidiarity) 원칙**
- 조세 부과 등 회원국 정부의 역할 보장으로 권한과 행정력의 집중화 방지 원칙

**상호인증(Mutual Recognition) 원칙**
- 주로 기술적 장벽의 제거를 위해 회원국의 법적·제도적 장치에 대해서 회원국 간 상호 인증하는 원칙

**공동의 틀 마련 원칙**
- 상호 인증의 원칙과 관련하여 자격증, 인허가, 검사 등에 대한 공동의 심사기준 마련 원칙

**공동규제의 원칙**
- 기본적 요구에 대해서 공동규제방안 마련

출처 : 유럽통합 과정과 아시아통합에의 적용 가능성

한다. 예컨대, 우선 '동아시아공동체(East Asia Union) 전략'부터 시작해 점차 여타 아시아 지역으로 확대해 나가는 것이 진정한 '원 아시아 시대'를 여는 것이 될 수 있다.

하지만 최근 글로벌 금융위기 이후 동유럽 국가들의 재정위기를 보면 EU식 통합에 대한 우려가 기우가 아니었음이 증명되고 있다. EU는 단기적 현안에 몰두하지 말고, 장기적 이익을 생각했어야 한다.

따라서 원 아시아는 발칸반도의 교훈을 되새기며 유사한 사태를 미연에 방지하는 데 심혈을 기울여야 한다. 2011년 현재 원 아시아 내에도 미얀마 문제와 북한 문제 등 난제가 산재해 있다.

**EU를 벤치마킹한 '원 아시아' 시나리오**

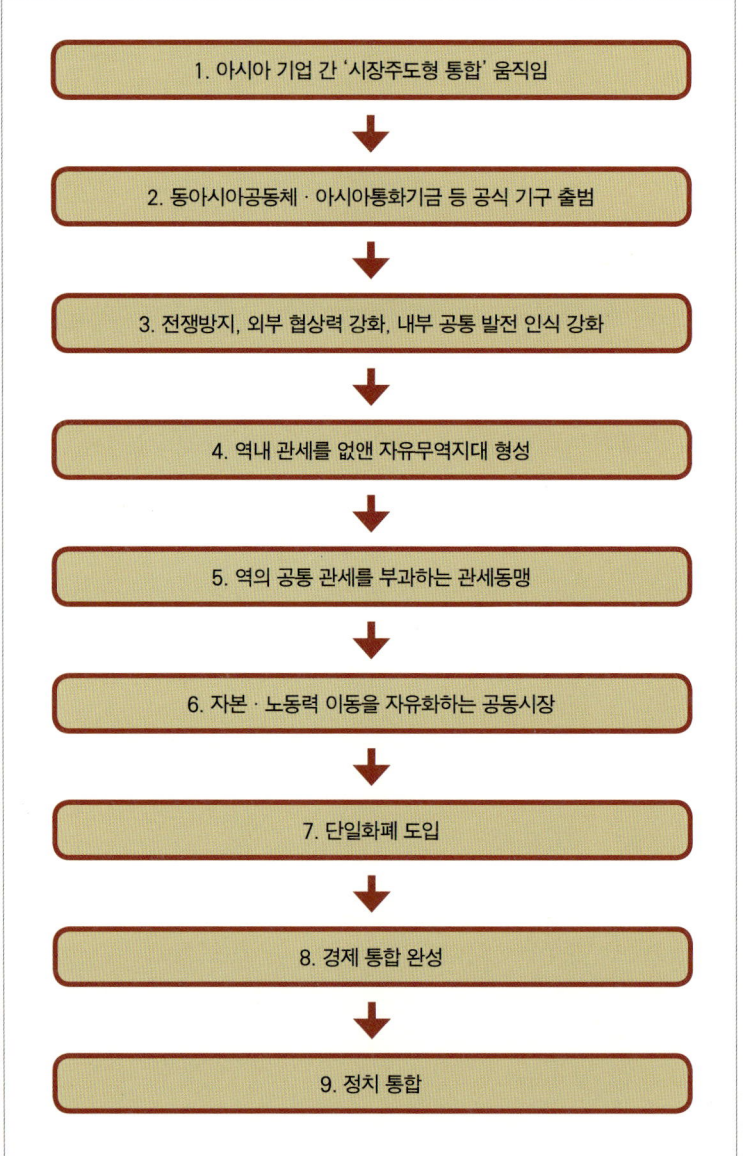

# SECTION 4
# 세계 석학 및 지도자들의 발언

"아시아는 운이 좋다. 세계 중심이 미국으로 옮겨 갈 때 불가능하다 생각했던 일이 바로 지금 이 시각 이곳에서 일어나고 있다. 여기에 돈이 있다. 우리는 이런 변화를 목도하면서도 정작 이해하지 못하고 있다. 아시아도 대부분 이해하지 못한다."

**마하티르 모하마드 전 말레이시아 총리**
"아시아가 하나가 되기 위해선 아시아 국가들이 서로 긴밀한 협조체계와 각국에 알맞은 장·단기 전략을 세워야 한다."

**키쇼어 마부바니 싱가포르국립대학교 공공정책대학원장**
"그동안 글로벌라이제이션(Globalization)이 서구경제 주도로 이뤄진 웨스터나이제이션(Westernization)의 모습이었다면, 앞으로 글로벌라이제이션은 아시아 국가가 주도하는 아시아나이제이션(Asianization)이 될 것이다."

**존 메이저 전 영국 총리**
"세계의 부, 동쪽(아시아)으로 빠르게 이동할 것이다."

**조지 부시 전 미국 대통령**
"세계의 중심이 대서양에서 태평양으로 이동하고 있다. 세계 경제의 미래는 원 아시아를 만드는 것에 달렸다. 아시아가 한 단계 더 번영할 수 있는 길은 자유무역지대 창설 등 경제 자유를 함양하는 것이다."

**스티븐 로치 모건스탠리 아시아 회장**
"미래 아시아의 지향점은 '하나의 통합 경제'를 만드는 것이다."
"아시아 소비자가 새 주역이다. 수출과 투자에 대한 지나친 의존에서 벗어나 민간 소비를 성장시켜야 한다."

**니얼 퍼거슨 하버드대학교 교수**
"500년 만에 서에서 동으로 경제 패권이 이동하고 있다. 하지만 실제 원 아시아를 구축하는 것은 쉽지 않을 것이다. 특히 중국의 영향력이 커지면 커질수록 아시아통합은 어려울 것이다."

**폴 케네디 예일대학교 석좌교수**
"한·중·일이 함께 판이한 국가들을 통합하려면 오랜 시간이 걸린다. 새로운 접근이 필요하다. 공동 관심사를 찾아라. 안보, 기술, 자원, 환경 등을 우선 논의하라."

**마리 엘카 팡에스투 인도네시아 통상장관**

"중국·인도·ASEAN이 3개 지주가 되어야 한다.", "통합 원천 3가지, 개방적 지역주의, 무역자유화보다는 지역공동체 건설이 우선이다. ASEAN이 동아시아 지역화의 중심이 되어야 한다."

**다니엘 핑크 미국 미래학자**

"이제는 3A가 지배하는 시대다. 아시아(Asia)·풍부함(Abundance)·자동화(Automation)로 세상이 변화하면서 창의적인 인재가 더욱 중요해지고 있다."

**도미니크 스트로스칸 IMF 총재**

"아시아의 시대가 왔다. 아시아의 경제 실적이 의미 있는 성장을 지속할 것이라는 것에 그 누구도 이의를 제기할 수 없을 것이다. 아시아가 최근 전 지구적 경제위기를 극복하는 과정에서 세계 경제의 새로운 동력(Powerhouse)으로 떠올랐다."

**짐 로저스 로저스홀딩스 회장**

"아시아는 운이 좋다. 세계 중심이 미국으로 옮겨 갈 때 불가능하다 생각했던 일이 바로 지금 이 시각 이곳에서 일어나고 있다. 여기에 돈이 있다. 우리는 이런 변화를 목도하면서도 정작 이해하지 못하고 있다. 아시아도 대부분 이해하지 못한다."

# SECTION 5
# 아시아통합 제안

신아시아 구상은 2009년 3월 8일 이명박 대통령이 인도네시아 순방 중에 발표한 아시아 지향 외교 구상이다. 그동안 미국, 중국, 일본, 러시아 등 주변 4강에 치중했던 외교 지평을 넓혀 아시아 국가들도 중시하겠다는 메시지다.

| 아시아의 많은 지도자들이 그동안 아시아통합을 위한 아이디어를 제시한 바 있다.

### 김대중 전 대통령 : EAVG(동아시아비전그룹)

| 동아시아비전그룹은 김대중 전 대통령이 지난 1998년 ASEAN+3 정상회의 때 제안해 설치된 ASEAN+3의 민간 자문기구다. 한·중·일을 포함한 동아시아

13개국 민간인사 26명으로 구성되어 있다. 동아시아 지역협력을 위한 중·장기적인 비전을 연구하고 있다.

EAVG보고서는 '평화 번영과 발전의 동아시아공동체' 창설을 비전으로 제시한다. 그리고 이 같은 비전 실현을 위해 금융, 정치, 안보, 환경, 에너지, 사회·문화제도 등 6개 분야에서 22개 주요 권고사항과 57개 협력조치를 제시하고 있다. 그중에서도 역내 무역과 투자의 조속한 자유화, 동아시아통화기금 설치 또는 차입협정 체결을 통한 금융안전망 구축 등이 핵심사항이다. 그 후 동아시아 각국은 논의를 거듭해서 2005년 말레이시아 쿠알라룸프르에서 제1차 '동아시아정상회의(EAS)'를 개최했다.

## 나카소네 전 일본 총리 : 동아시아공동체

| 나카소네 야스히로(中曾根康弘) 전 일본 총리는, 동아시아공동체에 대한 논의가 본격적으로 시작된 것은 1997년 아시아 외환위기를 겪으면서부터라고 진단했다. 그는 이때부터 아시아 각국이 통화 가치 안정을 위해서는 동아시아 국가들의 공동체 구축이 중요하다는 데 역내 국가 간 의견 일치를 이루었다고 봤다.

나카소네 전 총리는 공동체 구축을 위해서는 무엇보다

ASEAN+한·중·일 3국 사이에 운명공동체의식을 갖는 것이 가장 중요하다고 강조했다. 또한 서로 문화의 다양성이나 탄력성을 인정해야 한다고 제안했다.

동아시아공동체는 민주주의와 인도주의, 인권과 시장경제 같은 세계 보편적인 가치관을 공유하는 것이 전제가 되어야 한다고 강조한 개념이다. 지금 각국이 맺고 있는 FTA(자유무역협정)를 기초로 금융·경제협력 네트워크로 발전시켜 공동체의 모체가 될 수 있게 한다는 주장이다.

그 과정에서 중국이 '대국'이 됐을 때, 다른 나라와 혹은 일본이나 인도가 그 균형 역할을 해야 한다는 견해다. 동아시아공동체 건설을 위해서는 한·중·일 동북아 3국의 관계 성숙이 선결되어야 한다.

### 마하티르 전 말레이시아 총리 : EAEC(East Asia Economic Caucus)

| 유럽경제지역(EEA)과 북미자유무역협정(NAFTA)에 따른 북미 시장 통합에 대응해 1991년 마하티르 모하메드 말레이시아 당시 총리가 제안한 경제 블록 구상이다. 동남아국가연합(ASEAN) 6개국과 한국, 중국, 일본, 대만, 홍

콩이 연합체를 형성, 공동보조를 취하자는 것이었다.

일본은 즉각적으로 반대했지만 한국은 찬성했다. 일본은 미국을 빼서는 안 된다는 논리를 폈다. 미국 역시 기분 좋을 리가 없었다. 미국 정부는 한국이 EAEC에 찬성 입장을 밝히자 외교 경로를 통해 공식적으로 유감의 뜻을 전해왔다.

그러나 EAEC는 새로운 시도로 주목은 받았음에도 결국 미완의 작품이 됐다. 미국, 호주, 캐나다 등 아시아·태평양 지역 국가들을 배제해, 특히 미국으로부터 아시아 지역의 폐쇄적인 경제 블록화에 대한 경계 압력을 받은 것이 한계였다.

## 하토야마 전 일본 총리 : 동아시아공동체론

| 하토야마 유키오(鳩山由紀夫) 전 일본 총리의 동아시아공동체론은 패권을 유지하려는 미국과 패권국가가 되고자 하는 중국 사이에서 일본은 물론 아시아의 다른 중·소 규모 국가들이 정치·경제적 자립을 유지하기 위한 고민을 공유하고 있다는 전제에서 출발한다.

이 지역에서 미국과 중국, 두 나라의 패권적 행위를 억제하면서 경제활동의 질서를 수립하고자 하는 여러 나라의 바람이 지역 통합을 가속하는 요인이 될 수 있다는 것이다. 미국을 견제

하는 장치로 공동체를 생각한다는 점에서 기존의 자민당식 접근과는 상당히 거리가 있는 발상이다.

또 동아시아공동체론의 바탕 이념으로 자신의 정치철학인 우애를 내세우고 있다. 우애를 바탕으로 할 때에만 국가 내부는 물론 국경을 넘어선 범위에서도 공생사회를 만들 수 있다는 것이 그의 지론이다. 동아시아공동체 단위에서 공생사회를 이루려면 국가 내부의 격차 극복과 아울러 국가 사이의 격차 극복 노력이 필수적이며, 그 과정에서 특정 집단을 배제해서는 안 된다는 것이다.

### 케빈 러드 전 호주총리 : APC

| 케빈 러드 전 호주 총리는 누구보다도 원 아시아 필요성에 적극적이다. 2008년 미국, 인도, 멕시코, 페루 등이 참여하는 포괄적 정상급 협의체로 아시아·태평양공동체(APC) 설립을 제안한 바 있다.

러드 전 총리는 2009년 11월 매일경제신문과의 인터뷰에서 아시아통합을 위한 '원 아시아'는 미국을 빼놓고는 추진할 수 없다고 강조했다. 그는 또 자신이 제창한 아시아·태평양공동체

(APC)와 관련해 경제뿐 아니라 정치, 군사, 안보 등에서의 협력도 포함하는 개념이라고 강조했다. 그는 21세기는 평화(Peace)와 번영(Prosperity)이라는 2P로 상징되는 시대여야 한다고 말했다.

그는 2009년 6월 매일경제신문에 이와 관련한 특별 기고를 보내왔다. 러드 전 총리는 APC는 ASEAN 주도 아래 동남아시아 지역에서 전개되어온 신뢰, 안보, 공동체 구축 과정이 자연스럽게 확장된 것으로 볼 수도 있을 것이라고 강조했다.

그는 역내 평화·안정·번영을 최대화하기 위해 필요한 기구에 대해서, 그리고 아시아·태평양 지역과 그 미래에 대해서 단계적인 대화를 계속해서 해 나가야 한다고 밝혔다.

물론 러드 전 총리는 이것이 단기에 끝날 프로젝트는 아니라고 밝혔다. 그는 심사숙고가 필요한 복잡하고 중요한 문제라며 장기적 안목에서 대화를 시작하자고 강조했다.

## 이명박 대통령 : 신(新)아시아 구상

신아시아 구상은 2009년 3월 8일 이명박 대통령이 인도네시아 순방 중에 발표한 아시아 지향 외교 구상이다. 그동안 미국, 중국, 일본, 러시아 등 주변 4강

**한국의 아시아 지역 통합 구상과 개념**

| 개념 | 구상 | 주창자 | 대상 및 범위 |
|---|---|---|---|
| 동양 | 동양평화론 | 안중근 | 한국, 중국, 일본 |
| 아시아·태평양, 환태평양 | 태평양동맹 (Pacific Union) | 이승만 | 태평양 연안 국가(일본 제외) : 한국, 미국, 필리핀 등 동남아시아 국가, 호주, 뉴질랜드, 캐나다, 남미 국가 |
| | 아시아·태평양이사회 (ASPAC) | 박정희 | 한국, 일본, 대만, 베트남, 태국, 필리핀, 말레이시아, 호주, 뉴질랜드, 라오스(옵서버) |
| | 태평양정상회의 (Pacific Summit) | 전두환 | 태평양 연안 37개국 |
| 동북아시아 | 동북아평화협의체 | 노태우 | 한국, 북한, 미국, 일본, 중국, 러시아 |
| | 동북아시대 구상 | 노무현 | 한국, 북한, 미국, 일본, 중국, 러시아 |
| 동아시아 | 동아시아공동체 ASEAN+3(EAS) | 김대중 | 한국, 중국, 일본, ASEAN 10개국 |
| | 신아시아 구상 | 이명박 | 아시아권 내 모든 국가 |

에 치중했던 외교 지평을 넓혀 아시아 국가들도 중시하겠다는 메시지다.

세계 경제의 중심축이 아시아권으로 이동하고 있음에도 불구하고, 대(對) 아시아 외교가 제한적으로 이루어졌다는 평가에 따른 것이다.

신아시아 구상 외교의 4대 목표를 아시아권 내 모든 국가와의 FTA(자유무역협정) 체결 추진 등 경제 교류 확대, 기후 변화 등 범세계적 이슈에 대한 주도적인 참여, 아시아 각국과의 맞춤형 경제협력 관계 구축, 아시아 지역에 대한 역할과 기여 증대로 설정했다.

여기에는 그동안 중국과 일본에 뒤처져 있었던 대아시아 외교 역량을 극대화시켜 아시아와의 관계를 재정립하겠다는 목적을 담고 있다. 글로벌 경제·금융위기 극복의 동력을 아시아에서 찾고, 아시아의 주도국 부상을 통해 국제사회에서 입지를 제고하겠다는 의미다.

중국과 일본의 경우 아시아권 내에서 아직 경계심을 갖고 있기 때문에 우리가 아시아의 중심국 역할을 하면서 국제사회에서 아시아를 대표할 수 있는 역할을 맡을 공간이 충분하다는 것이다.

전 세계 인구의 절반 이상(52%), 세계 총생산(GDP)의 5분의 1을 담당하는 아시아 국가들과 협력을 강화하는 것이 경제위기 극복과 국제사회에서의 위상 강화를 위해 필요하다고 보고 있다. 특히 한국은 교역의 48%, 해외투자의 53%, 공적개발원조(ODA)의 47%를 아시아 국가를 대상으로 한다. 또 아시아 모든 국가와 자유무역협정(FTA)을 체결해 역내 FTA 허브가 된다는 목표를 가지고 있다.

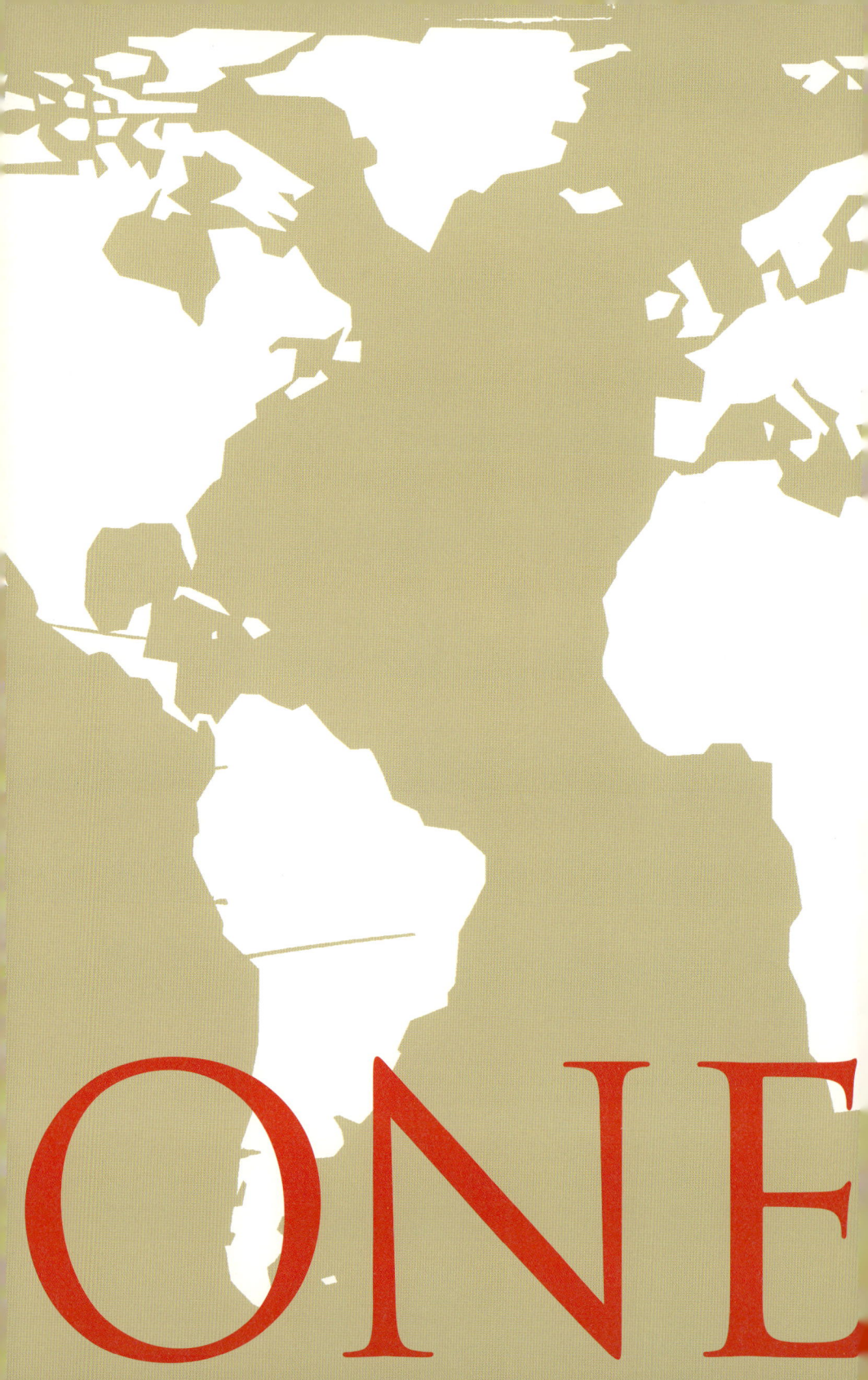

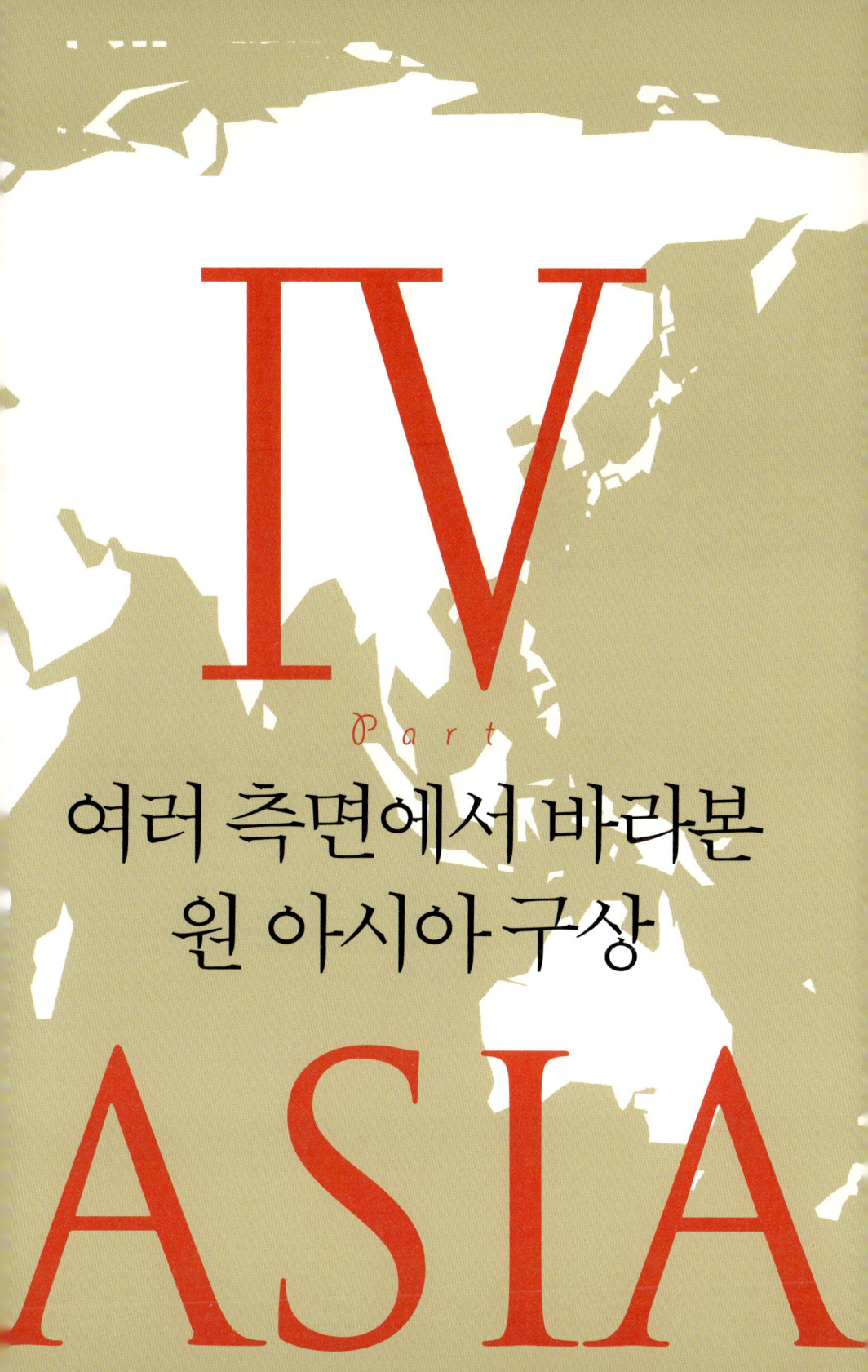

ONE ASIA

# SECTION 1
# 여러 측면에서 바라본 원 아시아

많은 아시아인들이 원 아시아를 꿈꾸는 것은 단지 자국의 부를 위한 것이 아닌 아시아라는 테두리 안에서의 화합과 공존 그리고 함께 번영하는 미래의 모습을 그리기 때문이다.

원 아시아는 경제, 문화, 정치 등의 분야에서 다방면적인 접근이 필요하다. 각각의 분야가 서로에게 영향을 끼치기 때문이다.

원 아시아 실현방안 중 가장 현실적이고 실현 가능성이 높은 것이 바로 경제협력체제 구축이다. 역내 통합단계(Bela Balassa, 1961)에서 보면 가장 기초 단계이며 공동의 실질적인 이익을 수반하기 때문에 쉽지 않은 절차에도 불구하고, 많은 연구가 이루어졌다. 경제공동체란 상품, 자본, 노동의 자유로운 이동을 전제로 한다. 하지만 수많은 경제학자들이 제기한 자유무역의 단

**점점 커지는 아시아 경제 비중**

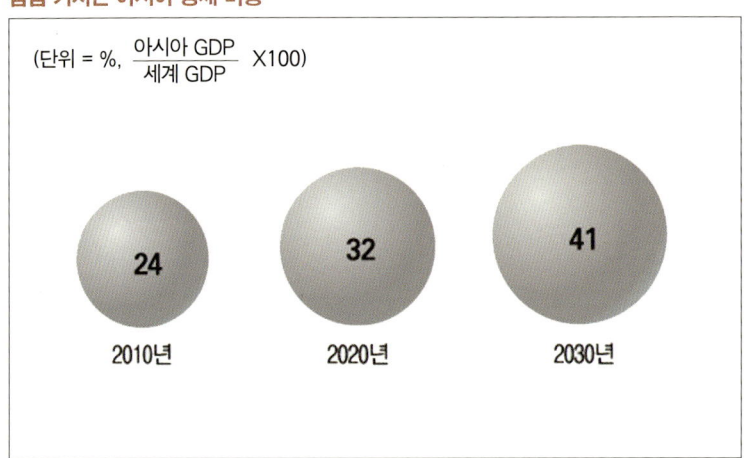

출처 : IMF

**늘어나는 아시아 생산가능 인구**

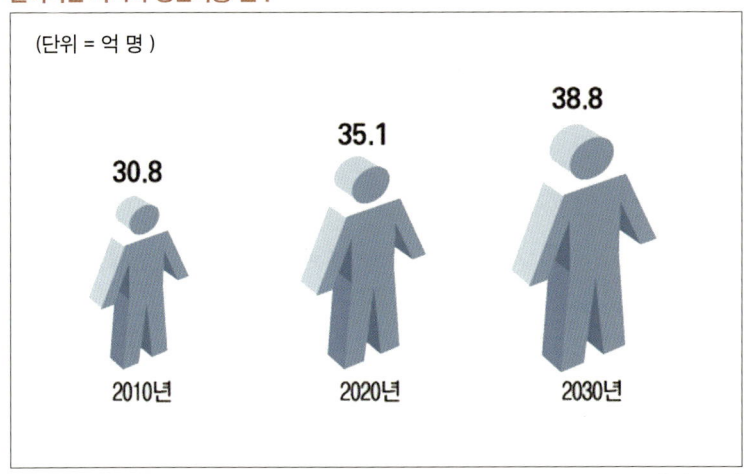

출처 : 유엔

점에서 알 수 있듯이 이들의 자유로운 이동이 모두에게 이득이 되는 상황이 항상 연출되기는 현실적으로 어려움이 많다.

  EU가 겪고 있는 재정위기를 보면서 경제 통합의 부작용 또한 만만치 않다는 점도 원 아시아의 걸림돌이다. 그럼에도 불구하고 많은 아시아인들이 원 아시아를 꿈꾸는 것은 단지 자국의 부를 위한 것이 아닌 아시아라는 테두리 안에서의 화합과 공존 그리고 함께 번영하는 미래의 모습을 그리기 때문이다.

SECTION 2

# 경제적 측면에서의 원 아시아

동아시아가 공통 화폐를 쓰게 되면 역내 무역거래가 안정되고 외환 위기의 위험이 크게 감소하는 효과가 있다. 반면 각국의 재정 정책, 재량권 등은 줄어들게 된다. 3국이 통화동맹을 구성해 달러에 대한 의존도에서 탈피해야 한다.

| EU의 경험에서 볼 때, 단일 시장이란 참여국 간 국경을 완전 개방해 상품, 서비스, 자본 및 사람의 자유 이동이 보장되며 국경 없는 경제적·지리적 활동 영역을 의미한다. 대시장의 형성으로 역내 기업은 '규모의 경제'를 실현하는 등 경쟁력을 강화하고, 소비자는 후생을 증대시킬 수 있는 장점을 갖게 된다.

헝가리 출신의 경제학자 벨라 발라사(Bela Balassa)는 역내 경제공동체는 결속 정도에 따라 자유무역지대(Free Trade Area), 관세동맹(Customs Union), 공동 시장(Common Market), 경제동맹(Economic Union), 완전한

경제 통합(Complete Economic Integration)의 5단계로 분류했다.[12]

## 동아시아 경제의 구조적 문제점

| 아시아 국가들의 높은 해외 의존도는 외부의 충격에 큰 영향을 받을 수 있는 취약성이 내재되어 있다.

첫째, 동아시아 경제의 높은 역외 의존도를 지적할 수 있다. 동아시아 경제는 최근 역내 교역 비중 증가에도 불구하고 역외 수요에 대한 의존도가 높아 선진국 경제 여건에 민감하다. ASEAN+3에 홍콩, 대만까지 포함한 동아시아의 교역 규모는 2007년 약 7조 1,300억 달러에 달해 전 세계 총 교역의 25%를 상회한다. 특히 동아시아 국가의 수출 규모는 약 3조 7,400억 달러로 전 세계 총 수출의 27%에 달한다.

ASEAN+3 역내 교역 비중은 1990년 28.6%에서 2008년 37.4%로 크게 증가했다. 그러나 EU(64%), NAFTA(40%)에 비교하면 상당히 낮은 수준이다. 최근 동아시아의 역내 교역 비중이 증가

---

12) Bela Balassa, 〈The Theory of Economic Integration〉, 1961

한·중·일 교역 상대별 수출 비중 변화

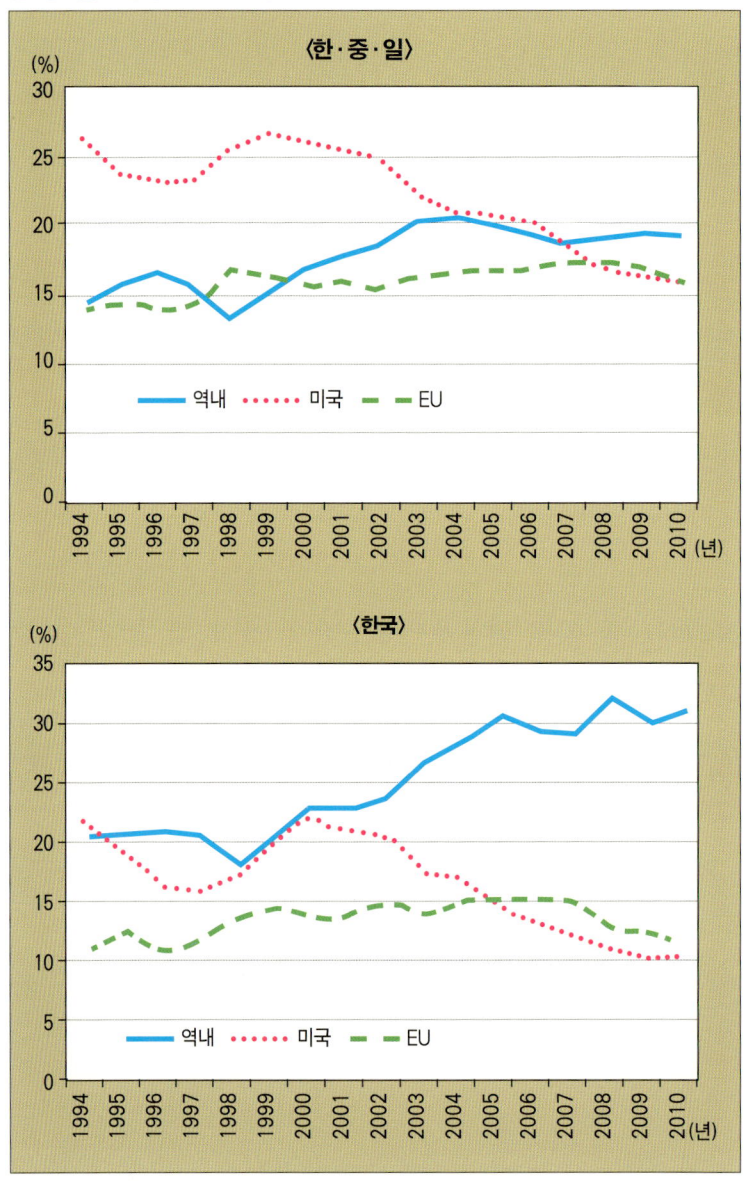

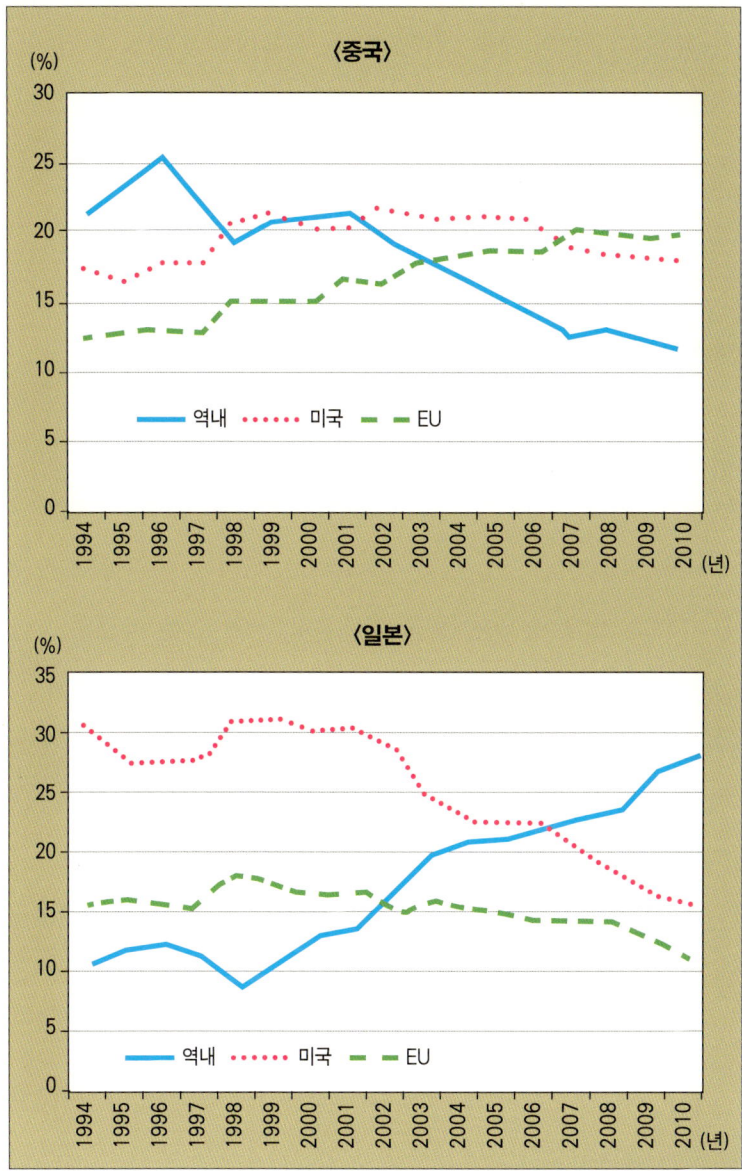

출처 : 기획재정부

하고 있으나 이는 부품, 소재 등 중간재의 교역 증가에 기인한다. 최종재 수출의 경우 역내 교역은 정체상태인 반면 북미, EU 등 역외 선진국 시장의 중요성은 더욱 높아지고 있다.

기획재정부에 따르면 한국은 수출과 수입 모두에서 역내 교역 비중이 약 30~32%를 기록, 한·중·일 3국 중 역내 교역 비중이 가장 높은 상황이다. 일본은 24~27%로 한국보다 높지 않은 편이다.

한국, 중국, 일본의 역내 교역을 분석해보면 한 가지 주목할 점이 있다. 한국과 일본의 교역 비중은 점차 늘어나고 있는 추세인데 반해 중국은 그렇지 않다는 것이다. 중국의 역내 교역 비중은 1996년 25.4%(수출 기준)를 기록한 이후 꾸준한 감소세를 그리고 있다. 중국 수출 중 역내를 대상으로 한 비중은 지난 2009년 12.6%까지 떨어졌다. 중국이 새로운 시장을 꾸준히 개척하면서 아시아 외 국가들과 교역이 늘어났기 때문으로 풀이된다.

동아시아 국가들은 수출주도 성장전략으로 수출의 성장 기여도가 높고 역외의 최종 수요에 대한 의존도가 높아 투자·생산 등의 실물경제가 미국, 유럽 등의 경제 여건에 크게 좌우되는 경향이 있다.

국내 부가가치의 최종 수요의존도를 기준으로 볼 때, 미국의 경우 수출의존도가 9% 수준인 반면 동아시아 국가의 경우는 수출의존도가 대부분 30% 이상이다. 따라서 수출동향이 투자와 소비 등 내수에 미치는 영향이 큰 경제구조를 가진다.

글로벌 금융위기는 서구 선진국 수요에 대한 과도한 의존의 위험성과 동아시아 역내 수요를 증대시킬 근본적 대책의 필요성을 아시아 국가들에게 다시 한 번 인식시켰다.

아시아 경제의 높은 역외 의존도와 경상수지 흑자, 그리고 미국, 영국, 프랑스 등 서구 선진국의 경상수지 적자에 기초한 투자·소비의 확대라는 글로벌 불균형은 글로벌 경제 위기에 따른 선진국들의 수요 감소로 지속가능성이 떨어진다. 따라서 경상수지 흑자국들의 역내 수요 확대를 통한 글로벌 불균형의 조정이 요구된다.

현재 논의 중인 한·중·일 FTA, ASEAN+3 FTA(EAFTA), ASEAN+6 FTA(CEPEA), 환태평양경제동반자협정(TPP) 등이 주목받게 된 것은 역내 수요를 활성화시킬 것이라는 점 때문이다.

둘째는 동아시아 금융 시장의 취약성이다. 동아시아 채권 시장 규모는 경제 규모에 비해 상당히 작은 편이다. 투자대상도 주로 미국 국채에 편중되어 있는 실정이다. 국제 채권 시장에서 ASEAN+3가 차지하는 비중은 3% 정도로 미국(83%)에 비해 크게 낮으며, 경제 규모가 비슷한 EU(11%)에 비해서도 지나치게 낮다. 채권 시장의 발전이 더딘 것은 대부분의 아시아 국가들이 금융

억제와 은행 중심의 발전 전략을 채택했기 때문이다.

반면 아시아 국가들은 다른 지역에 비해 미국 장기 채권에 대한 투자 비중이 크다. 이러한 과도한 편중은 역내 자본의 해외 유출로 역내 자본 시장의 건전한 발전을 저해하며, 이는 또다시 역내 자본의 해외 유출을 더욱 가속화하는 악순환을 초래한다.

금융 협력이 이뤄지면 아시아 국가들은 보다 안정적인 자금 조달이 가능해질 것이다. 특히 신용보증기구, 감시기구를 마련해야 세계 경제 위기 시 급격한 자본 이탈에 따른 부작용을 최소화할 수 있게 된다.

더 나아가 역내 경제 통합을 통해 수요를 창출하고 공동의 금융기구를 설립해야 한다. 임종룡 기획재정부 차관은 "경제 통합으로 역내 교역 구조가 현재 중간재 위주에서 최종재 수출 중심으로 전환될 경우 역외 충격에 따른 부작용은 축소될 것"이라고 말했다.

### 역내 수요 창출이 관건

| 2008년 글로벌 금융위기를 겪으면서 일방적인 무역흑자를 통한 성장의 시대는 마침표를

**국가별 부가가치 총액의 최종수요 의존도** (2007년, 단위:%)

| 국가 | 내수 | 대외 수요 | | | | | | |
|---|---|---|---|---|---|---|---|---|
| | | 합계 | 미국 | 일본 | 중국 | NIEs | ASEAN4 | 기타 |
| 싱가포르 | 19.2 | 80.8 | 7.7 | 2.1 | 4.9 | 3.0 | 5.9 | 57.2 |
| 말레이시아 | 33.8 | 66.2 | 10.9 | 5.1 | 5.8 | 6.6 | 3.1 | 34.8 |
| 대만 | 46.6 | 53.4 | 8.9 | 3.3 | 12.8 | 1.6 | 2.3 | 24.6 |
| 태국 | 52.0 | 48.0 | 6.6 | 3.4 | 3.4 | 2.5 | 2.0 | 30.1 |
| 필리핀 | 60.5 | 39.5 | 10.5 | 3.4 | 2.6 | 2.4 | 1.6 | 18.9 |
| 한국 | 65.6 | 34.4 | 4.0 | 1.6 | 5.1 | 0.8 | 1.0 | 21.9 |
| 중국 | 71.1 | 28.9 | 6.1 | 2.8 | - | 1.5 | 0.8 | 17.6 |
| 인도네시아 | 71.9 | 28.1 | 3.6 | 3.8 | 2.8 | 2.9 | 1.4 | 13.7 |
| 일본 | 83.1 | 16.9 | 2.9 | - | 2.0 | 1.5 | 0.9 | 9.5 |
| 미국 | 90.7 | 9.3 | - | 0.4 | 0.4 | 0.4 | 0.2 | 8.0 |

출처 : 미즈호종합연구소, 2009

찍었다. 그렇다면 자체적으로 성장을 해야 한다는 결론에 이르게 된다. 성장의 밑바탕은 수요다. 하지만 이런 수요를 아시아보다 더한 어려움을 겪고 있는 서구에서, 혹은 아직도 너무 많은 경제력 차이가 나는 아프리카에서 찾을 수는 없는 노릇이다.

방법은 내수를 키우는 것에 있다. 각국의 자국 시장이 아닌 원 아시아의 역내 내수를 통해서 돌파구를 마련해야만 한다. 서구와의 디커플링 현상이 심화되면서 이런 주장에 더욱 힘이 실리고 있다.

모건스탠리 아태지역 회장인 스티븐 로치도 대외 수출 의존도를 줄이고 역내 내수를 진작해 균형 있는 아시아(Balanced Asia)를 만들어야 한다고 주문한 바 있다.[13] 하지만 중요한 것은 이런 움직임이 일방적인 정부 결정이나 정치적 전략이 아닌 시장의 힘에 의해 주도되어야 한다는 것이다.

도미니크 스트로스-칸 IMF 총재는 지금까지 IMF가 중요한 역할을 해왔다고 평가한다. 또한 AMF(아시아통화기금) 등 아시아 국가들의 역내 협력을 환영하고, 역내 협력이 증가하더라도 IMF의 역할이 사라지는 것은 아니라고 말한다. IMF가 지난 60년간 축적한 경험과 지식을 역내 협력과 조화시킬 수 있을 것으로 기대하고 있다.

동아시아 비전 2020(East Asia Vision 2020)에서 각국의 정상, 경제전문가 등은 동아시아경제공동체(East Asian Community)를 만들자는 데 합의했다. 그러나 동아시아 경제 통합의 첫 단계는 유럽연합의 경제 통합을 그대로 따라하는 수준에 지나지 않는다.

또한 유럽연합의 통합 아이디어는 독일과 프랑스의 리더십에

---

13) 스티븐 로치, 《넥스트 아시아》, 북돋움, 2010, Ch. 4. 아시아의 과제

### 동아시아 경제 통합의 방법

- CMIM(치앙마이 이니셔티브 다자화) 재원을 통한 지역 유동성 지원 기구 창출
- 정책 대화 창구, 경제 감시 체제 확립(Policy Dialogue and Economic Surveillance)
- 아시아 채권 시장 이니셔티브(ABMI, Asian Bond Markets Initiative)
- 동아시아 화폐 조합(East Asian Currency Union)
- 동아시아경제공동체(EAC, East-Asian economic Community)
- AMF(아시아통화기금), NEADB(동북아개발은행) 등

의해서 주도됐으나, 동아시아의 경우 하나의 국가에 의해서 진행되고 있다. 일본은 동아시아 경제 통합에 매우 중요한 역할을 할 것으로 기대되나 나머지 지역의 국가들은 그러한 기대 수준에 미치지 못하고 있는 실정이다.

아시아 각국의 경제적 다양성을 감안할 때 화폐 통합 등 강력한 형태의 경제 통합 이전에 역내 무역 및 투자 자유화가 선행돼야 한다. 2010년 G20 정상회의를 앞두고 같은 해 7월 대전에서 개최된 '아시아21 컨퍼런스'의 참가자들은 아시아에서 EU와 같은 역내 경제 통합은 아직 시기상조라는 의견을 제시하기도

했다. 또한 아시아 국가 대표들은 국제 포럼에서 자신들의 이해에 대한 정책을 적극적으로 제시하고, 언론을 통해 적극적으로 홍보해야 한다는 의견을 펼치기도 했다.[14]

부정적인 시각이 있는데 반해 원 아시아로 가기 위한 긍정적인 신호들도 나타나고 있다. 아시아 국가의 잉여 자본을 역내 국가들이 효과적으로 활용하도록 하는 '아시아 채권 시장 이니셔티브(ABMI)'가 출범한 것이다. 2003년 한국이 제안한 ABMI(Asia Bond Market Initiative)가 7년만인 2010년 출범하여 '원 아시아(One Asia)' 채권 시장을 만들기 위한 핵심 토대가 만들어졌다.

아시아 국가들의 자금이 역외로 빠져나가지 않고 아시아에 재투자될 수 있도록 만드는 인프라스트럭처인 것이다. 수년간 논의만 무성했던 ABMI가 공식 출범함에 따라 원 아시아를 향한 경제 통합에도 가속도가 붙게 됐다.

ABMI가 출범하면 불필요하게 달러 자산에 투자하지 않고서도, 아시아 역내에서 자금을 환류시킬 수 있다는 장점이 있다. 아시아 재원이 역내에 재투자되어 수익을 창출하는 '역내 자본 선순환 구조'를 만들 수 있어 고수익 채권 시장이 활성화되는

---

14) 아시아21 컨퍼런스, Financial services integration in East Asia : Lessons from the European Union,

등 아시아 채권 시장이 재조명 받는 전기가 마련될 것이다. 치앙마이 이니셔티브 다자화(CMIM)가 금융위기에 대비한 소극적인 경제 협력이라면, 아시아채권시장이니셔티브(ABMI)는 금융위기를 방지하는 적극적인 조치로 평가받는다.

ABMI를 뒷받침하기 위한 역내 신용보증투자기구(CGIF)에 대한 논의도 계속 이어지고 있다. 한국 정부는 아시아 채권 시장 발전을 위한 역내 신용보증투자기구(CGIF)에 1억 달러를 출자하고,

**아시아 주요국 무역 협정 추진 현황**

|  | 타결 | | 발효 | |
|---|---|---|---|---|
|  | 건수 | 국가 수 | 건수 | 국가 수 |
| 한 국 | 7 | 44 | 4 | 14 |
| 일 본 | 11 | 13 | 11 | 12 |
| 중 국 | 8 | 16 | 7 | 15 |
| ASEAN | 5 | 6 | 3 | 3 |
| 인 도 | 12 | 23 | 9 | 13 |
| 싱가포르 | 14 | 30 | 13 | 24 |
| 대 만 | - | - | 5 | 5 |

출처 : 외교통상부 2009년 말 기준

싱가포르에 설립될 역내 경제감시기구(Surveillance Unit : AMRO)의 설립 비용 또한 16% 분담하기로 했다. CGIF는 7억 달러 규모이며, 아시아개발은행(ADB) 산하 기금 형태로 출범한다. 중국, 일본이 각각 2억 달러씩, ADB가 1억 3,000만 달러를 출자하기로 합의했다.

## 중국 · 대만 양안 경제협력기본협정(ECFA) 체결

대만이 중국과 ECFA(경제협력기본협정)을 맺고 싱가포르, 말레이시아, 태국 등과 FTA 체결을 추진하고 있다. 대만이 이처럼 주변국과 FTA 체결에 속도를 내는 것은 2010년 초 중국과 ASEAN 10개국 간에 발효된 FTA에 자극받은 바가 크다. 자국 산업에 끼칠 피해를 최소화하려는 의도인 셈이다. 또한 중국과 화해 기류가 흐르면서 중국 정부도 예전보다 융통성 있는 태도를 보이고 있다.

중국과 대만은 양안회담을 열고 양안 간 경제협력기본협정(ECFA)에 서명했다. ECFA는 자유무역협정(FTA)이나 마찬가지다. 대만을 독립국가로 인정하지 않는 중국의 입장을 감안해 이름만 달리한 것뿐이다.

중국과 대만은 이번 협정 체결로 갈라선 지 61년 만에 상품

무역 장벽을 허물고 서비스무역 개방, 투자보장, 지적재산권보호 등에도 나서 중화공동체 '차이완(Chiwan : China+Taiwan)' 시대를 열게 됐다. ECFA로 대만이 관세 혜택을 보는 품목 중 상당수는 한국과 겹친다. 특히 자동차, 부품, 석유화학, 기계, 전자제품 등은 한국이 중국으로 수출하는 비중이 높은 전략 품목이다.

앞으로 ECFA가 본격적으로 발효되면 한국 관련 업계가 크게 타격을 입을 가능성이 짙다.

## 아시아 통화 통합 ACU

| 하토야마 유키오(鳩山由紀夫) 전 일본 총리는 2010년 10월 제11회 세계지식포럼에 참석해 동아시아 공동체의 선결과제로 단일통화를 반드시 도입해야 한다고 주장했다. ACU(Asian Currency Unit)로 불리는 단일통화 출범을 위해서는 여러 전제조건을 충족시켜야 한다.

첫째 조건은 역내 국가들의 이질성 해소다. 경제적 측면에서 물가, 성장률, 재정 적자, 1인당 국민소득 등 거시지표의 수렴이 중요한데 이는 국가마다 각기 다르다. 가와이 마사히로 ADB 연구원장은 "거시지표를 수렴해야 각국의 통화가치가 안정되고 결국 통합에 이를 수 있지만 아직까지는 일치된 모습을 보이지

않고 있다"고 말했다.

정무적 이질성도 문제다. 하야시 야스오 일본무역진흥기구 이사장은 "통화 통합의 최대 걸림돌은 상호 불편한 한·중·일의 외교적 관계"라며 "정무적 협력 없이 통화 통합은 불가능하다"고 말했다.

허경욱 OECD 한국대표부 대사(전 기획재정부 1차관)는 "지역 내 이질성이 단일통화 출범을 방해하고 있다"며, "경제적·정무적 통합을 위한 초석이 필요한 상황"이라고 말했다.

결국 통화 통합을 위해서는 여러 전제조건을 충족시켜야 하기 때문에 현재로선 갈 길이 멀다는 지적이 많다. 따라서 통화 통합 논의는 아직까지 뚜렷한 진전을 보이지 않고 있다.

그럼에도 불구하고 아시아 통화 통합의 가장 큰 필요성은 권역 내 경제 규모에서 비롯된다. 아시아개발은행에 따르면 한·중·일을 포함한 'ASEAN+3'의 경제 규모는 2014년 미국을 넘어서고 2020년 EU를 넘어설 전망이다. 그리고 10년 뒤 세계 최대 경제권으로 부상하게 될 것이다.

가와이 원장은 "2020년 이후 ASEAN+3 경제 규모는 지속적으로 확대돼 다른 경제권과 격차를 계속 벌려 갈 것"이라며, "이와 같은 경제 규모를 유지하기 위해서는 궁극적으로 독자통화를 갖고 있어야 한다"고 말했다.

단일통화 없이 경제 규모가 커질 경우 아시아 각국의 통화가 치는 달러화와 비교해 만성적인 급등락 압력에 시달려야 한다. 가와이 원장은 "위안화, 엔화, 원화 등 주요 통화의 가치를 지속적으로 상승시키다 위기가 발생할 때마다 큰 폭으로 절하되는 모습을 반복할 것"이라며, "이는 국제신뢰도에 주기적인 타격을 줄 것"이라고 말했다.

짐 로저스 로저스홀딩스 회장은 "현재 아시아는 사실상 달러를 공동통화로 사용하고 있으나 달러는 과거의 파운드화처럼 몰락의 길을 걷고 있다"며, "사람들은 달러에 대해 더는 사용하기 어려운 통화라는 것을 곧 알게 될 것이고, 그런 측면에서 새로운 통화가 필요하다"고 말했다. 결국 통화가치 안정뿐 아니라 눈앞에 닥친 거래 안정성을 위해서라도 단일통화 출범은 선택이 아닌 필수라는 설명이다.

이 같은 필요에 의해 아시아단일통화(ACU, Asian Currency Unit)가 출범하기까지는 단계적인 접근이 필요할 전망이다. 구체적으로 우선 환율정책 조율이 요구된다. 가와이 원장은 "역내 환율 안정을 위해 공동의 정책 수립이 필요하다"고 말했다.

이후 통화기금 출범, 채권거래 인프라스트럭처 구축, 통화 안정위원회 설립 등 제도적 기반 마련을 위한 역할 분담이 필요할 것으로 보인다. 하야시 이사장은 "치앙마이 이니셔티브를 구체화해야 하고 투자 관련 제도 정비, 외환보유액 투자 합의 등 부수적인 합의도 마쳐야 한다"고 말했다.

이미 통화기금과 채권거래 시스템은 어느 정도 구체화 단계에 들어섰다. IMF와 비슷한 AMF를 설립해 외환위기를 겪는 아시아 국가를 지원하자는 것이 통화기금 설립의 구체화된 아이디어다. 1,200억 달러 재원을 한·중·일과 ASEAN 10개국이 분담하자는 데 합의가 모아졌다.

이 같은 인프라스트럭처를 구축해 단일통화를 출범시키기 위해서는 크게 4단계를 거쳐야 한다는 것이 전문가들 지적이다. 우선 통화안정위원회를 설립해야 한다. 또 통화를 달러화에 대해 일정 범위 내에서만 움직이도록 한 뒤 ACU를 도입하는 것이다. 이를 달러화에 고정시키고, 아시아 각국 통화가치를 ACU에 고정시키면 된다. 이후 ACU 환율이 설정되고 독립 통화로 통용되면 단일통화체제 출범이 가능할 전망이다.

## A3 통화동맹

| 아시아 단일통화 설립을 적극 추진, 달러화 및 유로화와 함께 3대 국제통화로 삼을 절호의

기회가 왔다는 분석도 나오고 있다. 국제금융센터는 미국발(發) 금융위기로 미 달러화 중심의 국제금융체제에 불합리성이 드러남으로써, 동아시아 통화 협력의 필요성과 실현 가능성이 크게 높아졌다고 분석했다.

국제금융센터는 동아시아 지역이 그동안 통화 협력을 위해 엔화 국제화, 아시아통화기금, 치앙마이 이니셔티브 등 여러 방안을 추진했으나 실효성은 제한적이었다고 덧붙였다. 이에 우선 경제 규모가 크고, 이해관계가 비슷한 한·중·일이 동아시아 단일통화 창설을 추진하고 그 범위를 여타 동남아 국가로 확대할 필요가 있다고 주장했다.

이를 위해 3국 재무장관과 중앙은행 총재 6인을 구성원으로 하는 화폐위원회를 설립, 통화 협력(연맹) 관련 정책과 제도를 수립하고 그 실행을 관리 감독해야 한다고 설명했다.

또 3국 사이의 자본 유출입에 대한 관리 감독 기구, 3국의 화폐 및 재정정책에 대한 상시적인 정보 공유 기구, 2,000~5,000억 달러 규모의 A3화폐기금(한·중·일 비율 2:4:4) 등 3국 공동의 채권 시장 설립이 필요한 것으로 분석됐다. 원활한 통화 협력을 위해 개별 국가의 물가, 대외 개방, 재정 수지 등 일부 경제 주권(통화정책)의 점진적인 이양도 불가피하다고 밝혔다.

또한 3국 사이의 무역 결제에 역내 통화를 사용하고, 아울러

A3 통화 단위를 동아시아 중심 통화로 정하는 한편 A3 통화기구의 기초 아래 동아시아 중앙은행을 설립, 역내에서 자유롭게 유통되는 단일화폐를 발행해야 한다고 덧붙였다.

'A3 통화동맹'의 핵심은 동아시아 지역에서 경제력이 가장 앞서 있는 한·중·일 3국의 주도로 '아시아판 유로존'을 건설하자는 것이다. 3국이 먼저 통화를 통합하고, 이어 ASEAN을 끌어들여 EU, NAFTA와 같은 '동아시아 통화 공동체'를 건설하자는 구상이다. 동아시아가 공통 화폐를 쓰게 되면 역내 무역거래가 안정되고 외환 위기의 위험이 크게 감소하는 효과가 있다. 반면 각국의 재정 정책, 재량권 등은 줄어들게 된다. 3국이 통화동맹을 구성해 달러에 대한 의존도에서 탈피해야 한다.

## 아시아 통화 통합의 효과

긍정적 효과로는 거래 비용의 감소, 역내 국가들의 물가 안정, 금융 시장 통합에 의한 금융기관의 대형화 및 전문화, 역내 금융기관의 경쟁 심화에 따른 금리 하락과 이에 따른 금융 비용의 감소 등이 있다.

반면 부정적 효과로는 독자적인 환율 및 통화정책의 사용이

**단일통화 출범 단계**

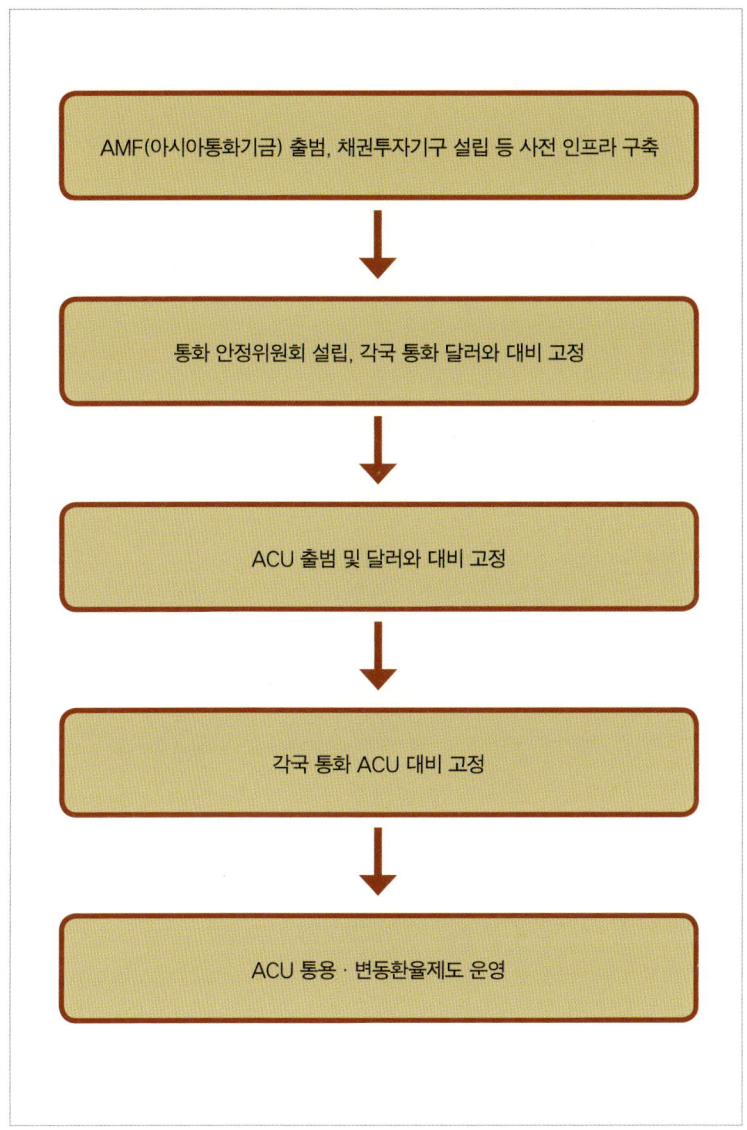

불가능함에 따라 역내 국가의 거시적 경제 여건 차이가 클 경우 경기조절에 어려움이 있다. 또한 최종대부자(lender of last resort)로서의 중앙은행의 역할이 축소되거나 없어져 특정 국가에서 시중은행 유동성 부족사태가 발생했을 때 지원이 어려울 수 있다.[15]

---

15) 안경애, 〈동아시아지역 경제 및 통화통합에 관한 한·중·일의 이해관계와 역할〉, 2008

SECTION 3
# 안보적 측면에서의 원 아시아

아시아 다자안보협력체는 동아시아 대부분의 국가들을 포함해야 하고 특히 북한을 비롯한 문제국가들까지도 포용해야 한다. 간과하지 말아야 할 것은 아시아 다자안보협력체제가 기존의 동맹관계를 대체하는 것이 아니므로 이와 병행해 기존의 동맹 관리 노력이 계속돼야 한다는 것이다.

## 안보공동체 형성

| 원 아시아를 실현하기 위한 안보공동체가 필요하다는 데는 공감대가 형성되어 있지만 동아시아 안보공동체의 개념과 필요성, 이익, 구체적 형태에 대해서는 아직 갈 길이 멀다.

가장 이상적인 아시아 다자안보체는 공동 안보와 협력 안보에 입각한 안보공동체를 지향하면서 포괄적 안보 논의의 장으로서 기능하는 것이다. 더 나아가 단순한 논의를 넘어서 안보

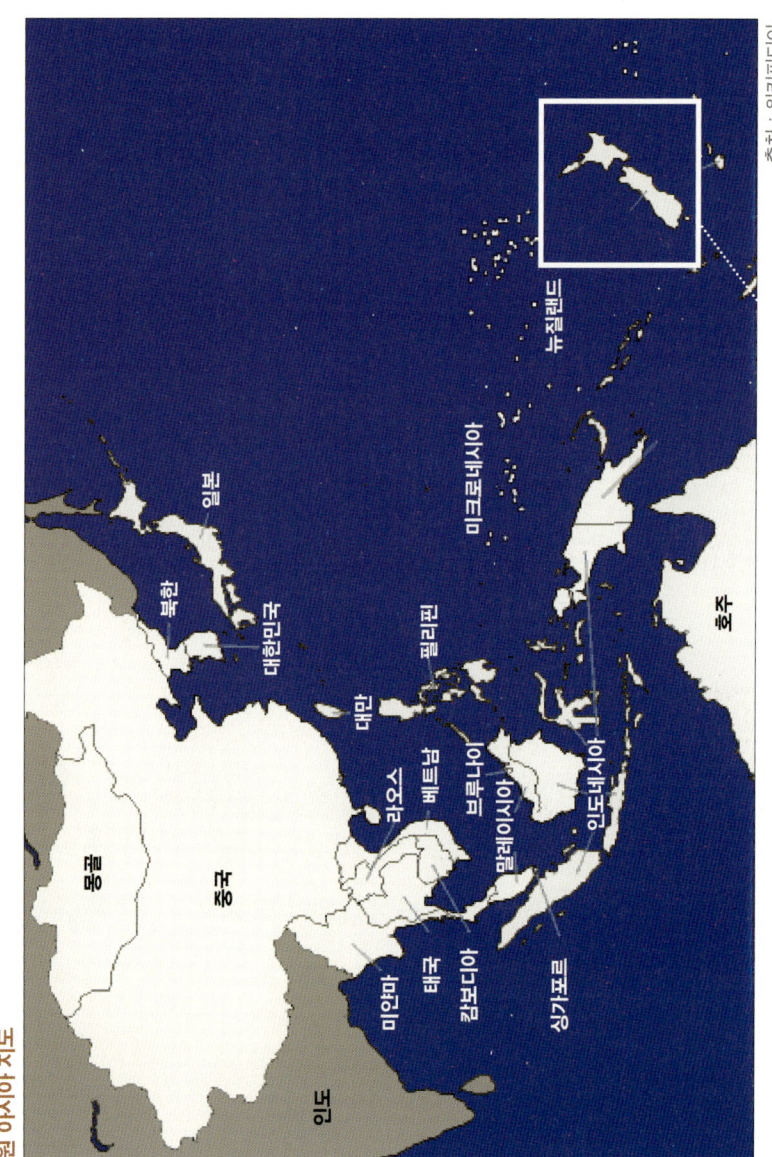

원아시아 지도

문제 해결 기구로서의 아시아 다자안보협력체를 구상할 필요가 있다. 따라서 군사적 충돌, 영토 분쟁, 과거사 문제, 민족주의 갈등 등 핵심 안보 문제의 논의와 해결을 지향해야 한다.

아시아 다자안보협력체는 동아시아 대부분의 국가들을 포함해야 하고 특히 북한을 비롯한 문제국가들까지도 포용해야 한다. 간과하지 말아야 할 것은 아시아 다자안보협력체제가 기존의 동맹관계를 대체하는 것이 아니므로 이와 병행해 기존의 동맹 관리 노력이 계속돼야 한다는 것이다.

이 두 가지가 상호배타적이어야 할 이유는 없다. 그보다 적절한 상호보완관계와 역할 분담에 대한 공동인식을 형성하도록 노력하는 것이 바람직하다.[16]

이명박 대통령은 2011년 2월 취임 3주년을 맞아 개최한 국제학술회의에서 무엇보다 북한문제 해결이 시급하다고 강조했다. 아시아 안보·정치·경제공동체로 나아가기 위해서 짚고 넘어가지 않을 수 없는 문제이기 때문이다.

특히 동아시아에서 안보공동체를 형성하기 위한 핵심 과제는 북한의 핵 포기다. 이 대통령은 "지구상에 마지막으로 남아있

---

16) 이상현, 〈동아시아 안보공동체 : 가능성과 한계〉, 《동아시아 공동체-신화와 현실》, (재)동아시아 연구원, 2008

는 한반도의 분단과 냉전의 잔재가 해소될 때 동북아는 진정한 다자안보협력을 꾀할 수 있다"고 강조했다. 이 대통령은 "특히 북한의 지속적 핵개발은 남북한 간의 안보문제를 넘어 동북아 평화와 세계의 (핵 및 대량파괴무기) 비확산 레짐(Non proliferaion Regime)을 위협하는 현안"이라고 지적했다.

궁극적으로는 통일을 염두에 둔 동아시아 안보공동체 전략을 짜야 할 때다. 아시아 전체의 시각에서도 한반도 통일을 고려하지 않은 원 아시아는 공염불이 될 수 있다.

## SECTION 4
# 문화적 측면에서의 원 아시아

냉전이 끝나면서 국가들 사이에 '소프트파워'로 불리는 새로운 요소가 강조되고 있다. 특히 정보통신기술의 혁명이 일어나면서 문화를 주요소로 하는 소프트파워의 중요성은 더욱 커져왔다.

미얀마에서는 5개 TV 채널에서 매주 2편씩 한국 드라마를 방영하고 있다. 한국 드라마의 비중이 너무 높다는 지적이 제기되자 정부는 반강제적으로 한국 프로그램 방영 비율을 3분의 1 수준으로 줄였다. 그러나 사회주의 국가에서의 이 조치는 며칠 가지 못했다. 실력자 부인들이 거세게 항의했기 때문이다.

미얀마 최고권력자인 탄 쉐 장군은 드라마 〈불멸의 이순신〉의 마니아였다. 탄 쉐 장군이 이를 리더십 연구 대상으로 삼자,

미얀마 실력자들이 이 드라마는 한 차례씩 다 돌려봤다는 후문이다.

문화가 한 사회와 국가에 미치는 영향력은 매우 크다. 특히 구성원들 간에 공감대를 형성하고 유대감을 강화할 수 있다는 측면에서 문화교류는 원 아시아 실현의 주요한 과제이다. 아시아 내의 문화적 뿌리는 생각보다 큰 잠재력을 지니고 있다. 비록 언어는 다르지만 가치를 공유할 수 있다.

1990년대에는 일본의 가요와 애니메이션이 아시아를 휩쓸며 보편적인 문화로 자리매김했다. 2000년대 들어 〈대장금〉을 비롯한 한국 드라마와 아이돌을 중심으로 한 가요가 아시아 시장으로 진출하면서 동아시아 지역의 대표문화가 되었다. 이른바 한류는 단순히 한 나라의 문화 콘텐츠를 넘어 아시아 시민사회 내에서 공유될 수 있는 가능성이 있다.

한국 드라마와 영화에 열광한 기존 40~50대 한류팬들이 이제는 한국 대중가요에 열광하는 10~30대로 점차 외연이 확대되고 있다. 이제 한류의 소비층이 바뀔 뿐만 아니라 장르가 다양화되고 있다. 한국의 연말 연예 관련 시상식 등을 찾아와서 한류스타를 만나보는 관광 상품까지 인기를 끌 정도다.

한류 시장이 성장함에 따라 일본, 중국, 홍콩, 대만, 태국, 말레이시아 등 아시아 각국의 관광객들이 한국으로 몰려들고 있다. 문화의 주류 소비층이 10~30대임을 감안하면 해외의 젊은 층이 한국 대중가요에 열광하는 것은 향후 한류의 지속과 성장을 위한 잠재력을 높여주는 요인이다.

이렇듯 하나의 문화가 아시아 각국으로 전해지고 교류·발전하면서 문화적인 측면에서의 원 아시아는 어떤 다른 분야보다도 먼저 실현될 가능성이 있다.

한류뿐만 아니라 분쟁국인 인도와 파키스탄은 영화 및 엔터테인먼트 분야만큼은 통합하고 있다. 앙숙인 두 국가 사이에 연예계 인사들은 정부의 묵인 하에 활발한 교류를 통해 서로를 이해하고, 폭넓은 네트워크를 형성하고 있다. 이런 노력은 두 국가 사이의 마음의 벽을 허물고 관계를 개선시키는 데 큰 역할을 하고 있다.[17][18]

아시아 지역에서 문화공동체의 형성이 아직 시기상조라는 점은 분명하지만 적어도 아시아 국제관계에서 문화적 변수가 차지하는 비중에 대해 평가절하해서는 안 된다. 냉전이 끝나면서 국가들 사이에 '소프트파워'로 불리는 새로운 요소가 강조되고

---

17) 김두진,《EU 사례에서 본 동아시아 경제 통합》, Ch. 7. 한류라는 '사회자본'의 동아시아화, 삼성경제연구소, 2006
18) 민병원,《동아시아 공동체-신화와 현실》, (재)동아시아 연구원, 2008, Ch.10. 동아시아 공동체와 문화네트워크

있다. 특히 정보통신기술의 혁명이 일어나면서 문화를 주요소로 하는 소프트파워의 중요성은 더욱 커져왔다.[19)]

특히, 인터넷 보급이 문화교류의 확대에 결정적인 역할을 했다. 검열 과정을 거친 방송을 통하거나 문화상품을 수입해야 접할 수 있던 시대와는 달리 인터넷을 통해 실시간으로 다른 아시아 국가들의 문화콘텐츠를 즐길 수 있다. 최근 유튜브, 페이스북, 트위터 등과 같은 SNS(소셜네트워크서비스)의 발달은 이런 추세를 더욱 가속화시키고 있다.

---

19) Joseph S.Nye, 〈Soft Power and American Foreign Policy〉, 2004

# SECTION 5
# 지식네트워크 측면에서의 원 아시아

지식공동체는 시민, 기업, 국가 등 각각의 주체들이 능동적으로 지식을 창조, 공유, 활용, 축적, 학습하는 능력과 시스템을 개발하고 키움으로써 각자(전체)가 목표로 하는 가치 창출의 공동체라고 할 수 있다.

원 아시아란 이름 아래 다양한 국가가 하나의 공동체를 이루는 것은 결코 쉬운 일이 아니다. 지역공동체 구성원인 국가들의 관계가 밀접해질수록 얻게 되는 효용이 줄어든다면 하나의 공동체는 허망한 말이 될 것이다.

경제학에 '한계효용체감의 법칙(Law of diminishing marginal utility)'이 있다. '고센(Gossen)의 제1법칙'이라고도 하는 이 법칙은 어떤 재화의 총효용은 그 재화의 소비량이 증가함에 따라 증가하나, 그 한계효용은 경험적으로 볼 때 점차 감소한다는 것이다. 전통적인 산업기반사회에서 일반적으로 관찰되는 현상이다. 이를 극복하기 위한 방안이 바로 지식기반사회(Knowledge based society)로의 진화다. 지식기반사회는 한계효용을 체증시킬 수 있다. 이를 원아시아에 응용하면 서로가 가까워질수록 시너지를 통한 효용의 증대가 가능해야 하는 것이다.

지식공동체는 시민, 기업, 국가 등 각각의 주체들이 능동적으로 지식을 창조·공유·활용·축적·학습하는 능력과 시스템을 개발하고 키움으로써 각 주체가 목표로 하는 가치를 창출하는 공동체라고 할 수 있다.

그렇다면 지식기반사회가 기존의 사회와 다른 점은 무엇일까? 일반적인 산업사회의 핵심요소로는 자본, 노동, 토지를 꼽는다. 또한 수직적이고 엄격한 계층 구조로 커뮤니케이션 비용이 높은 것이 특징이다. 기업은 생산자원 근처에 입지하며 불특정 다수를 마케팅 대상으로 삼는다. 이에 비해 지식사회의 핵심요소는 노하우와 창의력이다.[20]

이런 지식기반사회에서 주체 간 효용을 극대화하기 위한 매개역할을 수행하는 집단이 싱크탱크다.

---

20) 장대환, 《Knowledge Driver-지식경영 마인드로 무장한 새로운 리더》, 매일경제신문사, 2004

유럽의 통합 과정에서 유럽 내 지역 간 싱크탱크 네트워크는 아이디어의 제공자 역할을 했을 뿐만 아니라 동시에 그 자체가 통합 과정의 척도로 작용했다. 마찬가지로 아시아에서도 협력이 발전되어 가는 과정에서 싱크탱크의 역할은 매우 중요하다.

지식네트워크는 기술지식, 과학지식, 이념지식, 메타지식 등 지식의 주요한 영역에서 지식의 생산, 소비 등 지식 공유에 기반한 다양한 네트워크를 지칭한다. 다양한 형태의 지식 네트워크 구성 가운데 인문사회지식 분야의 싱크탱크, 기술지식 분야의 오픈소스 소프트웨어(open source software) 포럼, 사회 모든 현상에 대해 분석하고 전파하는 언론을 통해 원 아시아 내 공동의 지식 생산과 활용 방법을 모색해 볼 수 있다.

최근 싱크탱크의 활동은 국경을 넘어 확산되고 있다. 삼성경제연구소, 포스코경영연구소 등은 중국 등지에 거점을 마련하며 원 아시아를 향한 지식 축적에 나서고 있다. 특히 싱크탱크 간, 지역 간 연대가 두드러지고 있는 것이 특징이다.[21] 다양한 영역의 초국경적인 의제에 대한 협력이 증가하는 상황에서 지구보다는 지역 차원의 지식 공유가 훨씬 효과적이기 때문이라는 분석

---

21) Raymond Struyk, 〈Transnational think-tank networks, purpose, membership and cohesion〉, 2002

이다.

이와 함께 현재 싱크탱크 네트워킹의 3분의 2 가량이 지역적 차원에서 이루어지고 있으며 앞으로 더욱 늘어날 것으로 예측된다는 점도 지역 간 연대를 촉진하는 요인이다. 민주화, 정보화, 세계화가 전 지구적 차원에서 보편적인 추세로 자리 잡은 21세기 지식 질서를 구성하는 데 싱크탱크의 역할이 증가할 것으로 기대된다.

그중에서도 특히 주목해야 할 것은 중국 싱크탱크들의 부상이다. 2010년 10월 말 중국 사회과학원 도시·경쟁력연구센터가 펴낸 《2010 국가경쟁력 청서》에서는 "중국이 국내총생산(GDP)에선 이미 세계 2위지만 10년 뒤엔 국가경쟁력에서도 세계 5위로 도약할 것"이라고 밝혔다.

과거 서방 선진국들의 기준을 따라가거나 모방하기에도 벅차하던 중국이 이제는 스스로 잣대를 만들어 세계를 재단하려 하고 있다.

중국 싱크탱크 전문가인 왕리리 인민대 교수는 "글로벌 금융위기 이후 중국 싱크탱크들의 자신감이 높아지면서 중국식 발전 모델에 대한 연구 활동도 부쩍 활기를 띠고 있다"고 소개했다.

대략 2,000~2,700개로 추산되는 중국의 싱크탱크들이 공산당, 정부, 군대에 이어 '제4의 권력'으로 급부상하고 있다. 중국은 금융위기가 한창 진행 중이던 2009년 7월 베이징에서 전 세계 싱크탱크들의 올림픽이라 할 만한 '세계 싱크탱크 포럼'을 열기도 했다.

미국의 대표 연구기관들은 미·중 공동연구센터를 구축하고 나섰다. 브루킹스·칭화 공공정책연구센터(2006년), 카네기·칭화 글로벌정책센터(2010년) 등이 대표적인 사례다. 영국 대학들은 2007년 공동으로 중국센터를 세웠으며 독일 등 유럽 국가에선 중국 연구 비중을 높였다. 서구 선진국들이 이렇게 아시아 역내 국가들보다도 더 발 빠르게 중국 싱크탱크들과 연결 고리를 강화해나가고 있었던 것이다.

이에 비해 역내 논의는 형식적으로는 활성화가 되었지만 실질적인 성과는 미진하다는 지적이다. 현재까지는 한·중·일 3국 정부 주도로 민·관·학 협력형태로 이루어지고 있는 네트워크가 가장 활성화되어 있다는 평이다. 따라서 3국 사이의 네트워크에서도 정부 주도 네트워크가 가장 눈에 띄는 것은 어찌 보면 당연한 현상일 뿐이다.

이들 가운데 대표적인 예로 한국 주도 '동아시아포럼(EAF, East Asia Forum)', 중국 주도 '동아시아 싱크탱크 네트워크(NEAT, Network of East Asian Think-Tanks)', 일본 주도 '동아시아공동체협의회(CEAC, Council on

Eat Asian Community)' 등을 들 수 있다.

그러나 현재까지 아시아 지식네트워크에서 개별국가의 주도권 경쟁 및 이해를 넘는 지식공동체의 모습은 보이지 않는다. 최근 아시아 지식네트워크의 활성화에도 불구하고 현재 세계지식질서에서 아시아 지식네트워크가 차지하는 역할이나 비중은 미미하다. 안보, 무역 및 금융질서 등과 관련하여 아시아에 제기되는 많은 문제들에 대해 아시아 지식네트워크가 제 역할을 하지 못하고 있다.[22]

## 한·중·일, 3국 국경 초월한 디지털도서관 구축

| 2010년 8월 한·중·일 3국의 도서관 대표는 세계도서관정보대회(WLIC)가 열리는 스웨덴 예테보리에서 세 나라의 디지털도서관을 공유하는 것을 골자로 하는 '한·중·일 디지털도서관 이니셔티브' 협력을 체결했다. 한·중·일 3국이 도서관의 디지털 자료를 공동 이용할 수 있게 되면서 도서관 분야에서 만큼은 이미 원 아시아 시대에 들

---

22) 배영자, 《동아시아 공동체-신화와 현실》, Ch. 9. 동아시아 지식네트워크, (재)동아시아 연구원, 2008

어섰다.

2008년부터 시작된 '한·중·일 디지털도서관 협력(CJKDLI)' 프로젝트는 우선 디지털 자료의 공동이용을 위해 상호 간 자료 통합 검색이 가능하도록 표준 메타데이터를 선정한다. 3국 간 국경을 초월한 디지털 도서관이 구축된 셈이다. 국내에서는 국립중앙도서관에서 운영하는 디브러리(www.dibrary.net)에 접속하면 이용할 수 있다.

이러한 협력들이 지식네트워크 측면에서 원 아시아를 위한 작은 노력이라고 할 수 있다. 하지만 이런 작은 노력들이 모이고, 쌓여야만 3국을 넘어서 아시아 국가들이 지식네트워크를 공유하는 것이 실현될 것이다.

SECTION 6

# 기업의 역할
# '생산네트워크'

한국의 수출기업 역시 중국을 중심으로 한 현지 생산네트워크를 확대하고 있다. 지역 네트워크화가 확산과 심화의 과정을 겪으면 겪을수록 역내 무역과 직접투자는 증가하게 된다.

## 생산네트워크

무역과 투자가 결합돼 형성되는 현상 중 하나가 생산네트워크(Production Network)다. 지역을 단위로 생산네트워크가 형성되면 기업이 주도하는 일종의 비공식적 통합(De Facto Integration)의 효과가 나타나게 된다. 이를 정부 간 협정에 의한 지역주의(Regionalism)와 구별하여 지역화(Regionalization) 현상으로 부르기도 한다.

예컨대 일본의 도요타 자동차는 생산시설을 동남아로 이전했다. 엔진 등 핵심부품은 자국, 전기부품은 말레이시아, 타이어는 필리핀, 주요부품은 일본 하청기업의 현지화를 통해 조달하고 이를 태국에서 조립·수출하는 방식이다

지역 생산네트워크가 발전하게 되면 지역경제 간 기능적 통합이 촉진되고 이를 뒷받침하는 정부 간 제도적 협력도 이끌어 낼 수 있다. 1980년대 후반 도요타와 같은 일본의 수출기업(주로 자동차와 전자기계)은 동남아에 생산시설을 이전하여 생산네트워크를 짜 왔다. 1990년대 이후 중국 경제의 급성장과 함께 중국민족 중심의 지역 네트워크가 빠르게 확장되고 있다. 한국의 수출기업 역시 중국을 중심으로 한 현지 생산네트워크를 확대하고 있다. 지역 네트워크화가 확산과 심화의 과정을 겪으면 겪을수록 역내 무역과 직접투자는 증가하게 된다.

세계화로 인해 국가의 역할이 줄어들고 기존에 국가가 수행했던 기능 중 일부를 시장에 맡기게 되면서 기업의 사회적 책임과 공헌에 대한 요구가 커지기 시작했다. 기업의 사회적 책임은 단순히 경영학적인 측면을 넘어서, 정치·경제 및 사회적 측면을 포함한 포괄적인 개념이다.

최근에 기업의 사회적 역할을 언급함에 있어서 기업시민론(CC, Corporate Citizenship)이라는 개념이 주목받기 시작했다. 기업의 사회공헌(Philanthropy) 활동은 그 사회에서 영향력이 큰 사회 구성원

으로서 기업이 자신의 자원을 이용해 사회를 변화시키고, 스스로를 포함한 사회 전반의 구성원 모두에게 행복감을 느끼게 할 때 진정한 기업시민의 역할이라 할 수 있다.

세계적인 석학인 피터 드러커는 기업은 이익만 추구하는 조직이 아니며, 기업의 행위는 개인의 행위와 마찬가지로 윤리적 잣대로 평가되어야 한다고 주장했다. 엑손모빌, 포드, 나이키, 노키아, 도요타의 전략은 기업시민에 대한 선언적 내용을 담고 있다.

1995년 EU차원에서 '사회통합을 위한 유럽 기업가 네트워크(EBNSC, European Business Network for Social Cohesion)'라는 조직이 생기면서 유럽 기업가들은 고용창출과 사회통합을 위해 각국 정부와 공동으로 협력할 것을 선언했다. 2000년 11월 EBNSC는 기업의 사회적 책임을 강조하기 위해 모임의 명칭을 'CSR 유럽'으로 바꾸었다.

유럽에서 기업, 특히 거대기업은 단순히 기업시민이라는 차원에서 유럽 사회의 복지와 사회 향상을 목표로 소극적이거나 수동적인 위치에 머물러 있지 않았다. 유럽에서 거대기업은 이익 집단이었다. 그들은 점차 정치적 집단으로 성장해갔다. 유럽 통합의 정치적 과정에서 그들은 무시하지 못할 세력으로 깊이 관여하게 되었다. 유럽통합 과정에서 유럽의 거대기업들은 EU의 정책 결정에서 이익집단으로 단순히 '로비스트'의 역할을 뛰어넘어 정치적 행위자로 적극적으로 활동하게 됐다.[23]

유럽통합이 진행되면서 유럽 회원국의 국가와 기업 간에는 밀접한 관계가 형성돼왔다. EU는 산업 및 경제발전과 관련하여, 특히 전자산업(예 : HDTV)이나 항공산업(에어버스 등)과 같은 주요산업 부문을 공공정책의 일환으로 지원해왔다. 회원국들은 대기업의 경쟁력을 제고하기 위해 이들 기업을 '내셔널 챔피언'으로 지정하거나, 나아가서 EU 차원에서 국제 경쟁력을 발휘하는 '유럽 챔피언'의 기반을 구축하도록 체계적으로 지원해왔다. 전자부문에서 네덜란드의 필립스가 대표적인 예라고 볼 수 있다.

더구나 유럽통합의 과정에서 유럽의 거대기업 혹은 다국적기업은 지역 통합 그 자체가 경제적 통합과 정치적 통합을 동시에 목표로 삼았기 때문에 정치적 행위자로서의 역할을 담당하게 됐다. 유럽통합 지도자들은 유럽통합의 목표 달성을 위해 대기업이 정치 · 경제적 통합을 촉진시키는 매개적 역할을 담당할 것으로 기대했다. 따라서 유럽통합이 진행되면서 유럽의 거

---

23) 김두진, 《EU 사례에서 본 동아시아 경제 통합 -거대기업 역할론》, 삼성경제연구소, 2006, pp. 49~62

대기업들은 하나의 이익집단으로서 EU의 정책 결정 과정에 관여해오던 종래의 '로비스트'로서의 역할을 넘어서 정치적 행위자로 그 위상이 변하게 됐다.

특히 유럽이 단일시장을 형성하기 시작하자, 기업들의 로비 활동 양상도 바뀌었다. 이들은 더 이상 국내 시장에 국한해 활동할 수 없게 되었고, 점차 자국의 통제를 벗어나기 시작했다. 1992년에 이르러 브뤼셀에는 기업의 사무국이 200개 이상 개설되었다. 유럽의 거대기업들은 EU의 정규적인 채널과 활동을 통해 정치적 인사이더로서 부상했다.

### 아시아적 기업의 약진

| 아시아를 바꿔놓은 핵심적인 주역은 글로벌 자유경제체제에서 첨병 역할을 하고 있는 아시아 기업들이다. 아시아의 변화는 아시아 기업들을 통해 표출되고, 그 기업들의 약진은 곧 아시아의 약진으로 이어지게 된다.

〈포춘〉은 매년 세계 500대 기업 리스트를 발표한다. 10년 전까지만 해도 한국인들에게는 생소한 리스트였다. 미국, 유럽, 일본 등 선진국의 글로벌 기업들만 해당하는 얘기로 여겨졌기 때문이다. 하지만 낯익은 한국 기업들이 하나둘씩 리스트에 이

름을 올리면서 이제는 제법 친숙해졌다.

2009년도 〈포춘〉의 리스트를 살펴보면 한층 중요해진 '아시아적 가치'와 '아시아적 기업'의 의미를 재확인할 수 있다. 한국과 싱가포르를 포함한 아시아의 네 마리 용에 세계적인 관심이 모아졌던 1990년대에 싱가포르의 리콴유 수상 등은 아시아 4룡이 이룬 경제 기적의 원인으로 '아시아적 가치'를 거론하곤 했다. 그렇다면 〈포춘〉의 세계 500대 기업에는 '아시아적 가치'의 결과물이라고 할 수 있는 '아시아적 기업'이 몇 개나 될까?

이와 같은 의문은 20세기 초 기독교에 뿌리를 둔 자본주의 정신이야말로 서구 자본주의가 세계 경제를 지배하게 된 원인라고 단언했던 막스 베버의 진단과 비교할 만한 것이다.

2009년도 〈포춘〉의 세계 500대 기업을 이 기준에 따라 분류하면 베버의 자본주의정신에 연유하고 있는 기업 341개, 아시아적 가치를 계승한 기업 146개, 남미문화권 10개, 무슬림문화권 3개로 나눠진다. 이 가운데 일본 기업 71개를 빼면 무려 75개의 기업이 아시아적 가치의 힘을 받은 신흥세력이라는 계산이다. 이들 신흥세력에는 46개의 중국 기업과 10여 개의 한국 기업이 포함돼 있다. 흥미로운 대목은 500대 기업에서 밀려난 회사들은 주로 베버식 자본주의정신에 뿌리를 둔 기업이었을 것으로 추정된다는 점이다.

2010년 〈포춘〉이 선정한 세계 500대 기업 리스트에서도 아시아 기업들의 약진이 두드러졌다. 상위 10대 기업 중 4개가 아시아 기업이었다. 한국의 삼성전자와 LG, 현대자동차도 100대 기업에 포함됐다. 글로벌 금융위기에도 불구하고 아시아 기업들이 상대적으로 선전했음을 반영하는 결과다.

## 어느 기업이 원 아시아를 이끌 것인가

〈포브스〉는 50대 아시아 유망기업(Forbes Asia's Fab 50 Companies) 리스트를 매년 발표한다. 이 리스트가 주목을 받는 이유는 아시아 기업의 미래 발전 가능성을 가늠해볼 수 있기 때문이다.

이 리스트에 이름을 올리기 위해서는 최소 30억 달러 이상의 매출, 또는 시가총액을 기록한 기업 중에서 최근 5년 동안의 수입 및 재무 결과, 주가 움직임 등 성장세를 종합 분석해 선정된다. 단순히 규모가 크다고 해서 선정되는 것은 아니다. 앞으로 얼마나 성장성이 있느냐에 주목한다는 특징이 있다.

2010년 발표된 명단에는 중국·인도 기업이 각각 16개씩 선정됐다. 홍콩·대만 기업은 각각 4개씩이다. 이를 고려하면 중화권 기업은 전체의 절반에 달하는 24개다. 한국도 삼성엔지니

〈포브스〉 선정 아시아 50대 유망기업(2010년)

| 기업명 | 국적 | 매출<br>(10억 달러) | 시가총액<br>(10억 달러) |
|---|---|---|---|
| 웨스트파머스 | 호주 | 43.3 | 34.4 |
| 리오틴토 | 호주 | 41.8 | 122.4 |
| 노블 그룹 | 홍콩 | 31.2 | 7.2 |
| 상하이자동차 그룹 | 중국 | 20.3 | 20.1 |
| 에이서 | 대만 | 17.9 | 6.4 |
| 레노보 그룹 | 중국 | 16.6 | 5.6 |
| 닌텐도 | 일본 | 15.3 | 35.7 |
| 리&펑 | 홍콩 | 13.5 | 19.3 |
| 힌달코 인더스트리 | 인도 | 13.5 | 7.1 |
| 라센 앤 토브로 | 인도 | 9.8 | 23.7 |
| 서닝 어플라이언스 | 중국 | 8.5 | 15.8 |
| BHEL | 인도 | 7.4 | 25.3 |
| 올람 인터내셔널 | 싱가포르 | 7.4 | 4.3 |
| 마힌드라 & 마힌드라 | 인도 | 7.0 | 7.8 |
| 미적전기(美的電器) | 중국 | 6.9 | 6.8 |
| 타타 컨설턴시 서비시즈 | 인도 | 6.7 | 35.8 |
| 디지털 차이나 홀딩스 | 중국 | 6.5 | 1.6 |
| GREE가전 | 중국 | 6.2 | 6.2 |
| 아다니 엔터프라이즈 | 인도 | 5.8 | 8.8 |
| 스털라이트 인더스트리 | 인도 | 5.4 | 11.2 |
| 팅귀 홀딩 | 중국 | 5.1 | 14.3 |
| 인포시스 테크놀로지 | 인도 | 5.1 | 34.0 |
| 동팡전자 | 중국 | 4.8 | 7.7 |
| HDFC은행 | 인도 | 4.5 | 21.2 |
| HTC | 대만 | 4.5 | 15.1 |

| 기업 | 국가 | 값1 | 값2 |
|---|---|---|---|
| ITC | 인도 | 4.3 | 26.7 |
| JSW철강 | 인도 | 4.2 | 4.7 |
| 차이나 멩니우 데어리 | 중국 | 3.8 | 5.2 |
| 미디어텍 | 대만 | 3.6 | 15.0 |
| 글로비스 | 한국 | 3.5 | 5.1 |
| 삼성엔지니어링 | 한국 | 3.5 | 4.5 |
| 산동황금광업 | 중국 | 3.4 | 9.1 |
| 액시스은행 | 인도 | 3.4 | 11.8 |
| 라쿠텐 | 일본 | 3.2 | 9.5 |
| 중국생명보험주식유한회사 | 대만 | 3.1 | 1.4 |
| 중연중과(中聯重科) | 중국 | 3.0 | 8.2 |
| 벨 인터내셔널 홀딩스 | 홍콩 | 2.9 | 14.6 |
| 센트럴 아시아은행 | 인도네시아 | 2.9 | 16.6 |
| HCL 테크놀로지스 | 인도 | 2.5 | 5.6 |
| 진달 스틸&파워 | 인도 | 2.5 | 13.9 |
| 사니중공업 | 중국 | 2.4 | 9.7 |
| 코탁 마힌드라은행 | 인도 | 2.1 | 6.5 |
| 아거락지산(雅居樂地産) | 중국 | 2.0 | 4.1 |
| 구용지업 유한공사 (玖龍紙業(控股) 有限公司) | 홍콩 | 1.9 | 6.4 |
| 텐센트 홀딩스 | 중국 | 1.8 | 33.5 |
| 중국왕왕공사 | 중국 | 1.7 | 10.9 |
| 반푸 | 태국 | 1.7 | 5.4 |
| 닥터 레디스 | 인도 | 1.6 | 4.9 |
| 헨간 인터내셔널 그룹 | 중국 | 1.4 | 11.0 |
| NHN | 한국 | 1.4 | 7.9 |

어링, NHN, 글로비스 등 3개 기업이 포함됐다. 이에 비해 일본은 닌텐도, 라쿠텐 등 2개 기업만이 포함돼 있다. 일본은 첫 명단이 발표됐던 2005년만 해도 13개 기업이 이름을 올렸으나 2009년 4개로 줄어들었고 2010년에는 2개 기업만 선정된 것이다.

아시아 기업들 사이에서도 중국·인도 기업의 약진과 일본 기업의 쇠퇴 현상이 동시에 벌어지고 있는 것이다.

## 원 아시아를 향한 기업의 작은 발걸음

포스코는 청암재단을 통해 아시아통합을 위한 기반 사업을 펼치고 있다. 청암재단은 한국, 중국, 일본, 베트남 등 아시아 각국의 젊은 리더들이 교류와 협력을 통하여 상호 이해를 넓힐 수 있는 민간 차원의 기회를 제공하기 위해 포스코아시아펠로십 프로그램을 운영하고 있다.

이 프로그램은 아시아 국가의 상호 이해 증진과 교류, 협력 확대를 위해 장학·학술 연구·문화 활동을 지원하는 재단의 핵심 사업으로 아시아의 비전 있는 젊은 인재 양성과 지식인의 교류·협력 촉진을 목적으로 하고 있다.

또한 아시아 국가들의 인재 네트워크 구축을 위해 아시아 학생의 한국유학 장학을 돕고, 아시아 지역전문가를 양성하는 프로그램을 시행하고 있다. 이 외에도 아시아 우수대학에 장학사업, 아시아 인문사회 분야 연구를 지원하기도 하는 한편 아시아 문학지를 발간하고 있다.

실질적인 물품 지원을 통한 아시아 주변국 지원 사례도 주위에서 쉽게 찾아볼 수 있다. 대표적으로 부영그룹의 경우 2003년부터 베트남, 캄보디아, 라오스, 태국, 동티모르, 말레이시아, 스리랑카 등 동남아 국가에 초등학교 600여 곳을 지어 기증했다. 뿐만 아니라 한국에 유학 온 동남아 학생들에게 장학금을 수여하고 태권도훈련센터 건립을 돕고 태권도협회 발전기금을 지원했다.

향후에 인도네시아, 미얀마, 브루나이, 필리핀, 싱가포르, 방글라데시, 호주, 뉴질랜드, 피지, 파푸아뉴기니 등의 국가에도 디지털피아노와 교육용 칠판을 기증할 예정이다. 민간차원의 이런 문화교류 및 기부활동은 국가 사이의 거리감을 좁히고 원아시아를 이룩하는 작은 초석이 되고 있다.

'아시아적 가치'와 기업의 사회적 책임을 기업경영에 반영하는 시도가 늘어나고 있다. 최태원 SK회장은 "아시아적 가치를 재발견하면 국제적·지역적 사회적 책임(CSR, Corporate Social Responsibility) 이슈에 대한 해법을 찾을 수 있다"며, "의(義)가 먼저고, 이(利)를 다음으로 생각했던 아시아 고유의 경영철학은 글로벌콤팩트에서 제시하는 환경, 노동 인권, 반부패와 같은 국제표준 도입에 토양이 될 것"이라고 밝힌 바 있다.[24]

> **견리사의**(見利思義)
>
> 눈앞의 이익을 보면 의리를 먼저 생각한다는 뜻. 인정사정없이 이익부터 탐하는 습성을 경계하는 말로, 이익을 얻을 기회가 생기더라도 옳고 그름을 따져 그 이익을 취하는 것이 합당한지를 생각하라는 의미다.

---

24) 2010년 7월 13일 UN 글로벌콤팩트 한·중·일 라운드테이블

SECTION 7

# 그밖의 원 아시아 구상 '물류(교통) 네트워크'

앞으로 아시안 하이웨이는 아시아 지역 국가 간 물적·인적 교류 확대를 위한 매개체 역할은 물론, 향후 남북 정치·경제·문화 교류 협력 증진에도 큰 역할을 할 것으로 기대된다.

## 아시안 하이웨이(Asian Highway)

| 우리나라 대외물류의 심장부 역할을 하고 있는 제2의 도시 부산에서 서울로 혹은 동해 쪽으로 고속도로를 타고 가다보면 고속도로와 국도 번호를 표기하는 표시판들 가운데 AH1 혹은 AH6이라고 쓰여 있는 도로를 볼 수 있다. 이 도로는 멀리 모스크바와 이스탄불까지 연장된다.

세계 31개 내륙국가 중 아시아에 12개 국가가 몰려 있다. 이

들 내륙국가에 있어 고속도로는 생명줄과도 같다. AH네트워크 건설은 아시아 각국의 수도와 경제적 요충지를 서로 연결하는 아시아개발은행(ADB)의 프로젝트다.

물론 표지판만 세운다고 끝나는 것은 아니다. 과거 짧게는 7시간에서 만 이틀까지 7~48시간 걸리던 국경 통과 시간을 대폭 줄이는 논의가 계속 진행되고 있다. 국경 통과 절차를 간소화하고 제각각인 서류 양식들을 통일해야 하는 복잡한 작업이다.

또한 도로 인프라에 대한 천문학적인 투자가 필요한 상황이다. 고속도로라고는 하지만 4차로 이상 고속도로는 한국과 일본·중국뿐이다.

아시아 지역 32개 국가를 연결하는 아시안 하이웨이(Asian Highway, 55개 노선, 14만 km) 정부 간 협정은 총 27개 회원국이 서명했다. 주요내용은 노선망, 설계 기준, 개정 절차, 분쟁 해결 등이다. 협정에 최종 서명한 회원국은 협정내용에 따라 도로를 정비하게 되고, 효력 발효일로부터 5년 이내에 아시안 하이웨이 노선을 나타내는 표지를 설치하게 된다.

앞으로 아시안 하이웨이는 아시아 지역 국가 간 물적·인적 교류 확대를 위한 매개체 역할은 물론, 향후 남북 정치·경제·문화 교류·협력 증진에도 큰 역할을 할 것으로 기대된다.

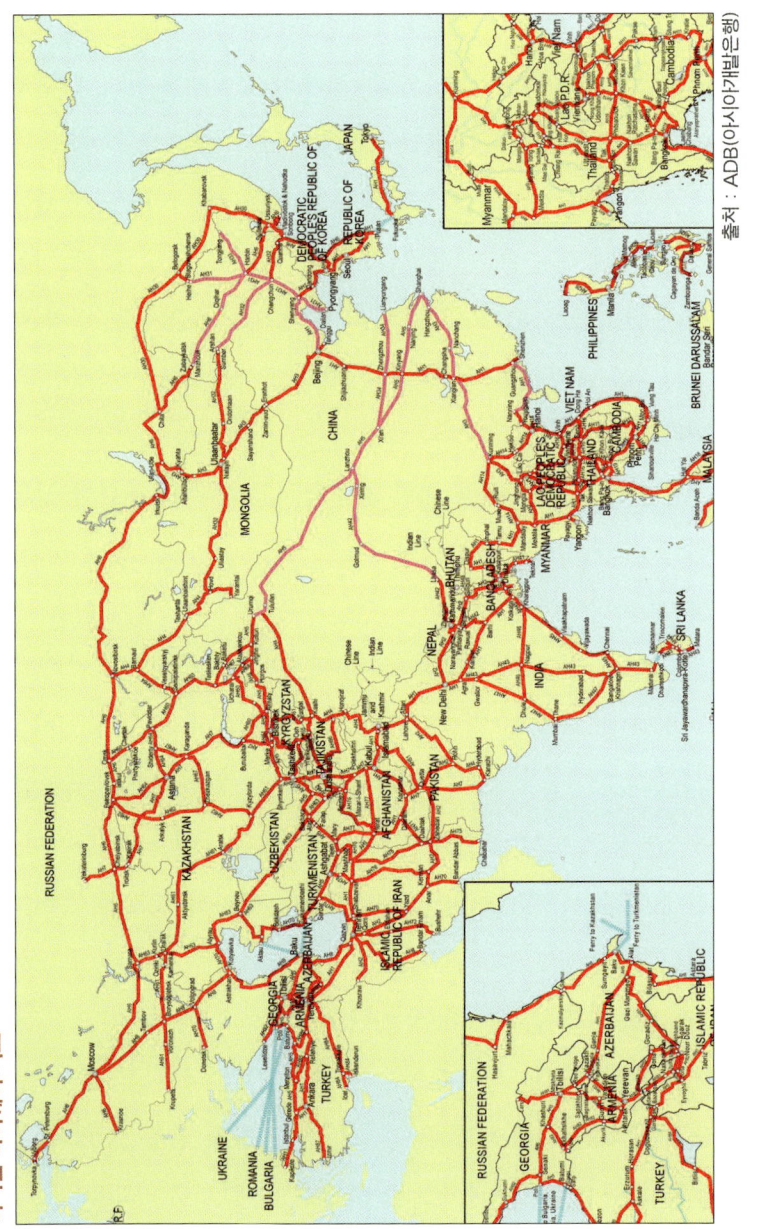

아시안 하이웨이는 아시아의 15개국을 관통하는 국제자동차 도로망으로 길이는 실크로드를 기반으로 6만 6,000km에 달한다. 아시아와 유럽의 경제·문화 교류를 목적으로 1961년 공사를 시작했다.

도로망은 주요간선으로 2개의 루트가 있다. A1 루트는 터키의 앙카라에서 인도를 거쳐 호치민으로 연결되며, A2 루트는 이라크의 바그다드에서 인도·말레이반도를 남하, 인도네시아에 있는 발리섬에 이른다. 각 노선은 북한노선을 통과하여 경부고속도로와 국도 7호선을 통해 우리나라를 지나며, 부산항에서 카페리(Car Fery)를 통해 일본 후쿠오카와 연결된다.[25]

## 아시아 철도망

동남아 여러 나라들이 각국을 그물망처럼 잇는 '철도 르네상스'의 신호탄을 쏘아 올렸다. 2010년 8월 20일, 중국과 베트남, 캄보디아, 태국, 라오스, 미얀마 등 메콩강 일대 6개국은 서로를 연결하는 통합 철도망 건설

---

25) Srinivas Madhur · Ganeshan Wignaraja · Peter Darjes, 〈Roads for Asian integration:Measuring ADB's contribution to the Asian Highway Network〉, 2009

계획이 승인됨에 따라 원 아시아에 한 발자국 더 다가섰다.

이들 6개국 장관들은 ADB의 통합 철도망 건설 계획에 대해 "통합 시스템 구축을 위한 매우 중요한 첫 번째 진전"이라고 평가했다.

현재 이들 6개국 철로는 중국~베트남 노선을 제외하면 전혀 연결돼 있지 않고, 라오스에는 아예 철도망 자체가 없는 실정이다. 따라서 2025년께 철도망이 완공되면 메콩강 유역 6개국 인구 3억 명의 이동과 화물 수송이 원활해져 지역 발전에 큰 도움이 될 것으로 전망된다.

철도망 건설은 ADB가 메콩강 유역 국가 간 긴밀한 경제적 연계를 통해 지역 발전을 도모한다는 취지로 1992년 시작한 메콩강유역개발사업(GMS) 중의 하나다. GMS 대상국에는 동남아 5개국에 중국 윈난성과 광시좡족자치구가 포함돼 있다.

ADB는 GMS 시작 이후 이 일대 경제가 성장을 거듭하면서 기존 교통망으로는 증가하는 상품 운송수요를 맞추기 어려워 철도망 건설이 필요하다고 판단하고 있다. 이와 함께 ADB는 도로와 내륙 수로 등 다른 교통망 연결도 함께 추진, 6개국 간 소통을 극대화한다는 계획이다. 철도망 건설은 새로운 도로 연결망 건설로 '경제 회랑(Economic Corridor)'을 개발, 빈곤을 줄이려는 메콩강 유역 국가들의 노력과 맥을 같이 한다.

동남아 지역 총 인구는 5억 5,000만, 역내 총 생산액은 1조 5,000억 달러에 이른다. 하지만 역내 교역액은 전체 무역액의 4분의 1에 못 미치고 있다. 국제운송회사인 DHL에 따르면 동남아 지역의 낙후된 수송 기반시설로 인해 발생하는 ASEAN 내 교역 손실액이 역내 총생산의 3.7%인 약 560억 달러에 달할 것으로 추산한다. 태국에서 연 27만 5,000대의 차량을 생산하는 미국 기업 포드의 경우, 하노이까지 철도가 개통되면 운송 기간이 14일에서 3일로 줄어들 것으로 예상하고 있다.

ASEAN도 적극 지원에 나섰다. ASEAN은 2015년까지 역내 공동시장을 출범시킬 계획이지만, 관세장벽에 앞서 운송 인프라 문제부터 해결해야 한다는 지적이 많다. 유엔 경제사회위원회 아시아태평양지부(ESCAP)의 경제학자 피에르 카르티에는 "동남아 국가들이 이번 금융위기로 수출 의존형 경제의 위험성을 깨달았다"고 말했다. ADB는 중국 남부에서 시작돼 베트남, 캄보디아, 태국, 말레이시아를 거쳐 싱가포르까지 이르는 동남아 철도 르네상스 1단계 사업에 약 22억 달러가 소요될 것으로 추산한다.

2015년 완공 예정인 호치민(베트남)~프놈펜(캄보디아) 간 철도의 경우 사업 예산보다 20% 정도 많은 생산유발 효과를 거둘 것으로 전망된다. 철도의 숨통이 뚫리면 낙후된 농촌 지역까지 혜택을

**아시아횡단철도(TAR, Trans-Asian Railways)**

UN ESCAP(아시아·태평양 경제사회이사회)가 1992년부터 추진해온 '아시아횡단철도(TAR)계획'은 당초 동남아시아~방글라데시~인도아~파키스탄~이란~터키를 연결하는 남부노선만을 포함했다. 하지만 아시아 북부 지역의 긴장 완화, 중국의 급속한 경제 성장, 북한과의 경제 교류 가능성 증가, 몽골·카자흐스탄과 러시아연방의 시장경제체제 도입으로 인한 경제 발전에 대한 기대 때문에 아시아육상교통기반시설계획(ALTID) 하에서 한반도, 중국, 러시아, 중앙아시아 등을 연결하는 북부노선을 포함하게 되었다.

이는 TSR, TCR, TMR, TMGR, TKR 등의 5개 노선으로 구성되는 것으로 러시아 보스토치니·모스크바·벨라루스(TSR)·독일, 중국 렌윈강·우루무치(TCR)·카자흐스탄·러시아·유럽, 중국 톈진항·몽골(TMGR)·러시아, 북한 라진·러시아·유럽, 부산 광양·한반도횡단철도(TKR)·러시아 또는 중국·유럽 등의 노선이다. 여기서 한반도종단철도(TKR)는 TSR, TCR 등 다른 어떤 노선과도 연결할 수 있다. 그렇기 때문에 특히 러시아는 TSR의 활성화를 위해 TKR와의 연결에 힘을 기울이고 있다. TKR과 TSR이 연결되는 TAR노선이 확정될 경우 시베리아횡단철도(TSR)를 이용한 동북아 물류사업선점을 이룰 수 있기 때문이다.

받을 것이라는 기대도 크다.

　뿐만 아니라 싱가포르에서 스코틀랜드까지 모든 동남아 국가와 유럽을 열차로 잇는 '철(鐵)의 실크로드' 건설이 시작됐다. 바로 아시아횡단열차(TAR)를 통해서다. 아시아개발은행(ADB)은 오랫동안 가능성으로만 거론됐던 일이 현실화될 것으로 기대하고 있다.

## 아시아 지역 저가항공시대 개막

　육지로 국경을 맞대고 있는 유럽과 달리 아시아 국가들은 이곳저곳 흩어져 있어 이동 시 항공편이 필수적이다. 아시아에서는 싱가포르, 말레이시아 등을 중심으로 2000년대 들어 저가항공 운항이 본격화됐다.

　에어아시아, 타이거에어가 대표적이며 최근 들어 국내 저가항공사도 국제선 운항을 본격화하면서 새로운 시대가 열리고 있다. 아시아 하늘길 장벽이 낮은 비용에 열리게 된 것이다.

　아시아 1위 저가항공사인 에어아시아도 2010년 한국 시장에 진입했다. 인도의 경우 저가항공사인 에어아시아를 이용할 경우 대한항공 절반 수준의 요금에 왕복을 할 수 있게 됐다.

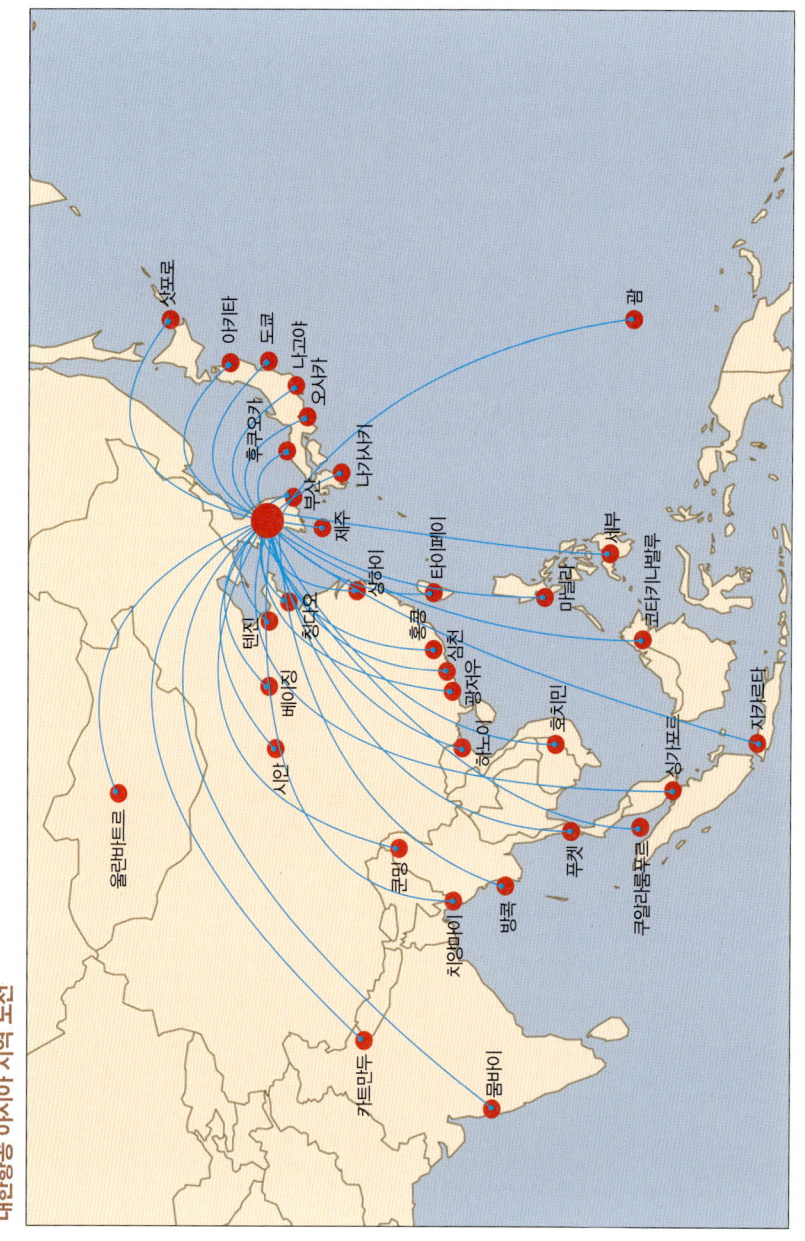

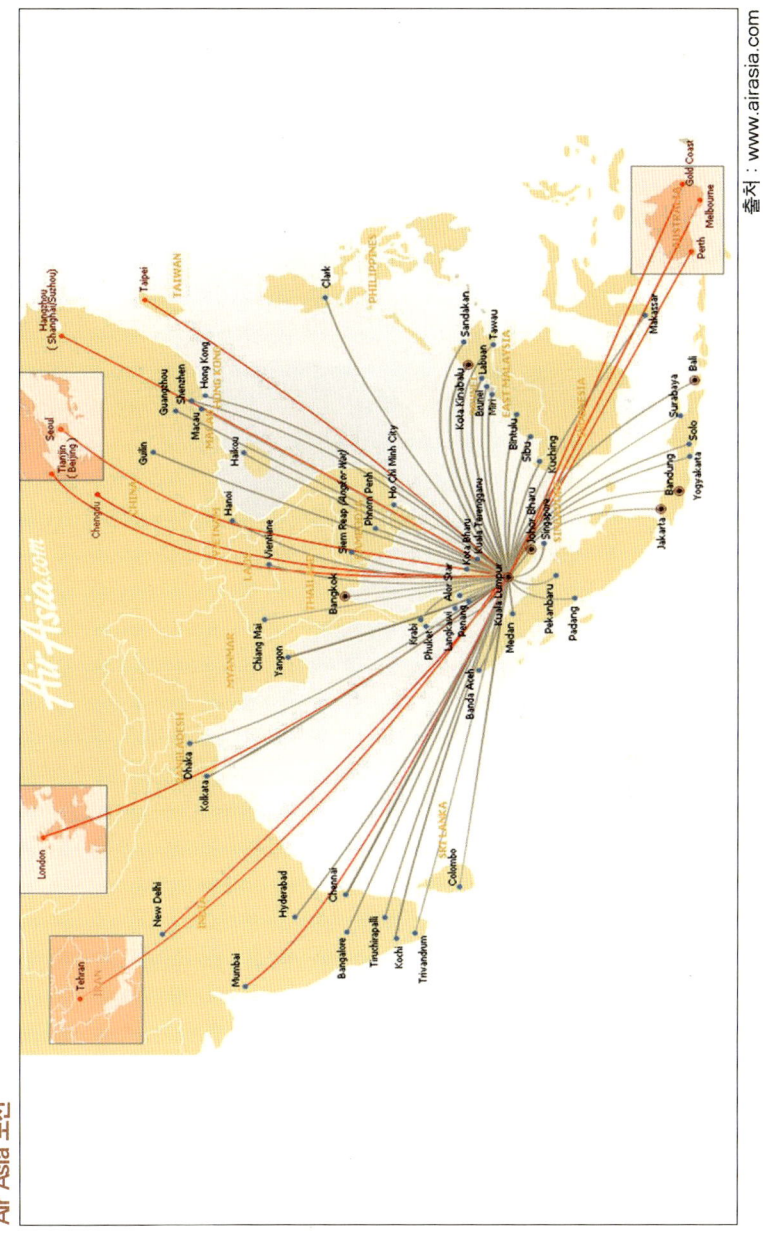

Air Asia 노선

PARTIV 여러 측면에서 바라본 원 아시아 구상

말레이시아를 거점으로 삼고 있는 에어아시아는 공격적으로 한국 시장 공략에 나서고 있다. 인천~쿠알라룸푸르만을 연결하는 수준이 아니라 쿠알라룸푸르를 거쳐 호주, 인도 등 장거리 노선 시장 수요까지 흡수해나고 있다.

정부가 인천~나리타 같은 기존 항공사의 핵심 노선에도 저가항공사들에게 문호를 개방함에 따라 시장점유율은 시간이 갈수록 높아질 전망이다. 금융위기 등 특별한 외부적 충격이 오지 않는 한 아시아 항공 시장은 매년 두 자릿수 안팎으로 성장할 전망이다.

항공업 수요는 일반적인 수요 공급 원리와 다른 특색이 있다. 공급을 늘리면 새로운 시장이 창출된다는 점이다. 수요를 예측하고 공급을 늘리는 것보다 공급을 공격적으로 늘리면서 마케팅을 강화하면 새로운 수요가 따라붙는다는 얘기다.

특히, 성장하는 시장에서는 이런 현상이 두드러진다. 더욱이 각국이 경쟁적으로 저가항공에 대한 지원을 강화하면서 아시아의 하늘장벽은 더욱 낮아지고 있다. 하늘길까지 열리게 되면 아시아 역내의 인적·물적 교류가 더욱 활성화되어 원 아시아 실현에 한걸음 더 다가갈 수 있을 것이다.

## 아시아의 스포츠 축제, 아시안게임

아시안게임(Asian Games)은 제2차 세계대전이 끝난 후 아시아 여러 나라의 우호와 세계평화를 촉진할 목적으로 창설된 국제스포츠대회다. 극동선수권대회와 서아시아 경기대회가 합병하여 부활한 것으로 선수 500여 명이 참가한 1951년 열린 인도 뉴델리 대회가 제1회다.

따라서 아시안게임은 이 두 대회가 통합하여 아시아 화합에 큰 역할을 했다는 점에서 커다란 의의를 갖고 있다. 이 과정에서 한국은 준비협의회에 참가해 아시안게임을 창설하는 데 상

광저우 대회 개막식

당한 역할을 했던 것으로 알려지지만 1950년 6월 25일에 발발한 전쟁으로 선수를 파견할 여건이 되지 못해 초대 대회에 불참하는 아쉬움을 남겼다.

흥미로운 사실은 전국야구대회로 시작된 우리나라 전국체전처럼 아시안게임이 원래는 육상대회로 시작될 뻔 했다는 것이다. 한국을 비롯해 대만, 필리핀, 미얀마, 스리랑카, 인도 등 6개국 대표가 참석한 아시안게임 준비협의회는 애초에 인도 뉴델리에서 아시아육상경기대회를 개최하기로 의결했었다.

하지만 전후 인도의 내부 사정으로 열리지 않았고, 다시 9개국 대표들이 모여 아시아경기연맹을 새롭게 창설해 올림픽이 열리지 않는 중간 해에 종합경기대회를 열기로 합의한 것이다.

그 후 아시안게임은 4년에 한 번씩 올림픽경기대회가 열리지 않는 중간 해에 회원국 가운데 희망하는 나라가 개최했다. 현재까지 인도 뉴델리, 필리핀 마닐라, 일본 도쿄·히로시마, 인도네시아 자카르타, 태국 방콕, 이란 테헤란, 한국 서울·부산, 중국 베이징·광저우, 카타르 도하 등지에서 열렸고 2014년에는 대한민국 인천에서 개최될 예정이다.

제1회 대회 당시 11개국 500여 명이 참가한 이 대회는 꾸준히 외연을 확대해왔다. 1970년대 중동이 참가하고 1990년대 구소련이 해체하면서 중앙아시아까지 새롭게 가세해 2010년 제

16회 광저우대회에 이르러서는 45개국 1만 5,000여 명의 선수 및 임원이 참가하는 초대형 스포츠 이벤트로 자리 잡게 되었다.

또한 올림픽에서 세계의 벽을 넘지 못한 다수의 아시아 국가들은 아시안게임을 통해 새로운 희망을 얻고, 소위 빅3로 불리는 중국·한국·일본은 치열한 선의의 경쟁을 벌이며 올림픽과는 '또 다른 격전'을 즐기고 있다.

아시아게임 참가국의 경계는 동쪽 끝 일본부터 서쪽 끝 팔레스타인에 달한다. 광대한 넓이만큼이나 국가 간 소득격차도 심하고 스포츠 성적도 천양지차다. 부탄과 몰디브, 그리고 동티모르는 세 나라의 인구를 합쳐 300만 명도 안 되는 소국이다. 이들이 메달을 딸 수 있든 없든 그것보다 중요한 것은 42억 아시아가 스포츠를 통해 하나가 되는 장이 열린다는 것이다.

IOC에서 주관하는 하계올림픽에 걸린 총 메달수가 906개 인데 비해 아시안게임에는 약 1,428개의 메달이 걸려 있다. 그만큼 많은 국가와 선수들에게 수상의 영광을 누릴 수 있는 기회를 제공하겠다는 의도다. 매번 화합을 주제로 한 성대한 개막식과 폐막식을 통해서 이런 점을 더욱 부각시키는 것은 아시안게임의 목적이 아시아 국가들 간 도토리 키재기 경쟁이 아니라 상생을 위한 것임을 분명히 하기 위해서다.

**2010 광저우 아시안게임 순위**

| 순위 | 국가 | 총 메달 수 | GDP(10억 달러) |
|---|---|---|---|
| 1 | 중국 | 416 | 5,308 |
| 2 | 대한민국 | 232 | 904 |
| 3 | 일본 | 216 | 5,179 |
| 4 | 이란 | 59 | 347 |
| 5 | 카자흐스탄 | 79 | 105 |
| 6 | 인도 | 64 | 1,290 |
| 7 | 대만 | 67 | 383 |
| 8 | 우즈베키스탄 | 56 | 28 |
| 9 | 태국 | 52 | 280 |
| 10 | 말레이시아 | 41 | 192 |
| 11 | 홍콩 | 40 | 215 |
| 12 | 북한 | 36 | 13 |
| 13 | 사우디아라비아 | 13 | 469 |
| 14 | 바레인 | 9 | 22 |
| 15 | 인도네시아 | 26 | 593 |
| 16 | 싱가포르 | 17 | 178 |
| 17 | 쿠웨이트 | 11 | 158 |
| 18 | 카타르 | 16 | 114 |
| 19 | 필리핀 | 16 | 167 |
| 20 | 파키스탄 | 8 | 165 |

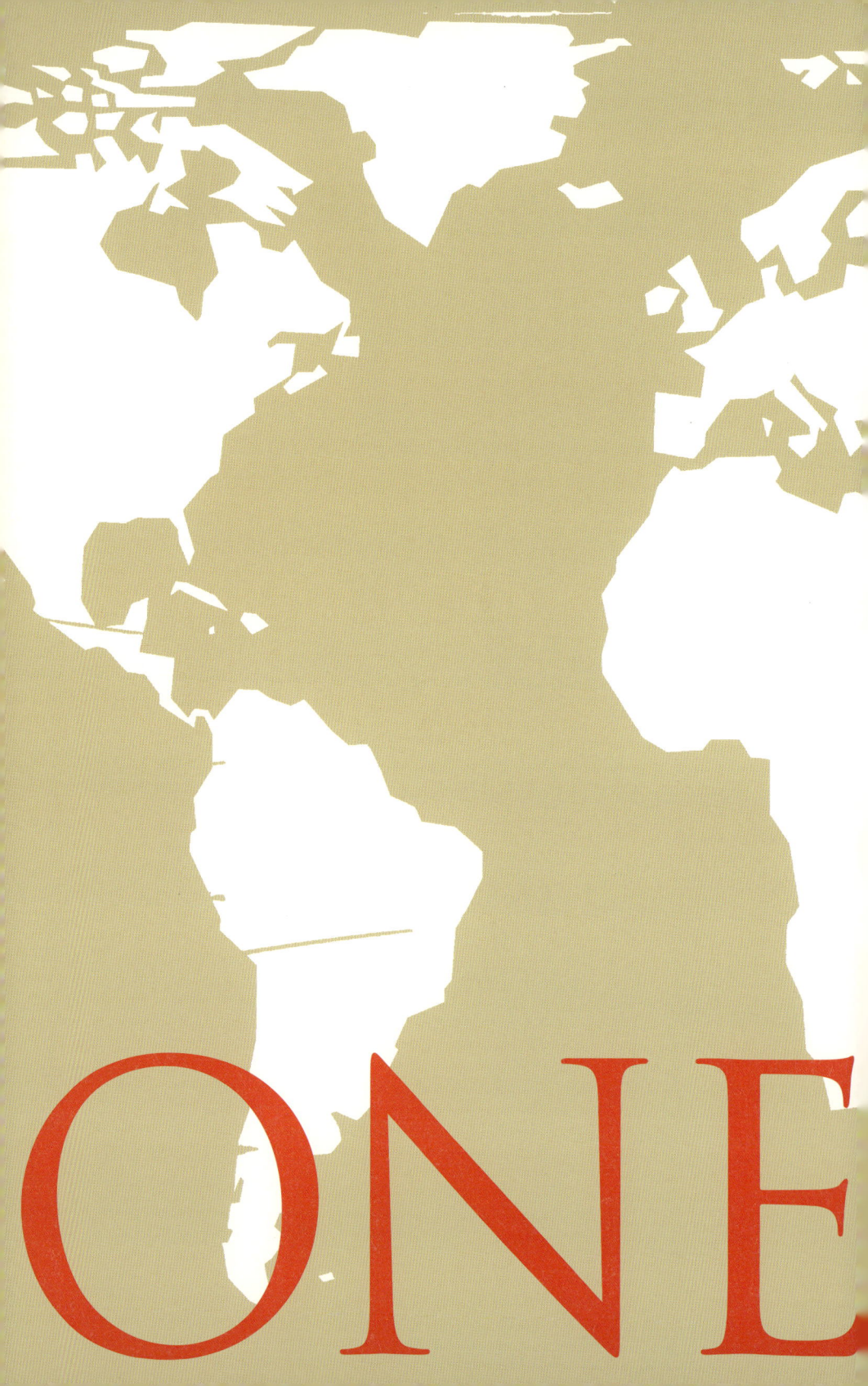

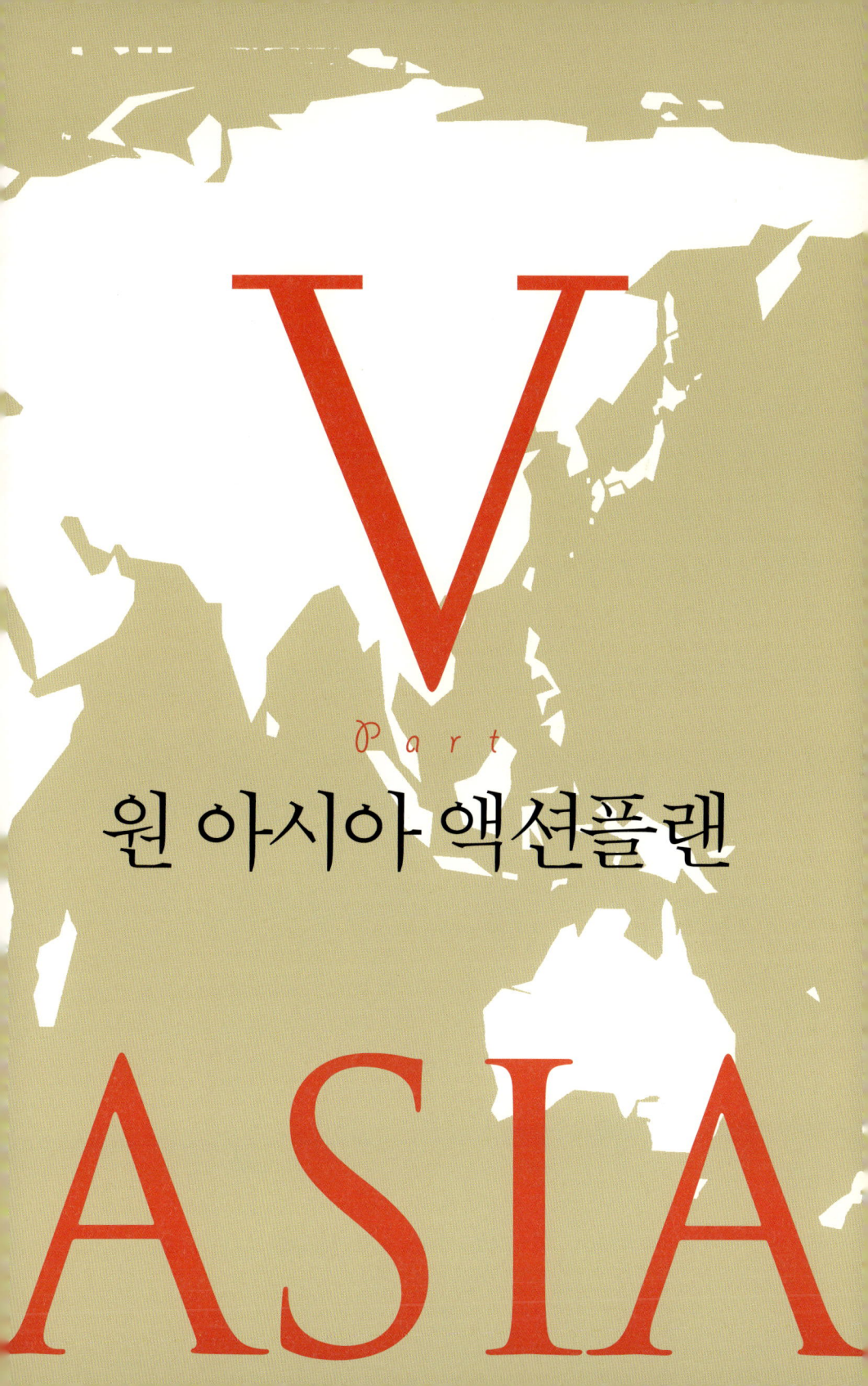

Part V
원 아시아 액션플랜
ASIA

ONE ASIA

SECTION 1

# 원 아시아 실현의 걸림돌

원 아시아가 형성되기 위해서는 수많은 난관을 극복해야 한다. 따라서 그만큼 시간도 오래 걸린다. 이러한 수많은 난관 중에서 최소한의 전제조건들이 해결되지 않으면 원 아시아는 정처 없이 표류할 가능성이 매우 높다.

| 국가 차원에서 이뤄진 동아시아공동체에 대한 논의는 1997년 ASEAN+3 체제가 출범하면서 본격화됐다.

2001년 정상회의에서 '평화 · 번영 · 발전'을 추구하는 '동아시아공동체(EAC, East Asia Community)'라는 비전이 채택되면서 급물살을 탔으나 이후 참가국의 범위 등을 둘러싼 중국과 일본 사이의 이견으로 큰 진전을 보지 못했다. 특히 정치적 이해관계가 가장 큰 걸림돌이었다.

지금 각국은 겉으로는 원 아시아를 주창하면서도 속으로 주도권 확보와 실리 문제에 민감하게 반응해 통합 논의가 구체화되지 못하고 있는 실정이다.

## 주요국의 패권 다툼

│ 중국의 세계관을 보다 정확히 엿보기 위해서는 지도자들의 외교정책을 살펴봐야 한다. 중국 언론들은 덩샤오핑의 '도광양회(韜光養晦, 재능을 감추고 때를 기다린다)', 장쩌민의 '유소작위(有所作爲, 해야 할 일은 한다)'에 이어, 후진타오의 '화평굴기(和平崛起, 평화적으로 대국화한다)'와 '돌돌핍인(咄咄逼人, 기세가 등등하다)'으로 표현한다.

이제 G2로 우뚝 선 중국이 그 힘을 감추고, 적극적으로 외교에 활용한다는 것이다. 중화주의, 천하삼분론, 동북공정, 베이징 컨센서스 등으로 무장한 중국은 향후에도 아시아뿐만 아니라 세계무대에서도 더 큰 목소리를 내려 할 것으로 예상된다.

중국의 부상에서 가장 민감한 것은 아마 일본일 것이다. 아직도 1인당 GDP가 중국의 10배에 가까운 선진국인 만큼 대등한 입장에서의 통합에 거부감이 있을 만하다. 한국 또한 크게 다르지 않은 상황이다. 특히 한국과 같이 수출의존도가 큰 국가는 대중 무역의존도가 높아지면 중국 영향력의 증대로 인해 차이나 리스크가 커진다. 중국의 변화 속도를 따라잡지 못할 경우 차이나 리스크가 한국기업에 큰 부담이 될 것이란 우려도 나오고 있다.

미국 역시 중국을 경계한다. 중국의 영향력 확대는 곧 아시아에서의 미국의 영향력 축소로 이어진다는 사실을 너무도 잘 알기 때문이다. 미국은 일본, 뉴질랜드 등 4개국과 함께 TPP(환태평양경제동반자협정)를 아시아통합의 대안으로 제시하고 있는 것도 이러한 입장과 무관치 않다. TPP는 ASEAN과 APEC을 섞어놓은 것 같은 구성이다.

한국은 TPP 참여 여부를 신중히 검토하고 있으며, 태국과 캐나다도 관심을 보이고 있다. 일본은 TPP를 통해 본격적으로 '제3 개국[26]'의 물꼬를 트겠다는 생각이다. 하지만 중국이 부정적인 태도를 보이고 있는 것이 가장 큰 걸림돌이다. 아시아통합의 필요성이 높아질수록 패권을 둘러싼 주요국 간의 경쟁도 치열해지고 있다.

---

26) 에도 말기 개국과 제2차 세계대전 이후 경제 부흥에 이어 제3의 활로 모색이라는 점에서 일본이 최근 즐겨 사용하는 용어

동아시아 주요 영토분쟁 지역

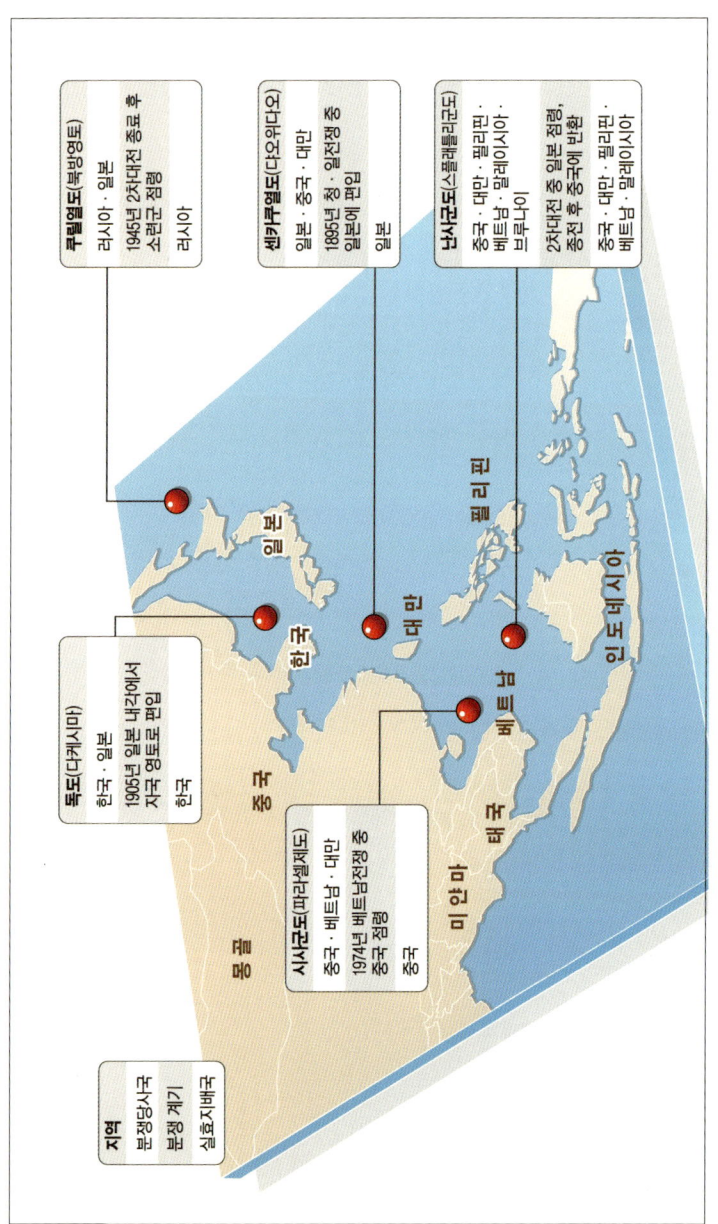

## 꼬여가는 과거사 문제

원 아시아가 형성되기 위해서는 수많은 난관을 극복해야 한다. 따라서 그만큼 시간도 오래 걸린다. 이러한 수많은 난관 중에서 최소한의 전제조건들이 해결되지 않으면 원 아시아는 정처 없이 표류할 가능성이 매우 높다.

특히 동아시아 국가 및 시민들이 갖는 가치의 차이를 극복하지 못하면 원 아시아의 형성은 요원하다. 이에 역사·문화적 맥락을 함께 공유하면서 서로의 정체성을 확인하고 새로운 정체성을 형성해가는 노력이 무엇보다 시급하다.

한·중·일 간에는 과거 식민지 침략전쟁의 아픔이 있다. 여기에 덧붙여 최근에는 독도, 과거사, 동북공정 등을 둘러싼 갈등이 지속되고 있다.

한국과 일본 사이에는 독도와 동해 표기 문제가 민감한 이슈로 부각되고 있다. 이는 양국 국민 정서에 매우 부정적인 영향을 끼치는 사안이다. 이와 비슷하게 일본과 중국 사이에는 센카쿠 열도(중국명 댜오위다오) 갈등이 심화되고 있다. 최근 들어 이는 희토류 수출 제한 등 중국의 감정적인 대응과 더불어 반일·반중 시위로까지 확산되는 양상을 보이고 있다.

이 가운데 일본과 중국은 역사를 왜곡하고 이를 교육함으로써 주변국들과 마찰을 자초하고 있는 실정이다. 또한 제2차 세계대전의 전범국인 일본은 야스쿠니신사 참배의 뜻을 굽히지 않고 있는 데다 군사력 증강을 위한 헌법 개정 움직임까지 보이고 있어 피해국들과의 관계를 더욱 악화시키고 있다.

이밖에 중국과 대만의 갈등 역시 아시아 역내의 불안 요인이다.

### 영토·영해 분쟁

| 아시아 역내 해양에서는 경제적 이익을 둘러싼 배타적 경제수역(EEZ)에 대한 갈등이 끊이지 않고 있다. 1982년 UN해양법협약에 따라 자국 연안으로부터 200해리(370km)까지 지하자원에 대한 권리를 인정해주고 있기 때문이다.

동아시아의 총성 없는 영토 분쟁의 중심에는 중국이 있다. 중국은 아시아에서 유일하게 현재의 영토와 영해에 불만을 갖고 있는 나라다. 대만뿐만 아니라 남중국해의 5분의 4가 원래 중국 지배 아래에 있었다며 영유권을 주장하고, 국경을 맞댄 나라와도 끊임없이 분쟁을 일으키고 있다.

중국은 러시아·인도와는 국경 분쟁으로, 일본·필리핀·인도네시아·베트남과는 영유권 문제로 계속 갈등을 빚고 있다.

이러한 분쟁은 아시아 국가들이 중국 경제 성장으로 덕을 보면서도 중국을 '잠재적 적'으로 여기는 반작용을 불러일으켰다. 아시아 국가들은 중국의 힘이 커지면 영유권·국경·경제 문제 등에서 협상이 아닌 양보를 강요당할 것을 우려하고 있다.

이런 영토 분쟁의 이면에는 막대한 천연자원이 있다. 남중국해 해저에 매장된 석유의 양은 2,000억 배럴로 추정되고 있는데, 이는 사우디아라비아 전체 석유 매장량과 비슷한 규모다.

아시아 각국들은 '21세기 아시아 시대'를 기치로 내걸고 시장 경제 통합을 논의 중이지만 걸림돌도 만만치 않다. 한 치의 양보도 없는 각국의 영토 분쟁이 외교·군사적 마찰로 비화될 조짐을 보이면서 '원 아시아' 논의의 최대 걸림돌로 작용하고 있다.

## 국가 간 경제격차

| 아시아가 다른 지역에 비해 눈부신 경제 성장을 이룩하고, 이를 바탕으로 세계에서 영향력을 키워나가고 있다는 점은 분명하다. 아시아 시장은 성장 잠재력 또한 매우 높아 향후 그 규모와 세계 경제에서 차지하는 비중이 더욱 확대될 것으로 예상된다. 또한 역내 교역 및 투자 자유화와 제도화를 통해 지역 경제의 통합이 이뤄진다면 성장 가

## 여전히 많은 빈곤층

빈곤층 문제가 개선되었음에도 불구하고, 아시아는 여전히 전 세계에서 빈곤층이 가장 많이 살고 있다.

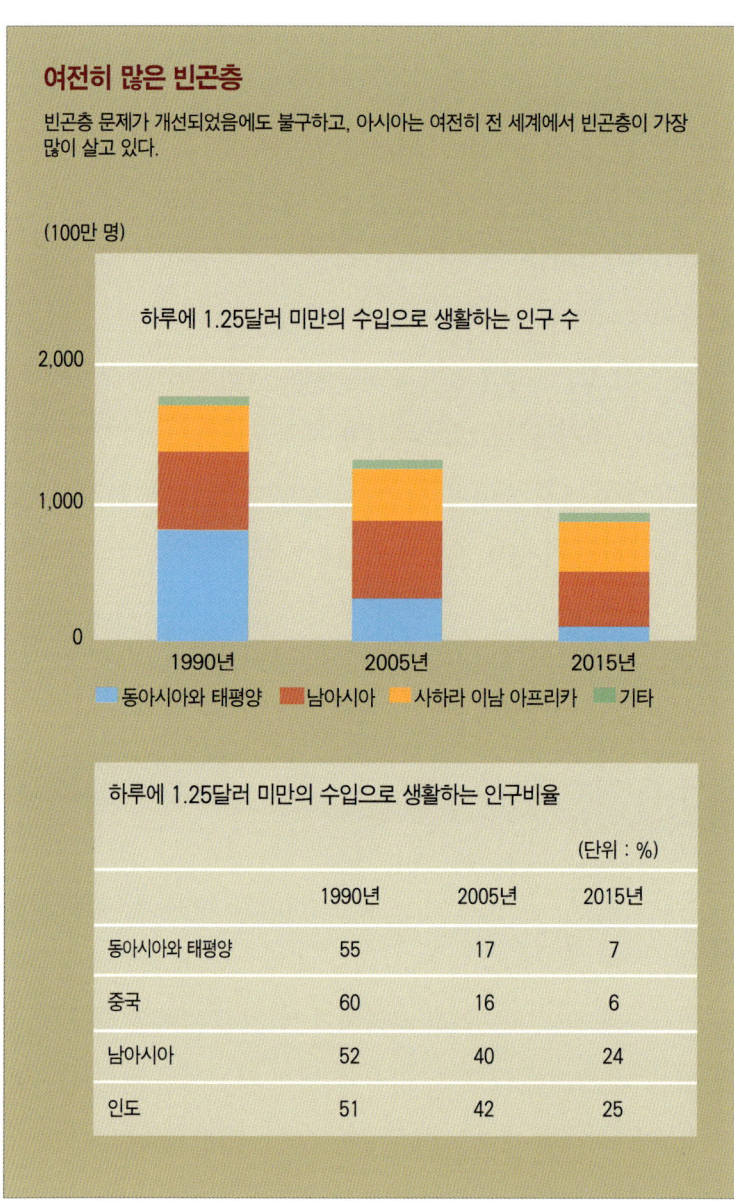

하루에 1.25달러 미만의 수입으로 생활하는 인구비율

(단위 : %)

|  | 1990년 | 2005년 | 2015년 |
|---|---|---|---|
| 동아시아와 태평양 | 55 | 17 | 7 |
| 중국 | 60 | 16 | 6 |
| 남아시아 | 52 | 40 | 24 |
| 인도 | 51 | 42 | 25 |

출처 : 세계은행

능성은 더욱 높아질 것이다.

　이런 전망은 원 아시아를 이룩하는 데 긍정적인 요인으로 작용할 것이다. 그러나 아시아 전체가 아니라 개별 국가별로 경제발전 수준을 들여다보면 상황이 달라진다. 역내 국가들 간의 격차는 심각한 수준으로, 향후 원 아시아를 추진하는 데 중대한 장애물이 될 가능성이 높다. 그동안 아시아의 경제 성장은 양적인 성장에 집중됐다. 이로 인해 역내 국가 간 성장격차가 발생하고, 국가 내에도 빈부격차가 심화되는 등의 문제가 야기됐다.

　예컨대 아직까지 아시아·태평양 지역은 빈곤인구의 비중이 24%에 이른다. 세계 최고 과밀 지역이자 세계 빈곤층의 3분의 2가 살고 있다. 고도성장을 상당기간 유지한 일본, 한국, 중국 등과는 달리 역내 저소득 국가들의 경제여건은 여전히 세계 최하위에 머무르는 상황이다.

## 미흡한 공적개발원조

| 빈부격차를 해소하기 위한 가장 효율적인 방법은 조금이라도 더 잘사는 나라들이 경제발전이 더딘 국가들을 십시일반 도와주는 것이다. 이런 측면에서 ASEAN 국가들에 대한 공적개발원조(ODA)의 규모 및 비중을 획

**DAC 회원국의 ODA 현황 (순 지출 기준, 2008년, 100만 달러)**

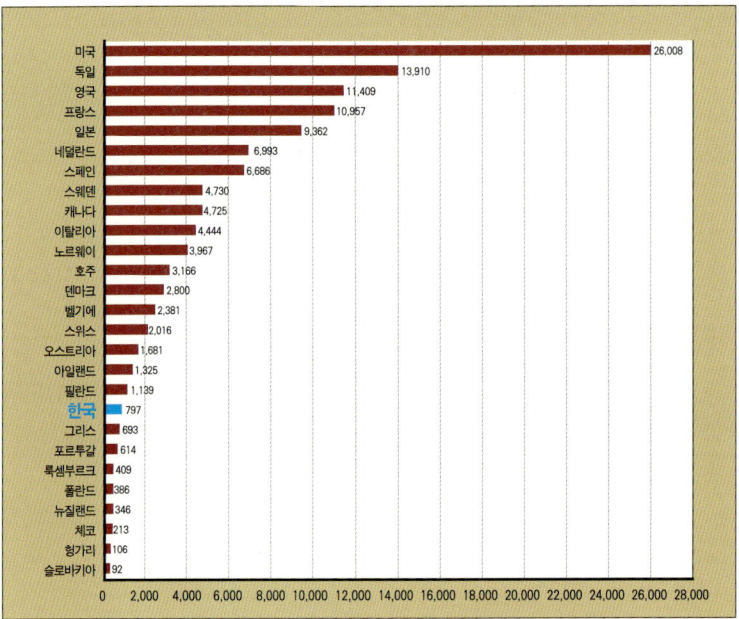

**DAC 회원국의 GNI 대비 ODA (순 지출 기준, 2008년, %)**

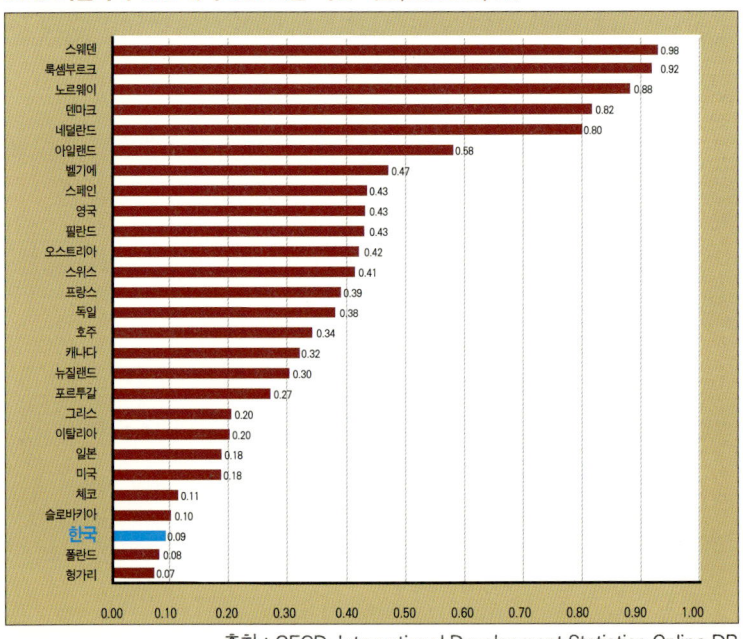

출처 : OECD, International Development Statistics Online DB

기적으로 확대할 필요가 있다. 이는 역내 국가들의 책임 완수와 신뢰도 제고를 통해 원 아시아에 한 걸음 더 다가갈 수 있는 밑거름이 될 것이다.

일반적으로 교육, 보건 등 사회적 인프라에 비해 교통, 통신 등 경제적 인프라 및 산업 생산에 대한 직접 원조가 경제 성장에 미치는 영향력 높은 것으로 알려져 있다.

일본의 경우 막강한 경제력을 바탕으로 동남아시아 국가들에 대한 원조와 직접투자를 통해 이들 국가들과 수직적 생산네트워크를 형성해 밀접한 관계를 맺어 왔다.

한국도 2010년부터 전 세계 원조의 90% 이상을 제공하고 있는 선진 공여국들의 모임인 경제협력개발기구(OECD) 산하 개발원조위원회(DAC)의 24번째 회원국으로 활동하고 있다. 국제사회에서 한국의 지위가 '원조 수혜국'에서 벗어나 '선진 공여국'으로 격상된 것이다.

하지만 한국의 대외원조는 금액으로는 8억 달러가량이다. 많다면 많고 적다면 적은 금액이다. 하지만 원 아시아를 지향하는 입장에서는 턱없이 부족하다. 국민총소득의 0.1%로 개발원조위원회(DAC) 회원국 평균의 3분의 1 수준밖에 되지 않는다. 한국 정부도 대외원조 규모가 미흡하다는 점을 인정한다.

다만 당분간은 선택과 집중을 통해 효율적인 대외원조에 힘

**GMS 경제권 철도 노선 계획**

**GMS 국가경제 성장률 전망**

| 지 역 | 2009년 | 2010년 | 2011년 |
|---|---|---|---|
| 중 국 | 8.7% | 10.0 | 9.9 |
| 라오스 | 7.6% | 7.2 | 7.4 |
| 베트남 | 5.3% | 6.0 | 6.5 |
| 미얀마 | 4.8% | 5.3 | 5.0 |
| 태 국 | -2.3% | 5.5 | 5.5 |
| 캄보디아 | -2.5% | 4.8 | 6.8 |

출처 : IMF

쓸 수밖에 없다는 입장이다. 우선 주무부처 일원화 및 관련법에 대한 재정비를 통해 효율적인 대외원조시스템을 구축하되 지속적으로 공적개발원조(ODA) 규모를 늘려간다는 방침이다.

한국 정부는 특히 메콩강 유역(GMS, Greater Mekong Subregion) 개발 사업에 깊은 관심을 보이고 있다. 이미 GMS 개발 사업에 총 22억 달러에 달하는 ODA를 지원했으며 2015년까지는 지원 규모를 2010년의 세 배 수준으로 확대한다는 계획이다.

### GMS 개발 사업

GMS는 중국(윈난성, 광시좡족자치구), 미얀마, 라오스, 캄보디아, 태국, 베트남 등 메콩강을 끼고 있는 6개국을 말한다. GMS는 BRICs의 뒤를 잇는 차세대 성장축으로 떠오르고 있다.

중국을 제외한 메콩강 5개국 경제규모(GDP)는 2011년 4,470억 달러로 예상돼 10년 전(2001년, 1,600억 달러)에 비해 2.8배 증가할 전망이다. 인구는 2011년 3억 2,500만 명으로 EU(5억 명)와 북미(NAFTA, 4억 4,000만 명)의 뒤를 잇는 거대 경제권으로 손색이 없다. 더욱이 중·아세안(ASEAN) 자유무역협정이 2010년 1월부터 발효되면서 경제 통합에 더욱 속도가 붙고 있다.

## 변화가 필요한 아시아 성장 모델

| 아시아가 직면하고 있는 구조적인 문제점도 적지 않다. 무엇보다도 아시아는 균형을 잃은 성장 모델을 따르고 있다는 불안 요소를 안고 있다.

아시아의 성장 동력은 여전히 수출이다. 오랜 기간 동안 생산에만 주력했기 때문에 취약한 민간 소비에서 비롯되는 심각한 내수 부족 현상이 발생하고 있다. 지속적인 성장을 이루려면 무엇보다 성장 모델을 다시 짜야 할 필요성이 있다.

IMF에 따르면 아시아의 소비가 GDP에서 차지하는 비중이 1980년대 초에는 60%가 넘었지만, 2007년에는 50% 밑으로 떨어졌다. 중국의 소비 비중은 GDP의 38%에도 미치지 못하며, 일본의 민간 소비 비중 55%는 선진국 가운데 가장 낮은 수준이다. 내수가 더 강력하게 뒷받침해주지 않는다면, 생산에 치우친 기존의 성장 모델로는 버텨 낼 재간이 없다.

2008년 글로벌 금융위기를 겪으면서 수출에 타격을 입은 저소득 아시아 국가들과의 경제격차 문제도 심각한 고민거리다. 결국 보다 균형 있고 지속 가능한 성장을 하려면 역내 소비 위주의 모델로 전환해야 한다.

이런 문제를 해결할 수 있는 것이 원 아시아, 즉 아시아공동체 구성이다. 아시아 역내 경제에 있어서 독립성(Independence)과 상

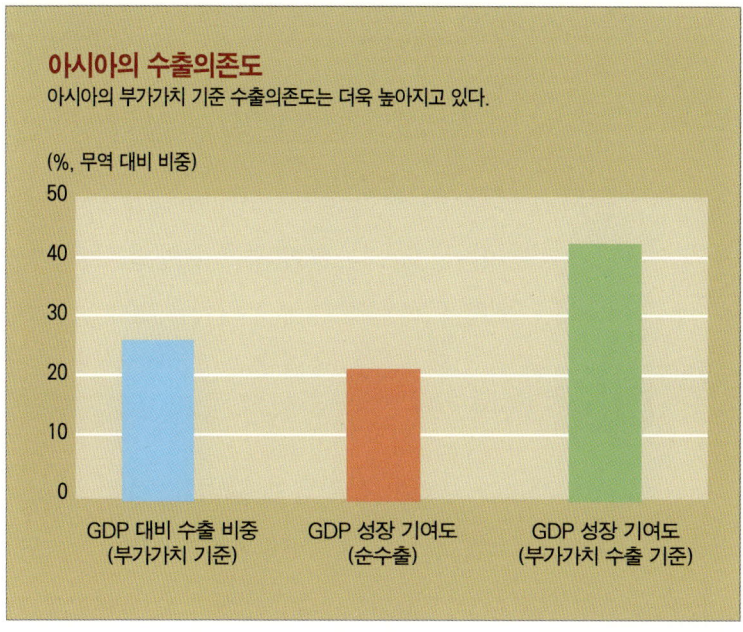

호의존성(Inter-dependence)을 동시에 강화해야 한다. 이를 위해 각국이 내수를 진작시키려는 노력과 함께 역내 차원에서도 외부의 경제적 충격을 완화할 수 있는 역내 내수시장의 외연적 확대조치를 지속적으로 추진해야 한다.

서방에 의존한 수출지향적 발전 모델이 이제껏 아시아에 급격한 부를 안겨 주었다면 이제는 아시아 역내의 소비 촉진을 통한 안정적인 성장을 도모해야 할 시점이 됐다.

## 아시아의 고민, 북한

| 북한의 중국 의존도가 갈수록 높아지고 있다. 북한 무역에서 중국이 차지하는 비중은 50%를 넘어선다. 통계청이 집계한 '북한의 주요 통계지표'에 따르면 남북 교역액을 포함한 북한의 전체 무역액은 2009년 50억 9,300만 달러로 이 가운데 중국과 거래액이 26억 8,100만 달러(52.6%)를 기록했다.

남북 교역을 제외한 북한의 무역액이 34억 1,400만 달러인 점을 고려하면 중국 의존도는 78.5%까지 치솟게 된다.

특히 천안함 폭침사건, 연평도 포격사건 등으로 한반도에 긴장이 높아지면서 북한의 대중국 의존도가 한층 높아진 것으로 알려지고 있다. 북한에서 가장 핵심적인 물자로서 다른 상품가격의 기준이 되는 쌀의 경우, 중국 위안화 환율과 정확히 연동되고 있다. 또 북한 주민의 일상적인 경제생활에서도 북한 원화보다는 중국 위안화 또는 미국 달러화가 우대받는 현상도 심하다.

또 북한은 무산철광 등 각종 천연자원 채굴권을 중국에 50년간 유상 부여하는 방식을 통해 자금난을 돌파하고 있어 통일 한국은 물론 원 아시아 구상에 큰 장애물이 될 것이라는 분석이 나오고 있다.

**북한의 대(對) 중국 수·출입**

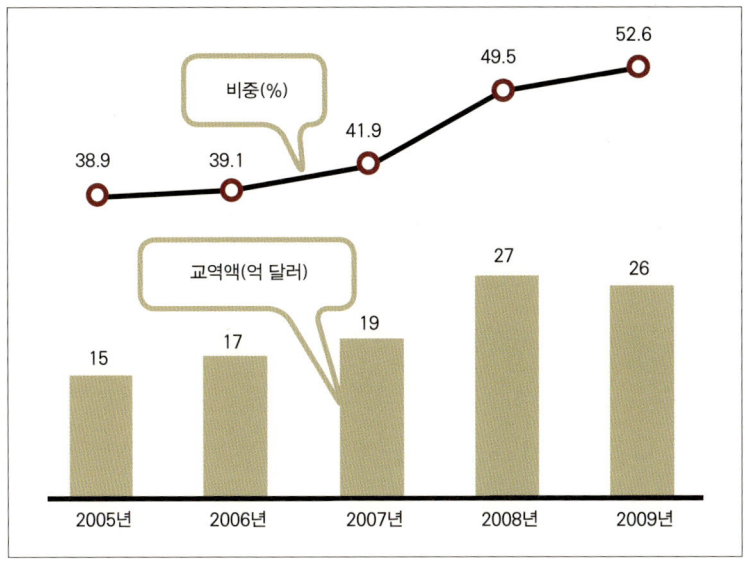

출처 : 통계청

경제적인 문제뿐만 아니라 북한의 핵무기 보유로 파생되는 정치·군사적 문제도 심각하다. 남북한 간의 안보 문제를 넘어서, 동아시아 전체의 평화구도를 뿌리부터 뒤흔들고 있는 탓이다.

## 미흡한 언론 자유

| 언론의 자유(Freedom of press)는 성숙한 개인이나 집단·조직 등이 다른 사람들에게 해(害)를 가져다 주지 않는 한 각자 원하는 대로 생각하고 의사를 자유롭게 표현할 수 있는 권리다.

이에 대해서는 자연권적 입장과 효용론적 입장의 두 가지 이론이 있다. 대부분의 국가들에게서는 자연권적 입장을 인정하면서도 다른 한편으로는 효용론적 입장에서 언론자유를 부분적으로 제한하는 경우가 많다. 한국도 헌법 제21조 제1항에서는 '모든 국민은 언론 출판의 자유와 집회 결사의 자유를 가진다'고 명시하면서도 제3항에서는 '언론 출판은 타인의 명예나 권리 또는 공중도덕이나 윤리를 침해해서는 안 된다'고 규정, 만약 이를 위반할 경우에는 법적 제재를 가하도록 해놓고 있다.

결국은 균형이 중요한데, 평균적으로 아시아는 서구에 비해 언론 자유를 제한하는 쪽에 치우쳐 있다. '국경 없는 기자단(Reporters without boarders)'에서는 매년 세계언론자유지수(World press freedom index)를 발표한다. 2010년 순위에서는 핀란드, 아이슬란드, 네덜란드, 노르웨이, 스웨덴, 스위스 등 6개국이 공동 1위로 뽑혔다.

이들 국가에서는 언론의 취재 및 보도활동에 있어서 국가의 부적절한 통제나 간섭 없이 자유로운 언론활동이 보장되고 있다는 의미다. 이에 비해 아시아 국가들 대부분은 중남미 국가보다 낮은 하위권을 차지하고 언론 자유가 심각하게 훼손되고 있는 것으로 드러났다.

아시아 지역에서 뉴질랜드(8위)와 일본(11위)을 제외한 나머지 국가들은 평가 대상 178개국 중 상당수가 100위권 이하에 몰려 있다. 특히 북한은 177위로 아프리카의 에리트레아에 이어 꼴찌에서 2위를 기록했다. 인터넷 사이트 접속 제한 등 공산당이 국가 전체의 정보를 통제하고 있는 중국 역시 171위로 최하위권이다. 50위 내에는 호주, 홍콩, 한국, 대만이 이름을 올렸을 뿐이다.

낮은 언론자유도는 원 아시아로의 진전을 막는 심각한 걸림돌로 작용하게 된다. 자유로운 의사표현이 제한된 상태에서 긴밀한 협의를 통해 공통의 기준을 구축해 나간다는 것은 매우 어려운 일이기 때문이다.

## KOF 세계화지수

스위스의 취리히 연방공대의 산하기관인 기업사이클연구소(KOF)가 발표하는 KOF 세계화지수는 아시아 국가들의 원 아시아화 정도를 가늠하는 데 많은 도움

**2010년 KOF 세계화지수 구성 변수**

| 변수 | 2009년 | 세부 구성 변수 | 구성비 |
|---|---|---|---|
| 경제적 세계화 (37%) | 실제 흐름 (50%) | - 무역(GDP 대비)<br>- 외국인 직접투자 흐름(GDP 대비)<br>- 외국인 집적투자 자산(GDP 대비)<br>- 포트폴리오 투자(GDP 대비)<br>- 외국인 임금 지불(GDP 대비) | 19%<br>20%<br>24%<br>17%<br>20% |
| | 제약 요인 (50%) | - 보이지 않는 수입 장벽<br>- 평균 관세율<br>- 무역세(당기수익 대비)<br>- 자본계정 제약 | 22%<br>28%<br>27%<br>22% |
| 사회적 세계화 (39%) | 인적 접촉 (33%) | - 해외로 거는 전화량<br>- 해외송금(GDP 대비)<br>- 국제관광<br>- 외국인 인구 수(전체인구 대비)<br>- 국제우편(1인당) | 26%<br>3%<br>26%<br>20%<br>25% |
| | 정보 흐름 (36%) | - 인터넷 사용자(인구 1,000명당)<br>- TV(인구 1,000명당)<br>- 신문 교역(GDP 대비) | 36%<br>36%<br>28% |
| | 문화적 접근 (31%) | - 맥도널드 매장 수(1인당)<br>- IKEA 매장 수<br>- 도서 교역(GDP 대비) | 43%<br>44%<br>12% |
| 정치적 세계화 (25%) | | - 국내 소재 대사관<br>- 국제기구 가입<br>- 유엔 안전보장이사회 임무 참가<br>- 국제 조약 | 25%<br>28%<br>22%<br>25% |

**KOF 세계화지수(1970~2007년)**

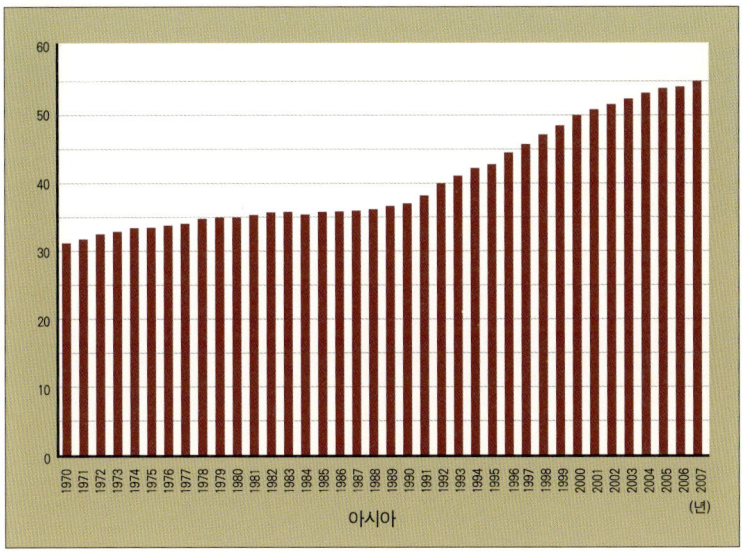

아시아

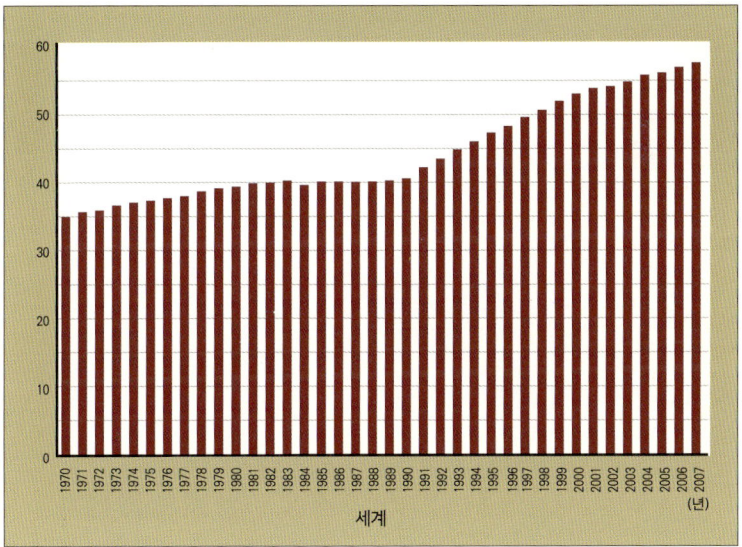

세계

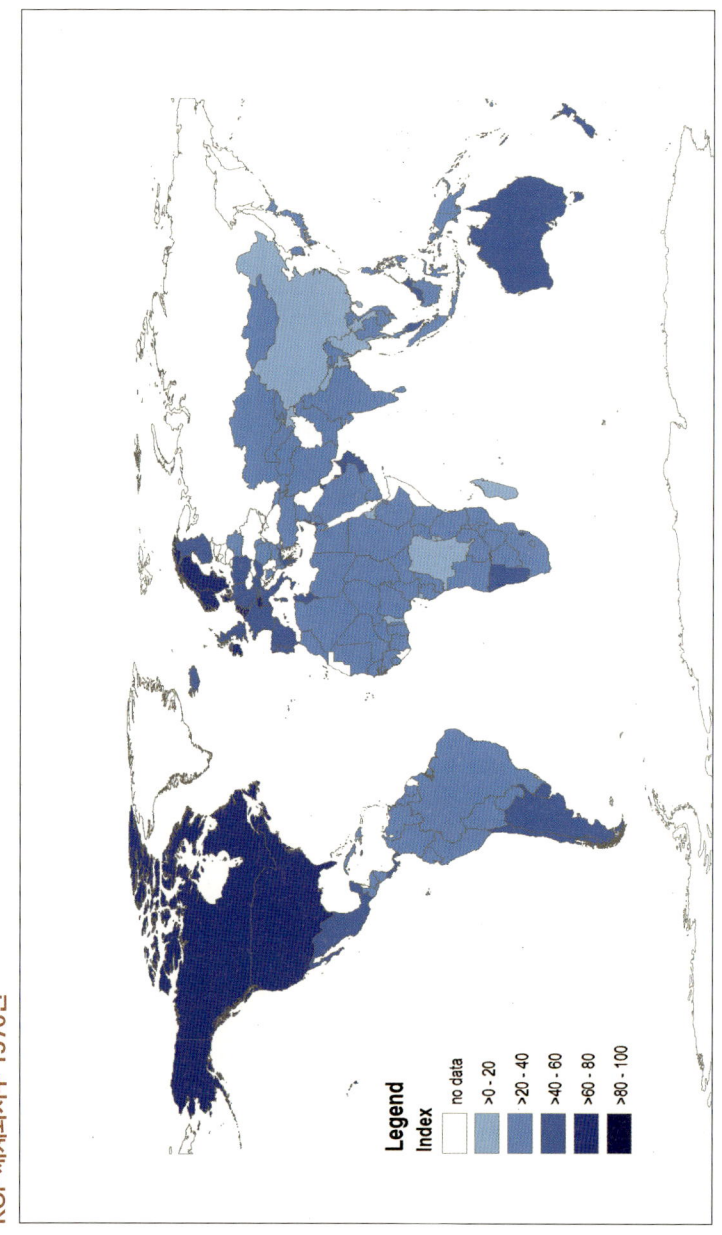

KOF 세계화지수 1970년

KOF 세계화지수 2007년

출처 : ETH Zurich DB

**Legend**
Index
- no data
- >0 - 20
- >20 - 40
- >40 - 60
- >60 - 80
- >80 - 100

PART V 원 아시아 액션플랜 243

을 준다. 세계화지수 자체만으로도 아시아 국가들의 대략적인 대외 개방 정도를 추론할 수 있다.

다만 세계화지수를 산정하는 데 사용된 변수들을 그대로 사용하는 것은 한계가 있다. 원 아시아에 아시아 각국이 얼마나 근접했는지를 살펴보기 위해서는 아시아적인 특성을 고려하여 새로운 구성변수를 산출한다.

예컨대 맥도널드 매장 수 대신 이마트 매장 수라든가 국제 기구 항목 중 아시아 역내 기구 가입 여부 등을 고려해 볼 수 있다.

SECTION 2

# 원 아시아의 핵
# 한·중·일

한·중·일 3국은 유구한 역사를 통해 세계 어느 지역과 비교해도 뒤떨어지지 않는 긴밀한 문화적 동질성을 보유하고 있다.

니얼 퍼거슨 하버드대 교수는 매일경제신문, mbn이 주최한 제11회 세계지식포럼에 참석해 "아시아통합을 위해서는 ASEAN(동남아국가연합)이 아니라 동북아시아통합이 선행되어야 한다"며, "ANEAN(동북아국가연합)이 원 아시아의 첫걸음이 되어야 한다"고 주장했다.

유럽통합 논의도 초기에는 6개국에서 시작됐던 것처럼 범위를 축소해야 통합에 이르기가 훨씬 쉽다는 것이다. 니얼 퍼거슨 교수뿐만 아니라 대부분의 전문가들이 동의하는 논리다. 굳이 ANEAN의 형식이 아니더라도 원 아시아의 첫 걸음은 한·

중·일이 모여 있는 동북아시아에서 시작될 것으로 예상되고 있다.

## 애증이 교차하는 한·중·일

| 한·중·일 3국이 공유하고 있는 대승불교와 유교의 철학은 사회질서를 지배하는 사상이자 정치의 근원이 됐다. 또 3국은 한자 문화권이기도 하다. 오늘날 중국은 중국식 약자인 간자체를 사용하고, 한국은 한글을, 일본은 히라가나와 가타카나를 개발함으로써 한자 문화를 통한 연대가 많이 약화되었다고는 하지만, 지난 수천 년간 쌓인 영향력은 여전히 상당하다.

한·중·일 3국은 유구한 역사를 통해 세계 어느 지역과 비교해도 뒤떨어지지 않는 긴밀한 문화적 동질성을 보유하고 있다. 그러나 지역협력을 위한 상호 간의 노력은 상당히 미흡한 상태다. 한·중·일 3국은 지역경제기구는 물론 그러한 기구 구성을 위한 기반인 지역정체성 또한 확립하지 못하고 있는 형편이다.

3국은 문화·역사적 공통점을 공유하고 있지만, 근현대사에서는 증오와 반목으로 점철돼 있다는 부인할 수 없는 현실에 직면해 있다. 20세기 초를 전후로 이들 3국의 관계는 독립적이고 상호보완적인 관계에서 지배적이고 종속적인 관계로 변질되었다.

역사적으로 가장 먼저 근대화에 성공한 일본은 조선을 식민지화하고 만주로 침략의 손길을 뻗쳐 나갔다. 그들의 침략정책은 동남아시아와 인도차이나로까지 확대되었다. 그러나 군국주의의 길을 걷던 일본은 미국과의 전쟁에 돌입하면서 패망의 길을 걷게 되었고, 한국과 중국은 독립과 해방을 맞이하게 된다.

제2차 세계대전이 끝난 시점에서 동북아시아의 운명은 유럽과 전혀 다른 양상을 띠게 됐다. 중국은 공산화가 된 반면 일본과 한국은 미국의 영향력 하에 들어갔기 때문인데, 이로써 이 지역에서의 문화·경제적 교류는 사실상 불가능하게 됐다.

이런 냉전체제에 따른 구조적 문제점 외에도 3국의 공동협력을 어렵게 만드는 또 하나 중요한 장애 요소가 있었는데, 바로 일본에 대한 한국과 중국의 민족감정이다. 20세기 한·중·일 3국 간의 '불행한' 역사적 경험은 최근까지도 지역경제공동체와 같은 협력의 구상조차 어렵게 만드는 요인으로 작용하고 있다.

## 한·중·일 FTA 우선 체결

경제력으로 보나 외교력으로 보나 아시아에서 한·중·일은 분명 힘이 센 나라임에 틀림없다.

하지만 원 아시아를 위한 토론장에 입장하는 순간 이들 세 나라는 한없이 작아져 그 힘을 발휘하지 못한다.

한·중·일 3국은 과거사 및 각국의 이해관계에 따라 티격태격한 관계를 반복하고 있기 때문이다. 오죽하면 ASEAN과 3국 정상회의 명칭이 ASEAN+3일까? 덩치 큰 3국이 ASEAN에 밀려 마치 부록(Appendix) 취급을 당하는 느낌을 지울 수 없다. ASEAN 10개국과 한·중·일은 또 각각 ASEAN+1 회의를 하고 있다. 따로따로 각개격파를 당하는 것이다.

하야시 야스오(林康夫) 일본무역진흥기구(JETRO) 이사장은 원 아시아의 가장 큰 걸림돌로 주저 없이 한·중·일 관계를 꼽는다. 하야시 이사장은 "한·중·일이 협력을 강화하지 않는 한 원 아시아로의 길은 요원하다"며, "이들 3국이 통합의지를 갖지 않는다면 원 아시아 논의는 추진 동력을 가질 수 없다"고 말했다.

한·중·일 3국이 협력한다면 여러 모로 상당한 시너지효과가 나타나게 될 것이다. 이들 3국은 전 세계 인구의 22.3%, GDP의 18.6%(2009년), 교역량의 16%(2008년)를 차지한다.

한·중·일 3국이 FTA를 체결할 경우 국내총생산(GDP) 규모는 10조 8,000억 달러로 유럽연합(16조 4,000억 달러), NAFTA(14조 2,000억 달러)에 이어 세계 3대 자유무역지대로 자리매김하게 된다. 또 3국이

### 한·중·일 국력 통계

| 구 분 | | 한·중·일 합산 | 세계 전체 | 비중(세계 대비) |
|---|---|---|---|---|
| GDP | 2008년 | 9조 6,984억 달러 | 60조 1,155억 달러 | 16.1% |
| | 2009년 | 10조 6,392억 달러 | 57조 2,610억 달러 | 18.6% |
| 외환 보유액 | 2009년 | 3조 6,925억 달러 | 7조 8,000억 달러 | 47.3% |
| 교역량 | 2008년 | 5조 2,212억 달러 | 32조 7,136억 달러 | 16.0% |
| 인구 | 2009년 | 15억 2,166만 명 | 68억 2,936만 명 | 22.3% |
| 국방비 | 2008년 | 1,554억 달러 | 1조 4,640억 달러 | 10.6% |

출처 : 외교통상부 '한·중·일 개황' 2010. 05

### 한·중·일 교역액(단위 : 달러)

| 구 분 | 1999년 | | | 2009년 | | |
|---|---|---|---|---|---|---|
| | 한국 | 중국 | 일본 | 한국 | 중국 | 일본 |
| 각국 교역량 | 2,635억 | 3,610억 | 7,954억 | 6,866억 (2.6배) | 2조 2,010억 (6.1배) | 1조 556억 (1.3배) |
| 3국 교역량 (세계 대비) | 1조 4,199억(12.7%) | | | 3조 9,432억(2.8배) | | |
| 3국 간 교역액 | 대 일본 | 대 한국 | 대 한국 | 대 일본 | 대 한국 | 대 한국 |
| | 400억 | 250억 | 388억 | 712억 (1.8배) | 1,557억 (6.2배) | 646억 (1.7배) |
| | 대 중국 | 대 일본 | 대 중국 | 대 중국 | 대 일본 | 대 중국 |
| | 226억 | 662억 | 662억 | 1,409억 (6.2배) | 2,279억 (3.4배) | 2,167억 (3.3배) |
| 3국 간 교역액 (총액) | 1,294억 | | | 4,385억(3.4배) | | |

출처 : 외교통상부 '한·중·일 개황' 2010. 05

FTA 체결 경제적 효과 전망

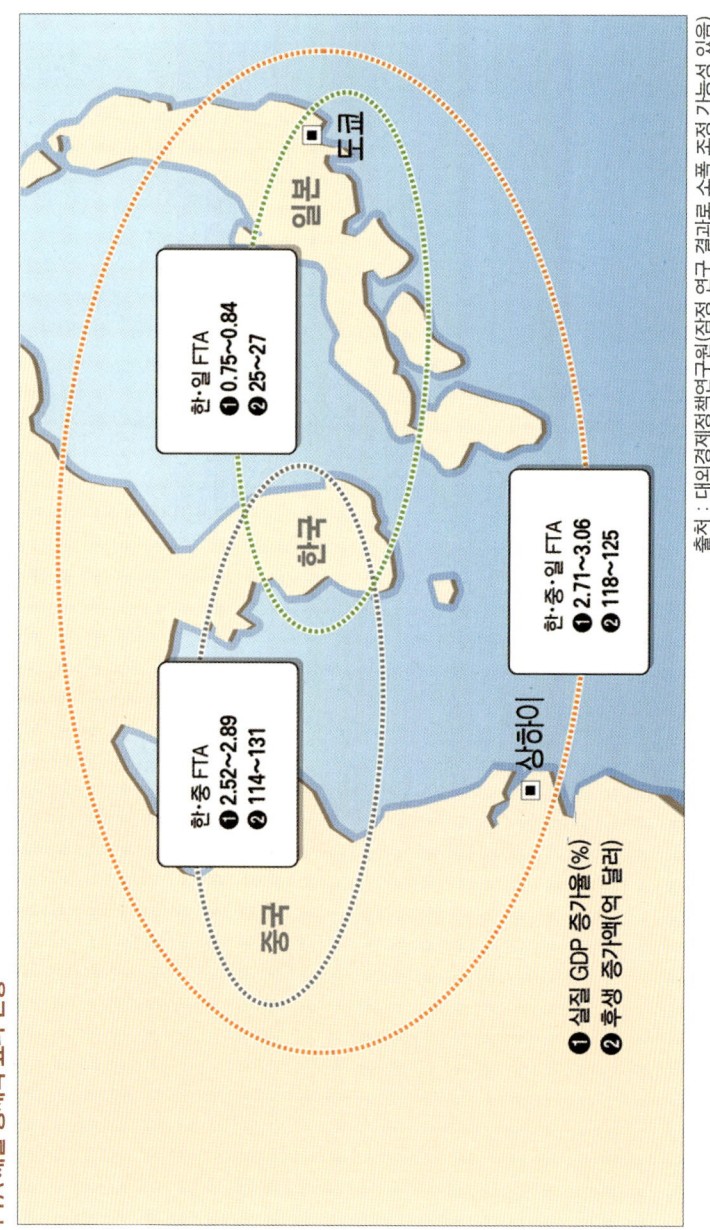

250

이미 ASEAN과 FTA를 체결했기 때문에 향후 동남아시아까지 포괄한 '원 아시아' 시장을 형성할 가능성이 커진다.

결국 관건은 막대한 공동이익에 대한 대오각성(大悟覺醒)이다. 이미 교역·투자·인적·교류 면에서 이들 3국 간 상호의존관계는 심화되고 있다. 한·중·일 FTA의 타당성을 검토하기 위한 산관학회의는 기초적인 의견 취합 단계를 넘어서 본격적인 타당성 분석에 들어간 상태다. 산관학회의는 2011년 3국 정상회의에 보고서를 제출하게 되는데, 그 보고서가 채택되면 한·중·일 FTA 논의는 본격적인 정부 간 협상으로 업그레이드된다.

아시아 교역의 70%를 차지하는 한·중·일 동시 FTA 체결은 진정한 원 아시아로 나아가는 초석이 될 것이다.

## 한·중·일 획기적 교류 확대

언제까지나 과거에 얽매여 있을 수는 없다. 이제는 앞으로 나아갈 때가 됐다. 역내 통합 효과에 따른 기대가 세계 어느 곳보다 크기 때문에 한·중·일 3국은 발전과 번영을 위해 지역 연합을 실현해야 한다는 인식을 공유하고 있다. 막대한 국부를 가지고 있는 일본이나 급속한 성장을 보이고 있는 중국은 유럽의 다른 여러 나라들처럼 통합의 절실함을 느끼고 있지 못할 수 있다.

　하지만 한·중·일 3국이 서로 협력할 때 보여줄 수 있는 놀라운 효과는 모두가 인정하는 바다. 세계 경제의 블록화가 확산되고 있는 상황에서 다른 나라와의 긴밀한 협력관계 없이 개별 국가가 이득을 보는 것은 매우 힘들기 때문이다.

　한·중·일 3국이 과거의 불행을 잊고 손을 맞잡기 위해서는 획기적인 저변 확대 노력이 필요하다. 정부 및 전문가 중심의 교류와 함께 민간 차원의 교류를 확대해 다양한 분야에서 협력을 유도함으로써 공동체 의식을 고양할 필요가 있다.

　한·중·일 3국의 화합은 경제적 측면을 넘어 비경제적인 분야로 원 아시아 논의가 확장되는 토대를 제공할 것이다. 안보적 측면에서는 동북아 3국 사이의 지역 협력을 바탕으로 한반도 안보체제를 구축하고, 문화적 측면에서는 3국 공통의 가치 창출을 통해 세계화 추세에 공동 대응할 수 있어야 한다.

　이 모든 노력의 출발점이자 대전제는 '우리는 하나가 될 수 있다'는 인식이다. 구체적인 추진방안으로는 원 아시아를 위해 마련한 각종 프로젝트를 한·중·일 3국에 먼저 적용하는 것만으로도 충분할 것이다.

## 한·중·일 경제격차는 기회

| 순수하게 경제적 측면에서는 한·중·일 3국 간 경제 발전의 차이가 이 지역 경제 통합에 제약 요인이 되고 있다. 일본은 고도로 발달한 선진 공업국이며, 한국은 경제 발전에 있어 중상위 층에 속하는 국가이고 중국은 전반적으로 여전히 개발도상국이다. 이러한 차이는 경제, 관습, 사회간접자본 등과 같은 다양한 측면에서의 부조화를 표출하여 지역경제 통합을 어렵게 하는 요인으로 작용할 개연성이 농후하다.

더욱이 중국은 여전히 국가의 경제 간섭, 불투명한 상거래 관행, 관료적 형식주의(Red Tape) 등을 사회주의의 유산으로 가지고 있다. 그러나 이러한 발전 정도의 차이는 한·중·일 3국의 노동 분업의 이익을 최대화하는 기회를 제공할 수도 있다. 일본은 자본과 기술을 가졌고, 한국은 어느 정도의 자본과 기술, 그리고 개발 경험을, 중국은 풍부한 노동과 거대한 시장을 보유하고 있어 상호 보완적인 역할을 기대할 수 있다.

한·중·일 3국 가운데 가장 낙후된 중국이 변화 속도가 매우 빠르기 때문에 경제적인 측면에서 3국 간 경제 협력의 가능성도 점차 커지고 있다. 동북아 지역경제 통합은 한·중·일 3국 경제에 긍정적인 효과를 가져 올 것이다. 일반적으로 일본은 자본

집약재 생산, 한국은 자본재 및 중간재 생산, 그리고 중국은 소비재 생산으로 특화해 갈 것으로 예상된다.

한·중·일 3국은 현재 내부적 이유로 각기 산업구조조정을 추진하고 있다. 일본은 생산기지의 해외 이전에서 보듯이 장기간의 경제 불황에서 탈출하는 것이 경제적 당면 과제다. 이를 위해 최근 들어 전방위적인 제조업체제의 구조에서 변화를 보이고 있다. 중국은 생산성 향상을 위해 비효율적 공기업의 민영화를 계속 추진하고 있다. 한국은 소득 3만 달러 시대로 진입하기 위해 산업구조 고도화를 추진 중이다. 3국 사이의 산업구조조정을 통한 분업체계의 구축은 마찰 없는 역내 교역의 확대를 가져올 뿐만 아니라, 무역수지를 바람직한 균형에 이르게 할 것으로 기대되고 있다.

# SECTION 3
# 원 아시아 실현을 위한 액션플랜

원 아시아로 가기 위해서는 작고 쉬운 것부터 협력해 나아가야 한다. 우선 보건·교육·인재 양성과 같이 갈등 소지가 적은 분야부터 시작하는 것이 바람직하다. 연쇄적인 미니뱅으로 통합의 진정성을 아시아 역내 국가들이 확인해 나가는 과정이 필요하다.

## 원 아시아 TEE 패러다임

| 원 아시아를 위해서는 매일경제신문이 2003년 제9차 국민보고대회에서 발표했던 TEE 패러다임 [신뢰(Trust), 경제적 자유(Economic Freedom), 기업가정신(Entrepreneurship)]을 구성하는 요소들에 신경을 써야 한다.

신뢰지수를 구성하는 요소로는 정부정책의 투명성, 부패와 뇌물지수, 노사관계, 노사분쟁, 종업원 교육, 주주권익의 보호, 금융기관 투명성, 관리자 신용도, 주주가치, 삶의 질 등 모두 21

개 항목이 있다.

경제적 자유 지수를 나타내는 요소로는 GDP 대비 세금수입, 법과 규제의 틀, 관료주의, 보호주의, 경쟁 규제, 상품과 서비스 규제, 노동 규제, 외국인 투자 규제, 외국인 투자 인센티브, 산학 지식 이전 등 39개 항목이 있다.

기업가정신 지수를 구성하는 요소로는 실질법인세, 자본조달 비용, 벤처캐피털, 개방에 대한 태도, 기업 설립, 국민들의 유연성, 문화의 개방성 등 26개 항목이 있다. 앞에서 말했던 모든 요소들을 포함하는 것이 바로 TEE 패러다임 지수라 할 수 있을 것이다.

TEE 지수를 구성하는 요소들을 높이기 위해서 아시아 각국

---

**TEE 지수**

스위스 로잔에 위치한 국제경영개발연구원(IMD)이 매년 발표하는 국가경쟁력보고서의 평가 항목을 재분류하여 기업하기 좋은 나라를 결정하는 3대 변수를 신뢰(Trust), 경제적 자유(Economic Freedom), 기업가정신(Entrepreneurship)으로 정리하고 이 세 가지 항목의 첫 글자를 따서 만든 지수이다.

이 노력한다면 자연스럽게 국가의 질이 높아질 것이고, 원 아시아로 가는 초석이 차근차근 다져질 것이다.

아시아 교역의 70%를 차지하는 한·중·일의 협력은 원 아시아 구성에 반드시 필요하다. 한·중·일은 세계 인구의 22.3%, GDP의 18.6%(2009년 기준)를 차지하고, 총 경제규모도 NAFTA와 EU에 이어서 세계 3위에 해당하는 경제권이다. 이러한 한·중·일이 동시 FTA 체결을 이룬다면 원 아시아는 강력한 힘을 받아서 급속도로 추진될 것이다.

처음부터 모든 분야에서 통합을 이루려고 욕심을 부리기보다는 EU 통합 과정에서 볼 수 있듯이 아시아도 경제 통합부터 이루고, 정치 및 문화적 통합까지고 이루는 단계를 밟아가야 한다. 이미 논의가 진행된 CMIM(치앙마이 이니셔티브 다자화) 기금 조성, ADB 역할 확대, 아시아 신용평가기관 설립, AMF(Asian Monetary Fund) 창설을 통해서 하나 된 아시아 실현을 위해서 노력해야 한다.

아시아보건기구라든지 아시아통계처, 아시아비즈니스스쿨 등 아시아 협력을 위한 다양한 기구를 만들어서 각국이 협력 가능한 분야부터 차츰차츰 협력을 이뤄나가는 것이 중요하다.

유장희 이화여대 명예교수가 제안한 'FEEL Asia'의 개념도 그러한 노력의 하나다. 이 개념은 한-ASEAN 현인그룹에서 논의됐고, 정상들에게도 보고됐다.

유 교수는 상호협력(Fellowship), 교육(Education), 친환경(Environment), 통

상 확대(Liberalised Trade)라는 4가지 가치를 동아시아공동체 형성 과정에서 공통적으로 증진할 가치로 제시했다. 유 교수는 "아시아 국가들은 금융위기가 닥쳤을 때 여러 제약 속에서도 과욕을 부리지 않고 스스로의 능력을 갖고 경제 회복 노력을 기울인 결과 비교적 성공적으로 이를 극복했다"며, "FEEL Asia는 아시아의 철학을 느껴보라는 자신감의 표현"이라고 말했다.

이런 아시아적 정신 가치에 교집합이 있는 국가들을 아시아로 분류해야 한다는 의미다.

## 원 아시아 스탠더드 구축

| 원 아시아로 가기 위해서는 작고 쉬운 것부터 협력해 나아가야 한다. 우선 보건·교육·인재 양성과 같이 갈등 소지가 적은 분야부터 시작하는 것이 바람직하다. 연쇄적인 미니뱅으로 통합의 진정성을 아시아 역내 국가들이 확인해 나가는 과정이 필요하다.

유럽연합(EU)의 싱크탱크인 유럽정책연구센터(CEPS) 표트르 카진스키 연구위원은 "무조건 잔걸음으로 가야 한다. 큰 걸음은 반드시 실패한다"고 말했다. 카진스키 위원의 확신은 EU통합의 역사에서 비롯된 것이다.

1951년 유럽석탄철강공동체(ECSC) 출범부터 구체화된 EU 통합 과정은 정치 통합을 의미하는 리스본 조약이 발효될 때까지 반세기 이상을 소요했다. 유럽인들의 인내심이 뛰어나기 때문에 EU 통합이 이뤄질 수 있었다는 평가도 나온다. 하지만 EU도 처음에는 큰 걸음으로 속전속결의 전략을 펼쳤었다. 그런 시도가 실패했기 때문에 어쩔 수 없이 긴 시간을 끌게 된 것이다.

ECSC 출범에 참여한 독일, 프랑스, 이탈리아, 벨기에, 룩셈부르크, 네덜란드 6개국은 1950년대에 곧바로 정치 통합을 시도했다. 군대와 경찰력까지 갖춰 미국처럼 '유럽합중국'을 만들려 한 것이다. 하지만 이 시도는 곧 실패했다. 어느 나라 지도자가 연방을 이끌지 등을 두고 서로 손해를 보지 않겠다는 비타협적 자세를 취하는 바람에 논의 자체가 무산된 것이다. 큰 걸음으로 당장 이뤄질 것처럼 보였던 유럽의 정치 통합은 결국 60여 년을 더 소요하고서야 결실을 맺게 됐다.

EU에 비해 걸림돌이 더 많은 아시아통합은 반드시 작은 걸음으로부터 시작해야 한다. 모든 것을 한꺼번에 해결하는 것은 거의 불가능하다. 작지만 조금씩 의미 있는 변화를 이뤄내야 큰 저항 없이 목표에 도달할 수 있다는 게 전문가들의 공통된 지적이다.

'빅뱅(Big Bang)'보다 '미니뱅(Mini Bang)'을 터뜨리는 전략이다.

## '아시아연합통계처(Asiastat)' 창설

유럽에서는 EU통합까지 가는 과정에서 가장 먼저 만든 조직이 1953년 설립된 유럽통계처(Eurostat)다. 초기 유럽통계처는 석탄·철강과 관련된 통계로 출발했다. 그러다가 차츰 유럽 전역에 필요한 국가 통계를 생산해내면서 EU통합에 결정적 기여를 하게 된다. 현재의 유럽통계처는 EU의 유지와 주요 경제문제에 대한 유럽의 중심 역할을 하고 있으며, 세계적으로 영향력이 큰 통계기구로 발전하고 있다.

경제 통합과 과학기술 협력은 역내 통계의 표준화 없이는 불가능하다. 3국 협력 사무국이 한국에 들어설 수 있도록 사무국 내에 아시아통계팀을 운영하는 방안을 검토해야 한다.

이를 발전시켜 아시아연합통계처(Asiastat)를 설립한다는 포석이다. 아시아통계조직을 구상할 때에는 북한통계도 염두에 두어야 한다. 현재 국가통계로서 가장 폐쇄적이고 신뢰성이 떨어지는 나라가 북한이다. 북한통계를 제대로 추스르는 일은 한반도의 통일, 더 나아가 원 아시아 실현에 필수적인 단계가 될 것이다.

## 표준화로 각국 교류 활성화

| 아시아 역내에서 관세사, 간호사 등 전문직 자격증을 상호인증하는 '표준화(Standardization)'를 통해 각국 고급 인력 교류를 늘리는 한편 서로 다른 제도를 균질화할 수 있다. 또 하나의 표준화는 연쇄반응을 일으키며 다른 분야의 표준화를 촉발시키게 된다.

예컨대, 자격증 상호인증(MRA)은 대부분의 자유무역협정(FTA)에서 중요한 의제로 다뤄진다. 그러나 자국 고용시장이 교란될 우려 때문에 늘 논의만 되다가 흐지부지되는 경향이 있다. 짧고 좁은 시각 때문이다.

자격증 상호인증은 그 자체로 상당한 효율을 발휘한다. 세관 업무도 그런 예가 될 수 있다. FTA를 발효하면 서로 다른 특혜관세율, 원산지 규정 때문에 기업들이 극심한 혼란에 시달린다. 하지만 관세자 자격을 일원화하거나 상호인증해준다면 혼란을 획기적으로 줄일 수 있다. 그뿐 아니라 원산지 기준의 아시아 표준을 만드는 데도 큰 기여를 할 수 있다.

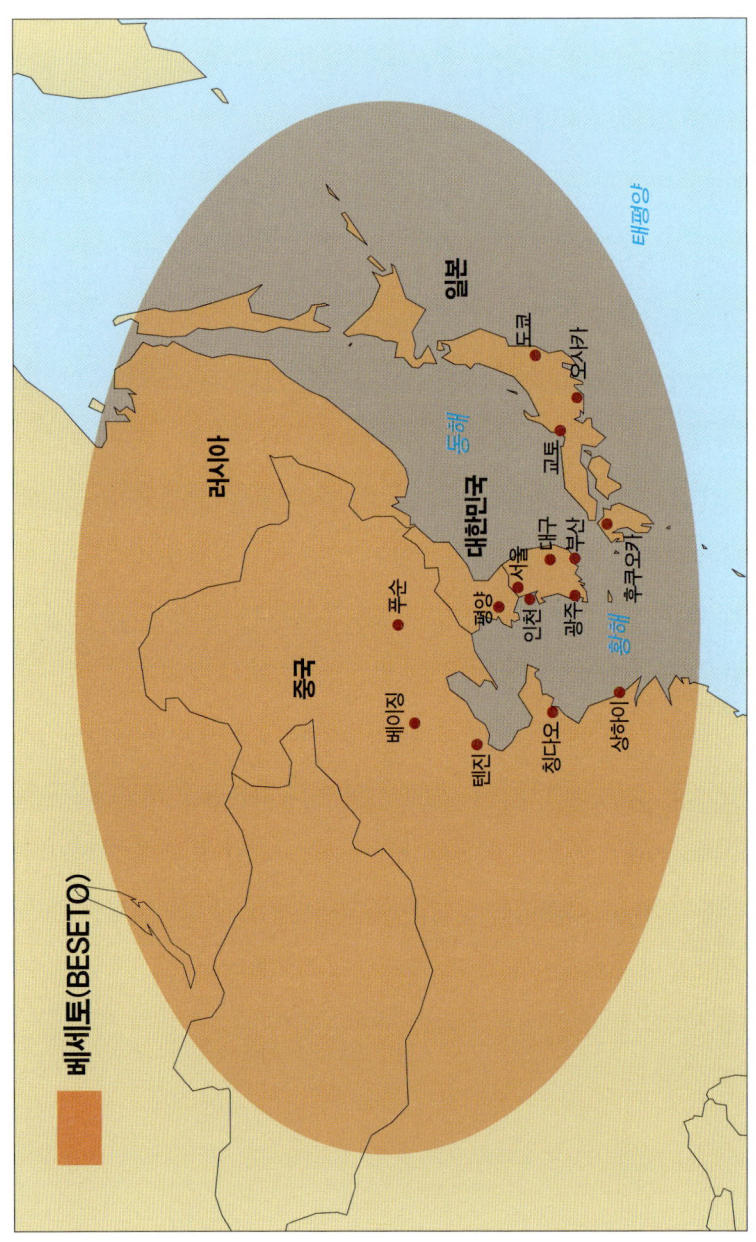

## 초광역경제권 활성화

| 국가와 국가 간(Nation to Nation)에 형성되는 통합경제권이 아니라 초국가적 지역(Local to Local)을 잇는 통합경제권을 실현하는 방안도 원 아시아를 실현하는 밑거름이 될 수 있다.

대표적인 사례로 외레순 대교로 연결된 스웨덴 말뫼와 덴마크 코펜하겐을 들 수 있다. 두 국가는 서로 자유로이 넘나들며 경제활동을 벌임으로써 시너지를 창출하고 있다. 싱가포르, 말레이시아, 인도네시아를 잇는 '시조리(SIJORI)' 삼각지대도 초광역경제권의 성공적인 사례로 꼽힌다.

시조리 삼각지대는 싱가포르(Singapore), 말레이시아 남부 조호르(Johor)주, 인도네시아의 리아우(Riau)주의 앞 글자를 딴 말이다. 이들 지역 사이에는 엄연히 국경이 존재하지만 노동력·자본·원자재 교류가 활성화되며 국경의 개념이 없어졌다. 자전거로 국경을 넘어 필요한 노동력이 제공되고, 산업 자본이 균형을 이룸으로써 결과적으로 3국 모두의 이익이 되고 있다.

베세토 벨트도 그런 초광역경제권으로 발전될 잠재력을 갖고 있다. 베세토 벨트란 1990년대에 한창 논의됐던 구상으로 '베이징(Beijing)-서울(Seoul)-도쿄(Tokyo)'를 합친 말로 베이징의 값싼 노동력, 서울의 눈부신 IT산업, 도쿄의 풍부한 자본과 기술력을 합친 삼각구도를 중심으로 하는 구상이다.

베세토 벨트 지역은 경제와 산업물류의 중심지가 될 가능성이 상당히 큰 지역이다. '중국-한국-일본'을 오가는 무역에서 막대한 이익이 발생하고, 많은 물자와 사람들이 이동하기 때문에 부가적으로 거두는 효과가 크다.

베세토 벨트에 속한 지역 중 하나인 인천의 경우 국제공항이 허브기능을 하면서 3~5시간 비행거리 안에 인구 100만 명이 넘는 도시가 43개나 분포하고 있으며, 항구의 기능도 하기 때문에 중국과 일본을 오가는 경우가 많이 생긴다. 그리고 이 지역은 세계의 어느 블록보다도 규모 면에 있어서 압도적으로 크다. 인구 20만 명 이상의 도시가 77개나 있고, 도시권 거주자만 해도 1억 명이 넘는다.

특히 이 벨트 속에서 한국이 중심에 위치해 있기 때문에 중국에서 일본으로 가는 인구, 물자 등도 한국을 경유해서 가게 된다. 중국에서 배로 직접 출항하는 것보다 한국을 경유해서 가면 그만큼 물류이동비용을 절약할 수 있다. 게다가 통일이 되어 기차를 이용할 수 있다면 물류비용 절감효과는 더욱 커진다.

한국은 반도국으로서 해양에서 대륙으로, 대륙에서 해양으로 이동하는 지점에 위치해 있어 베세토 벨트에서 지정학적으로 가장 중요한 곳을 차지하고 있다. 사실 이 벨트는 한·중·일 사이의 경제관계가 급격히 확대되면서 현실화됐다. 동아시아의 3

국은 서로 경제적인 측면에서 많은 의지를 하고 있어 협력은 자연스럽게 이루어지고 있다. 다만 블록화가 되기보다 자국의 이익을 추구하면서 생겨난 협력인 것이 아쉬운 점이다.

## 아시안 프리패스 카드를 만들자

통합은 결국 사람문제다. 인적 교류의 장벽을 낮추면 낮출수록 통합은 가까워진다. APEC에서 회원국 간 경제 교류를 확대하기 위해 도입한 APEC 기업인 여행카드(ABTC, APEC Business Travel Card)제도는 그런 모범사례다.

ABTC 카드 보유자는 APEC 회원국 중 미국, 캐나다, 러시아를 제외한 18개국을 비자 없이 입국이 가능하다. 또 가입국 공항 내 별도 심사대를 통해 신속한 출입국이 가능하다. 1997년부터 발급이 시작된 이 카드 보유자는 현재 약 8만 8,000명에 달한다.

우리나라도 일정 규모 매출·투자 실적이 있는 8,400여 명의 기업인을 대상으로 카드를 발급하고 있다. 법무부 관계자는 "ABTC카드 발급 순위는 우리나라가 호주, 홍콩, 베트남에 이어 4번째"라며, "특히 입국 시 비자가 필요한 중국 등을 방문할 때 편리하다"고 말했다.

이런 제도를 확대·발전시켜 경제 분야에 가칭 '아시안 프리패스 카드'를 만드는 것이 방법이 될 수 있다.

ASEAN 국가들이 국경을 허물기 위한 발걸음을 시작했다. 태국은 라오스, 베트남과 24시간 국경 통과시스템 구축을 시작으로 세관 간소화 등을 추진하고 있다. 유럽연합의 탄생에 가장 기여한 것이 이렇게 국경의 벽을 낮춘 조치였다. 역내 내수시장을 육성하기 위해서도 인적교류 활성화와 물류 인프라 통합은 필수불가결한 선결과제다.

## 아시아 금융협력 확대

| 중국과 일본은 역내경제감시기구(AMRO, Asean+3 Macroeconomic Research Office)의 총괄 디텍터 자리를 놓고 치열한 경합을 벌였다. AMRO는 'ASEAN+3' 국가들의 경제 상황에 대한 평가를 담당한다. 위기에 처했거나 위험에 처한 국가를 대상으로 자금을 지원할지 여부를 판단하는 기능을 갖게 된다.

이른바 '아시아통화기금(AMF)' 설립에 모태가 될 기구다. 그러나 중국·일본의 파워 게임이 계속되며 출범부터 난항을 겪고 있다. 이런 상황이 전개될수록 한국의 역할론이 부각된다.

이토 다카토시 도쿄대 경제학과 교수는 매일경제신문과의 인터뷰에서 "AMRO 인사문제는 정치적인 문제"며, "이런 이슈 등에 대해 한국이 중국과 일본, 동남아 국가들 사이에서 가교 역할을 해야 한다"고 강조했다.

채권 분야 협력은 이제 기사적인 성과를 내고 있다. 앞으로는 이를 넘어서 자본 시장 전반에 협력을 강화해 나가야 할 때다. 아시아는 전 세계에서 외환보유액이 가장 풍부한 지역이다. 역내 위기를 맞았을 때 스스로 치유할 수 있는 자본이 있다. 위기를 방지하기 위해 쌓아놓은 역내 자본을 어떻게 효율적으로 활용할 것인가에 대한 정교한 준비가 필요하다. 김한수 자본시장연구원 국제금융실장은 "자본 유출입이 다른 국가에 어떤 영향을 주는가가 중요한 금융 협력 의제가 될 것"이라며, "과도한 외환보유고 축적을 줄이고 금융안전망 구축 방안에 대한 논의를 심화시키는 것이 중요하다"고 말했다.

이런 관점에서 실제로 유로(Euro) 같은 공통화폐를 발행하지 않고 거래에 따른 대차만 산출해 회계하는 ACU[27] 같은 방식은 심

---

[27] ACU(Asia Currncy Unit)는 아시아 주요국 통화를 바스켓 형태로 편입시켜 적정 환율을 산정하는 방식이다. 아시아개발은행(ADB)이 아시아통화단위(ACU)를 산출·공표하자고 제안했다. 아시아지역에서는 기존의 엔화, 위안화보다 새로운 단일통화를 도입하는 방안이 현실적이라는 데 인식을 같이하고 한국과 일본, 중국이 중심이 돼 상당한 진전이 이루어져 왔다. 아시아 단일통화의 사전단계로 아시아통화제도(AMS)에 의해 각국 간의통화가치를 일정범위 내로 수렴시킨 뒤 아시아중앙은행(ACB)을 설치해 경제여건이 비슷한 국가부터 우선적으로 단일통화를 도입·확대시키는 '단계별 밴드제(Two or Three-way Band System)'를 추진하는 과정을 거칠 것으로 예상된다.

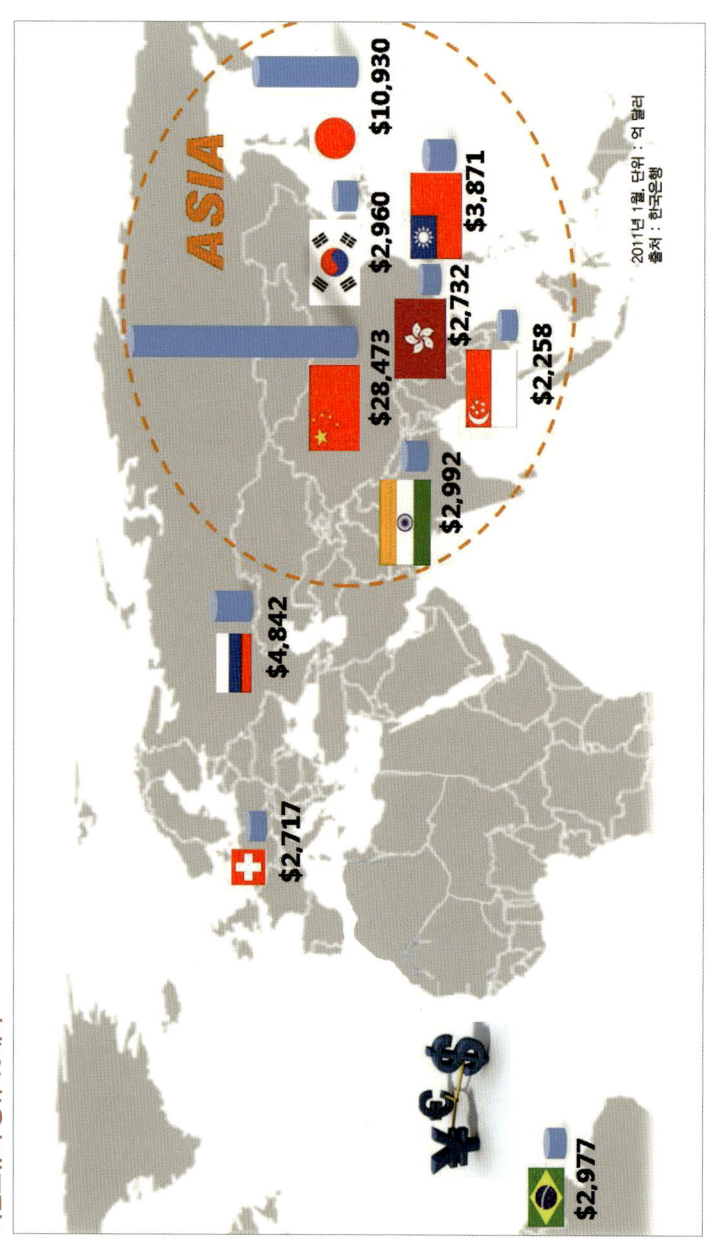

도 있게 검토해볼 만하다. 한·중·일 3국은 4조 3,000억 달러에 달하는 외환보유고를 거의 대부분 달러 형태로 갖고 있다.

3국이 보유한 외환보유고와 다른 외화 자산, 자국이 발행한 채권, 금이나 유로까지 배합하여 IMF의 SDR[28]처럼 아시아의 공동통화의 전신인 ACU를 창출할 수 있을 것이다. ACU를 활용하면 한·중·일 3국은 달러화 가치급변에 따른 재앙을 막을 수 있는 수단을 얻게 된다.

물론 ACU는 달러나 SDR 스위스프랑 같은 가격에 연동시켜 가격을 정하면 될 것이다. ACU 도입이 성공한다면 굳이 천문학적 규모의 달러 자산을 쌓아놓을 필요가 없다. SDR을 인출하듯 필요하면 꺼내 쓰면 될 것이기 때문이다.

현재 달러 형태의 외환보유고는 대개 미국 재무성증권(TB)에 재투자하는데 이자율이 얼마 안 된다. 역마진 우려마저 감수해야 할 판이다. 보유국으로 서는 기회비용의 손실이 크다. 만약 쌓아놓은 외환보유고를 아프리카 유전 매입이나 유망한 곡물투자 등에 쓴다면 국가복지도 늘어나고 전 인류적으로 볼 때 좋은 일자리 창출에도 도움이 될 것이다.

---

28) SDR(Special Drawing Rights, 특별인출권)은 국제유동성 부족에 대비하기 위해 국제통화기금(IMF)을 도입한 가상의 국제준비통화다. IMF 회원국은 일정액을 출연해 SDR을 보유하고 있다가 국제수지 악화 등으로 경제가 어려워지면 인출해 갈 수 있는 권리를 갖게 된다. 1SDR의 가치는 IMF가 4개국(미국, 유럽, 영국, 일본) 통화를 가중 평균해서 산정해 고시한다.

## 아시아 역내 공동투자 펀드

| 비교적 소득 수준이 비슷한 유럽 국가들과 달리 아시아 국가들 간에는 현격한 경제력 수준 격차가 있다. 이것이 원 아시아를 가로막는 주원인이기도 하다. 이런 벽을 허물기 위해서는 '개발' 분야의 협력 확대가 중요하다.

1990년대 말 아시아를 강타한 외환 위기는 역내 금융 협력의 중요성을 일깨워줬다. 이런 상황은 '치앙마이 이니셔티브 다자화(CMIM)' 체제 마련을 이끌어냈다. 개발 분야에서 협력이 이뤄지지 않으면 원 아시아 논의는 원점으로 돌아갈 수밖에 없다. 개발 분야에서 만큼은 금융 분야처럼 '소 잃고 외양간 고치기'라는 우를 범하지 말자는 것이다.

개발 분야 협력은 결국 투자자금의 문제다. 이제까지는 아시아개발은행이 밑그림을 그리고 일본, 미국, 중국 등이 자금을 지원하는 단순한 지원체제로 개발 사업이 이뤄져왔다. 그러나 원 아시아를 위해서는 국경을 넘어선 협력이 필요하다.

기획재정부 관계자는 "아시아 역내 투자에 나설 때 한국·중국·일본을 주축으로 각국의 장점을 살려 효용을 극대화하는 공동 인프라투자 펀드를 만드는 안을 고려해볼 만하다"고 말했다. 일본 국제협력은행(JBIC) 등 수출입은행과 유사한 기능을 하는 각국의 수출보증기관 간 프로젝트별 협력 사업을 확대하는 것도 중요한 과제다.

## 에너지 공조 체제 확립

| 21세기에 들어 에너지는 국가의 경쟁력을 가늠할 수 있는 척도가 되었다. 에너지 변동성이 확대되면서 이를 둘러싼 세계 각국의 이해관계가 글로벌 정세에 큰 변화를 가져왔기 때문이다. 중국, 인도 등 거대 인구를 가진 신흥국가들이 본격적인 경제 발전의 단계에 들어서면서 에너지 수요가 급증하고 있는 반면, 공급의 안정성은 저하되고 있다.

따라서 에너지 가격 상승을 부추기고 있다. 원유부국 중동을 비롯해 러시아 등 자원보유국에서는 자원민족주의가 확대되면서 이에 대한 통제가 강화되고 있고 중국의 '묻지마'식 에너지 쇼핑은 에너지 시장의 질서를 더욱 어지럽히고 있다.

자원 확보 경쟁이 심화되면서 에너지는 시장 논리를 벗어나 정치화되고 있는 것이다. 비단 한 국가의 경제력만으로 해결할 수 있는 문제가 아니라 다각적인 외교력을 필요로 한다. 따라서 이런 경쟁에서 살아남을 수 있는 가장 좋은 방안은 역내에 굳건

한 공조체제를 유사시 상호 보완 가능한 에너지 네트워크를 구축하는 것이다.

한국의 경우 높은 에너지 해외의존도, 에너지 다(多)소비형 산업구조 등 취약한 기반을 가지고 있다. 대한민국은 세계 10위의 에너지 소비국이자 세계 5위의 원유 수입국, 세계 2위의 석탄 및 천연가스 수입국이다. 한국뿐만 아니라 동북아시아 3국은 거대 에너지 소비국임에도 불구하고 수급 구조는 매우 취약한 상태이다.

에너지 수급 문제를 여실히 보여준 사건이 바로 2011년 3월 일어난 일본 대지진이다. 연구에 따르면 대지진 이후 원전의 안전성 문제가 불거져 주요 원자력 발전국의 원전 확대 계획이 재검토되는 등 화석에너지 의존도가 심화될 가능성이 있는 것으로 나타났다.[29] 역내 천연가스 스왑체계를 만드는 등 LNG 수입국 사이의 공조 체제를 갖춰야 할 필요성이 제기되고 있는 것이다.

더욱이 원전 안전성 논란으로 화석에너지 자원의 안정적 확보 중요성이 더욱 강조되어 글로벌 자원 확보 경쟁을 더욱 심화시키는 방향으로 작용할 수도 있다. 따라서 수급불안 요인이 있는 만큼 한·중·일 3국이 안전한 원자력 이용과 LNG 스왑체

---

29) 에너지경제연구원, 〈일본 대지진의 세계 에너지부문 파급영향 및 정책적 시사점〉, 2011

계를 구축하는 등 긴밀히 공조해야 한다.

동북아 지역의 평화와 공동번영을 위해서는 한·중·일 3국의 취약한 에너지 수급 환경을 개선하고 중국과 일본 간의 경쟁구도 또한 협조체계로 전환해야 한다.

## 리더십프로그램 미래인재 양성

| 2009년 10월 한·중·일 3국 정상은 '아시아판 에라스무스 프로그램'을 추진하기로 합의했다. '에라스무스 프로그램'이란 상호 학점 인정과 공동 커리큘럼 개발을 통해 EU 회원국 내 대학생들이 역내 타 국가에서 수업을 들으며 학점을 얻을 수 있는 학생교류 프로그램이다.

아시아판 에라스무스 프로그램을 대학생뿐만 아니라 중·고등학생까지 확대하는 것도 검토해볼 만하다. 또 세계의 리더를 길러낸다는 미국 하버드 케네디스쿨처럼 아시안 리더십스쿨을 만들어 아시아 각국 정치·사회·문화 리더들이 교류하는 장으로 만들 필요가 있다.

하토야마 유키오(鳩山由紀夫) 전 일본 총리가 주장한 '캠퍼스 아시아'와도 유사한 개념이다. 우선 한국 서울대, 일본 도쿄대, 중국 베이징대 3개 대학이 학점 취득을 교류할 수 있도록 만들어주고, 이후 점차적으로 많은 대학이 참여하도록 유도하는 방법을 생각해볼 수 있다. 성공적으로 운영된다면 더 많은 나라들과 협력해 나갈 수 있을 것이다.

## 아시아 비즈니스스쿨, 로스쿨 설립

아시아 특유의 경영 전략을 가르치고 아시안 기업인들의 네트워킹을 도울 비즈니스스쿨 설립 역시 시도해볼 가치가 있다. 현재 아시안 비즈니스스쿨에 가장 근접한 모델로는 고려대학교의 'S³Asia MBA'를 꼽을 수 있다. 고려대와 중국 푸단대학교, 싱가포르국립대학교 MBA 입학생이 각각 한 학기씩 체류하며 강의를 받는 형태다.

장하성 고려대학교 경영학과 교수는 "아시아에서 경영할 사람이 미국이나 유럽에 가서 공부한 후 다시 아시아로 돌아오는 관행을 벗어나게 해야 한다"며, "각국 비즈니스스쿨 격차가 커서 협력이 어려운 만큼 아시안 비즈니스스쿨을 정부 차원의 어젠더로 올릴 필요가 있다"고 말했다. 사실 'S³Asia MBA'는 싱가포르의 리콴유 전 총리의 전폭적인 지지를 받아 만들어졌다.

아시아 공동의 로스쿨 설립도 매력적이다. 중국이 아직 법률

시장 선진화가 뒤처져 있어 각국의 의견을 모으기가 쉽지 않지만 법제도 통합의 첫 걸음을 뗄 수 있는 좋은 방법이다.

보건 분야는 아시아 각국의 의견을 하나로 모으기가 비교적 쉬운 분야다. 갈등 소지가 없어 쉽게 추진할 수 있는 분야이지만 시급한 과제이기도 하다. 2000년 이후 발생한 사스(SARS), 조류독감(AI) 등 고위험 호흡기 전염병 피해가 아시아 지역에 집중돼 지역 경제의 위협 요인이 된 경험이 있기 때문이다. 이런 측면에서 아시안 메디컬스쿨 설립도 고려해볼 만하다. 분야별로 최고 수준 의료기술을 가진 대학병원이 공동으로 메디컬스쿨을 설립해 아시아인에 적합한 의료기술을 발전시키는 아이디어다.

## 원 아시아 서베이 풀 구성

아시아 관련 이슈 서베이 기관을 구성하는 것도 제안할 수 있다. 아시아 각국을 대표하는 경제매체들이 공동으로 설립하여 공동이슈를 조사·분석하고 그 결과 자료를 공유하는 것이다 아시아 각국 주요기업 CEO 대상 설문조사 결과나 기업·소비자 관련 이슈 등이 그런 예가 될 수 있을 것이다.

2009년 11월 한국의 매일경제신문과 일본의 닛케이신문이 한·일 강제합방 100년이 되는 해를 맞아 실시한 설문조사는 언론사 공동서베이의 좋은 예라고 할 수 있다.

당시 두 신문사는 공통 질의항목을 작성한 뒤 각국의 설문대상자에게 질의서를 발송했다. 이를 회수해 서로 데이터를 교환하고 통계를 분석한 뒤 같은 날짜 신문에 게재했다. 과거사라는 민감한 주제임에도 불구하고 양국 재계의 의견을 수렴할 수 있는 좋은 기회였다.

설문 활동을 통해 축적된 지식은 저널로 발행하여 더욱 많은 아시아인들과 나눌 수 있다. 이러한 활동은 원 아시아에 대한 인식을 확산시키고, 아시아 구성원 간 공동체의식을 고취시키는 데 중요한 역할을 할 수 있을 것이다.

### 아시아 데이터센터 구축

클라우드 컴퓨팅을 초점을 둔 아시아 데이터센터를 세우자는 아이디어도 제기되고 있다. 클라우드 컴퓨팅이란 각종 데이터·소프트웨어를 서버 컴퓨터에 저장해두고 인터넷으로 필요할 때마다 내려 받아 사용할 수 있는 환경을 말한다.

**페이스북·삼성SDS 데이터센터**

　스마트폰, 컴퓨터, 태블릿PC 등 다양한 기기를 통해 시간과 장소의 제약 없이 자료를 내려 받을 수 있어 편리하다. 데이터 처리를 위해 실제 작동하는 컴퓨터는 구름(Cloud) 같이 산재한다는 뜻이다.

　이 같은 클라우드 컴퓨팅은 새로운 IT 통합관리모델로 각광을 받고 있다. 현대 사회에서 데이터는 곧 경쟁력이다. 구글, 애플, 마이크로소프트 등 세계적인 IT기업들은 데이터센터를 확보하기 위해 치열한 경쟁을 벌이고 있다.

　그러나 아시아에는 이들 기업처럼 데이터센터를 세우기 위해 대규모 투자를 감행할 기업이 없다. 만약 아시아가 공유할 수 있는 데이터센터를 설립해, 통합·관리한다면 클라우드 컴퓨팅 시대를 맞아 상당한 비용과 인력·노력을 절약할 수 있을 것이다. 국가별로 사용량이 다를 것이므로 쿼터를 정해 데이터의 양을 할당하는 방안을 검토해 볼 수 있을 것이다.

## 한·중·일 3국 협력 사무국 설립

| 2010년 12월 한·중·일 정부는 '3국 협력 사무국 설립에 관한 협정(Agreement on the Establishment of the Trilateral Cooperation Secretariat)'에 서명했다. 3국 협력사무국 설립은 2009년 10월 베이징에서 개최된 제2차 3국 정상회의 때 이명박 대통령의 제안에 따라 추진되어 왔다.

3국이 각각 국내 절차를 거쳐 협정이 발효되면 2011년 중 3국 협력사무국이 출범하게 된다. 3국 협력사무국은 기존의 3국 간 협력을 보다 내실화하고 제도화함으로써 3국 협력의 질적·양적 발전에 크게 기여할 것이다. 특히 한국은 사무국 소재국으로 3국 협력의 발전에 더욱 기여할 수 있을 것으로 기대된다.

## 아시아평화기구 창설

| 아시아 안보의 가장 큰 이슈는 북한 핵문제다. 한반도를 둘러싸고 있는 긴장감에 세계인이 주시하고 있다. 북한의 안보위협은 천안함 폭침사태 및 연평도 포격사건을 계기로 새삼 부각되고 있다. 북한 리스크는 대만의

대륙위원회 정보 광고를 통해서도 알 수 있다. 90초 분량의 이 광고는 북한을 아시아 지역 내 모든 경제 통합에서 제외된 유일한 나라로 꼽으면서 낙오자라고 지적하고 있다. 대만은 제2의 북한의 되기를 원치 않는다며, 중국과의 ECFA(Economic Cooperation Framework Agreeement)를 지지한다는 메시지를 담은 광고다. 이 광고에서 비춰진 북한은 아시아통합을 가로막는 걸림돌이다.

북한이 차단하고 있는 통로로 인한 위험비용은 아시아 전체가 안고 있는 리스크이기도 하다. 하지만 언젠가 한반도에서의 안전이 보장되고 자유통행이 가능해지면 물류비용이 줄어들고 비즈니스가 더욱 활성화될 것이다. 원 아시아를 위해서라도 북한의 핵 개발 중단 및 개방을 유도하는 데 모든 노력을 기울여야 한다.

이런 측면에서 한국이 2차 회의를 주최하는 핵안보정상회의는 중요한 기회가 될 수 있다. 핵안보정상회의는 비록 역사가 길지 않지만 세계 50여 개국의 정상들이 참여한다는 점에서 안보 분야의 G20회의로 불릴 정도로 중요한 위상을 갖고 있다. 중국과 일본이 묘한 경쟁관계를 지속하는 한 특정국가가 주도하는 다자안보협력이 실질적인 성과를 내기란 쉽지 않은 일이다.

이런 상황에서 한국은 '미들 파워'로서 중재자 역할을 할 수 있다. 더 나아가 핵안보정상회의를 통해 가칭 '아시아 평화기구' 창설을 도모해 봄직하다.

## 아시아평의회 설립

| 이런 연쇄적인 미니뱅을 통해 아시아 각국은 '아시아평의회(Asia Council)'를 설립하는 초석을 다질 수 있다. 유럽연합(EU) 탄생에 결정적인 역할을 했던 유럽평의회(European Council)처럼 아시아통합을 위한 최고 의사결정기구로 자리매김할 수 있을 것이다. 1949년 시작된 유럽평의회는 각국 정상들을 한 자리에 모아 정기적으로 개최됐다. 유럽평의회는 유럽통합에 걸림돌이 됐던 국가 간 이견을 조율하고 세부 합의를 도출하는 핵심 역할을 했다.

이처럼 아시아평의회도 통합을 방해하는 걸림돌을 뽑아내고 각국이 '윈-윈(Win-Win)'할 수 있는 최선의 방안을 찾는 결정적인 역할을 하게 된다. 원 아시아 출범을 위한 강력한 엔진이 될 수 있다.

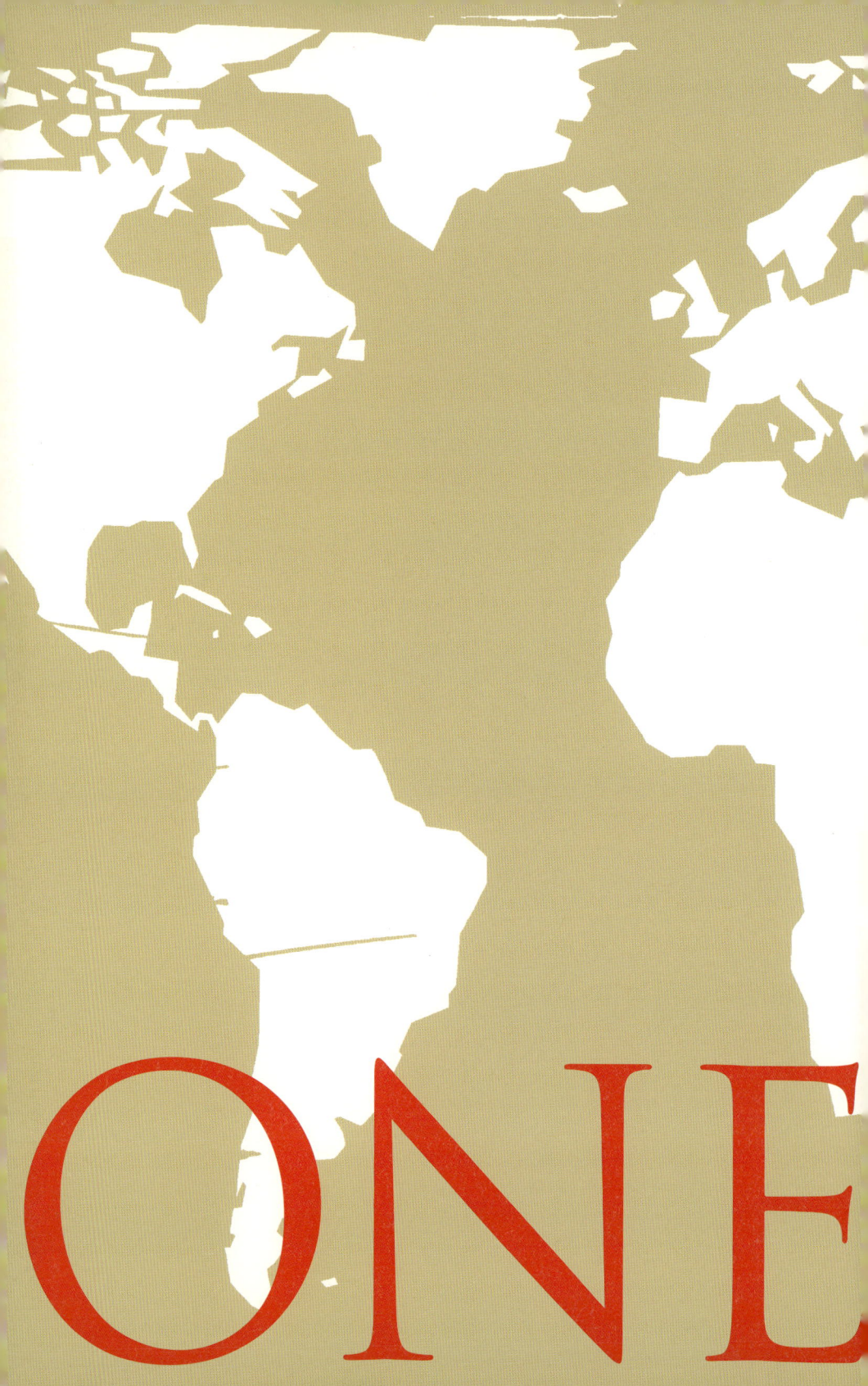

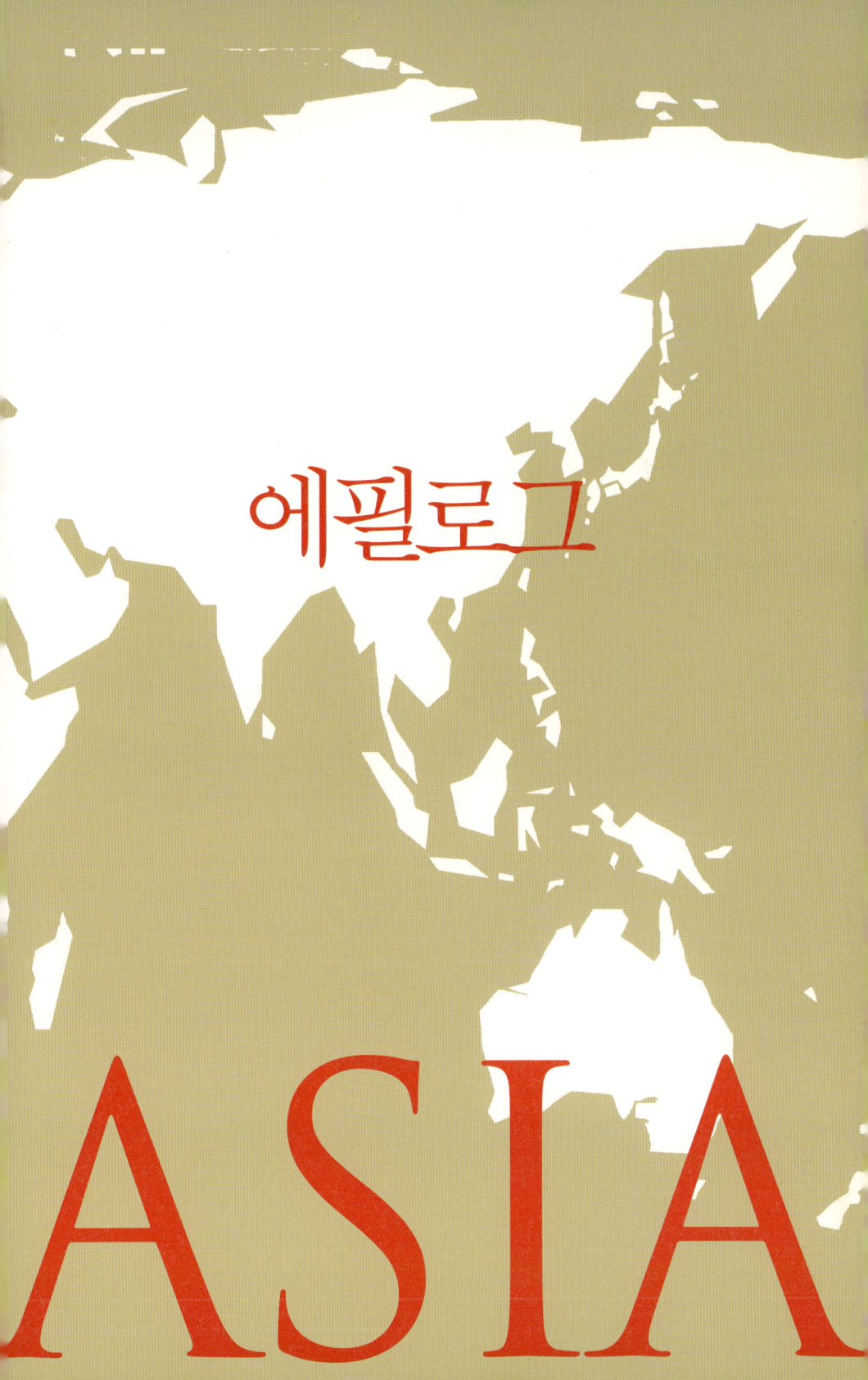

ONE ASIA

원 아시아로 가는 길은 쉽지 않을 것이다. 심지어 원 아시아의 범위와 대상마저 모호한 상황이다. 그러나 EU나 NAFTA(북미자유무역협정)가 통합을 이뤄 이득을 키워가는 상황에서 아시아만 우두커니 방관할 수는 없다. 느슨한 형태로나마 결속을 다지는 변화가 요구된다. 변화를 꾀하자면 모멘텀이 필요하다. 바로 '원 아시아 모멘텀'이다.

## 원 EU 모멘텀

| 지역통합의 모멘텀은 EU 탄생에서 찾는 게 지름길일 것이다. 1950년대 ECSC(유럽석탄철강공동체)를 기점으로 유럽통합의 개념이 싹터서 곧 EEC(유럽경제공동체)로 발전하고 EFTA(유럽자유무역연합)를 흡수했다. 그 후 EC(유럽공동체)로 개념을

확장시켜 1993년 EU(유럽연합)를 만들어냈다. 이렇게 성공한 데는 항상 실행 주체가 있었다.

아시아 상황과 대비해보면, 지금 아시아에는 통합을 향해 굴려나갈 모티브가 약한 편이다. ASEAN+3, 한·중·일 정상회담, 치앙마이 이니셔티브 다자화(CMIM) 등 몇 개의 소그룹이 산발적으로 흩어져 있는 모습이다. 1997년 1차 외환위기가 발생하자 ASEAN이 한·중·일을 초청해 ASEAN+3를 만들고 2005년에는 한·중·일 재무장관이 3개국 공동통화를 탄생시키자고 목청을 높였다. 하지만 아직까지 뚜렷한 성과는 없는 상태다.

한편 2011년 아시아개발은행(ADB) 연차총회에서는 '원 아시아'의 구체적 실현방안으로 '아시아비전위원회(Asia Vision Committee)'의 설립에 대한 의견이 제시되었다. 아시아 국가들의 역내 경제 통합을 가속화하기 위한 논의를 시작한다는 점에서 바람직한 노력으로 평가받는다. 앞서 열린 ASEAN+3 재무장관회의에서는 2012년 회의부터는 각국의 중앙은행총재도 참석하는 'ASEAN+3 재무장관·중앙은행총재회의'로 확대하기로 합의했다.

EU가 탄생하기까지 역사를 간략하게 살펴보면, '하나로 묶어 보자'는 공감의 형성과 끈기 있게 결실을 맺어나가는 자세가 성공의 견인차였음을 발견하게 된다. 유럽을 통합시키자는 구상은 약 370년 전 프랑스 재무장관 슐리에 의해 시작됐으며 약

200년 전 생시몽도 같은 꿈을 꾸었다. 1849년 빅토르 위고는 유럽합중국이란 말을 처음 제시했는데 미합중국 탄생에서 영감을 얻었을 것으로 보인다.

그 후 윈스턴 처칠은 1946년 스위스에서 한 연설에서 "유럽에도 국제연합 같은 대표기구가 있어야 한다"고 선언했다. 이 연설이 제2차 세계대전 협상 시 영국 진영에서 역할을 톡톡히 했던 프랑스의 장 모네에게 영감을 주었고, 이른바 모네플랜이 탄생됐다. 이를 바탕으로 ECSC를 이뤄내는 데 성공했다. 이후 장 모네는 EEC의 의장으로 활동하기도 했다.

원 EU의 모멘텀은 독일을 재무장시켜선 안 된다는 공감대, 그리고 몇몇 정치가들의 뛰어난 리더십, 지리적으로 미국보다 가깝다는 거리상의 이점, 같은 기독교 문명권, 과거 로마제국의 공통역사 등이 상호 복합적으로 작용함으로써 얻어졌다.

## 원 아시아 모멘텀

| 글로벌 금융위기 후폭풍으로 2010년 초반 그리스, 포르투갈, 아일랜드 등이 곤경에 처했다. 그러자 유럽중앙은행이 나서서 7,500억 유로의 구제금융을 마련해 이들 국가를 살려내는 모습을 연출했다. 아시아 국가들은

이 광경을 부러움 반, 호기심 반으로 목격했다. 물론 EU 체제는 적지 않은 단점과 허술함을 갖고 있다. 유럽발 재정위기 자체가 EU의 결함이라고 볼 수 있다. 하지만 EU의 경우 공(功)이 과(過)를 압도한다고 평가할 만하다.

아시아는 두 차례 혹독한 위기를 겪었다. 당시 아시아 국가들이 힘을 합쳤더라면 위기를 극복할 수 있는 훨씬 쉬운 길을 찾았을지도 모른다. 아시아 공동통화가 있었거나 아시아중앙은행이 존재해 구제의 손길을 내밀었더라면, 1997년 외환위기 때 한국의 통화가치가 순식간에 반 토막 나는 참화를 면했을 것이다. 또 유럽의 NATO와 같은 집단안보체제가 있었더라면, 북한의 연평도 포격이나 천안함 사건 혹은 핵실험에 보다 효과적으로 대처할 수 있었을 것이다.

이러한 경제공동체·집단안보체제의 필요성을 깨닫는 것, 그리하여 행동으로 옮겨야 할 동기를 발견한 심리상태가 바로 '모멘텀(Momentum)'이다.

1991년 당시 마하티르 빈 모하마드 말레이시아 총리는 원 아시아에 대한 탄탄한 공감대와 행동욕구, 즉 '원 아시아 모멘텀'에 대해 "아시아가 하나로 되려면 각국들이 서로 긴밀한 협조체제와 각국에 걸맞은 장단기 전략을 세워야 한다"고 말했다.

현실론자인 그는 먼저 동남아·동북아가 그룹별로 해보고 잘

> **장 클로드 라레슈 INSEAD 교수의 모멘텀 전략**
>
> 모멘텀이란 그 자체의 성공으로부터 스스로의 에너지를 축적해 성장의 가속효과를 만들어내는 힘을 뜻한다. 마케팅 활동을 통해 제품 판매를 고객들에게 밀어붙이는 것이 아니라 제품 자체가 스스로 팔릴 수 있도록 해야 한다는 것이다.
>
> 모멘텀 전략은 기업 스스로 끊임없이 성장의 기회를 찾아 나서게 하고 이를 붙잡을 수 있도록 해준다. 또한 기업 스스로 물살을 만들어 올라타고 멀리까지 갈 수 있게 만들어주는데, 경쟁자들은 그 물살의 끝에서 허우적거린다. 이 기회를 놓치지 말아야 한다는 것이 모멘텀 전략이다.[30]

되면 나중에 인도를 참여시키면 된다고 했다. 즉 ASEAN, 한·중·일 3국이 협의체 혹은 블록 형태로 경제통합 노력을 해보고, ASEAN+3를 하나로 통합실현을 해보자는 구상이다. 이 노력이 결실을 맺으면 가치관 차이가 있는 인도까지 끌어들이자는 2단계 전략이다. 매우 실용적인 접근이라 할 수 있다.

유럽정책연합연구의 표토르 카진스키가 "무조건 잔걸음으로

---

30) 장 클로드 라레슈(Jean-Claude Larreche), 《모멘텀 이펙트 : 효율적 성장의 비밀》, 교보문고, 2009

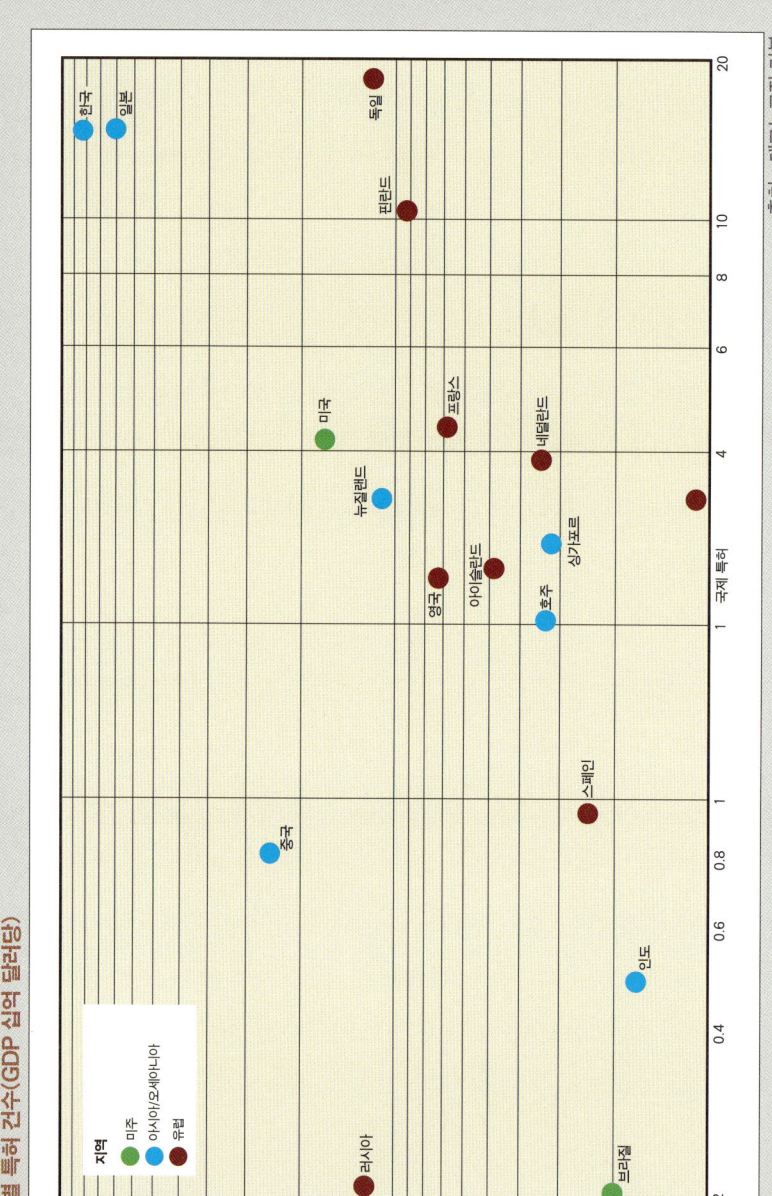

잘게 쪼개서 가라"고 말한 것은 적절한 충고다. 로마왕국과 기독교 문화라는 공통분모를 바탕에 깔고도 EU가 합중국의 경지에 도달하기까지 무려 60년 가까이 걸렸음을 망각해선 안 된다.

원 아시아 모멘텀의 한 분야로 주목해야 할 것은 미래 기술 선점 능력이다. 이런 저력은 특허 출원에서도 확인된다.

〈테크놀로지 리뷰(Technology Review)〉에 실린 분석에 따르면 한국과 일본은 경제 규모에 비해 상대적으로 특허 출원이 가장 높은 국가다. 국내뿐 아니라 해외에 출원하는 비중도 상대적으로 높은 것으로 나타났다.[31]

이렇게 특허 출원이 활발하다는 것은 그만큼 미래 시장을 준비하는 능력을 갖추고 있다는 뜻이다. 한국과 일본은 R&D 분야에 종사하는 인력의 비중도 상대적으로 높은 것으로 나타났다.

특허 전쟁 시대에 맞서 기술 강자가 세계를 이끌 것이라는 점은 누구도 부인하지 않는다. 특허를 바탕으로 한 원천 기술은 아시아 내 역동적인 산업 협력을 가속시킬 것이다. 이런 측면에서 특허 분야 잠재력은 또 하나의 원 아시아 모멘텀이다.

---

31) Brian Bergstein , 〈Technology Review〉, 2011.04. pp.22~23

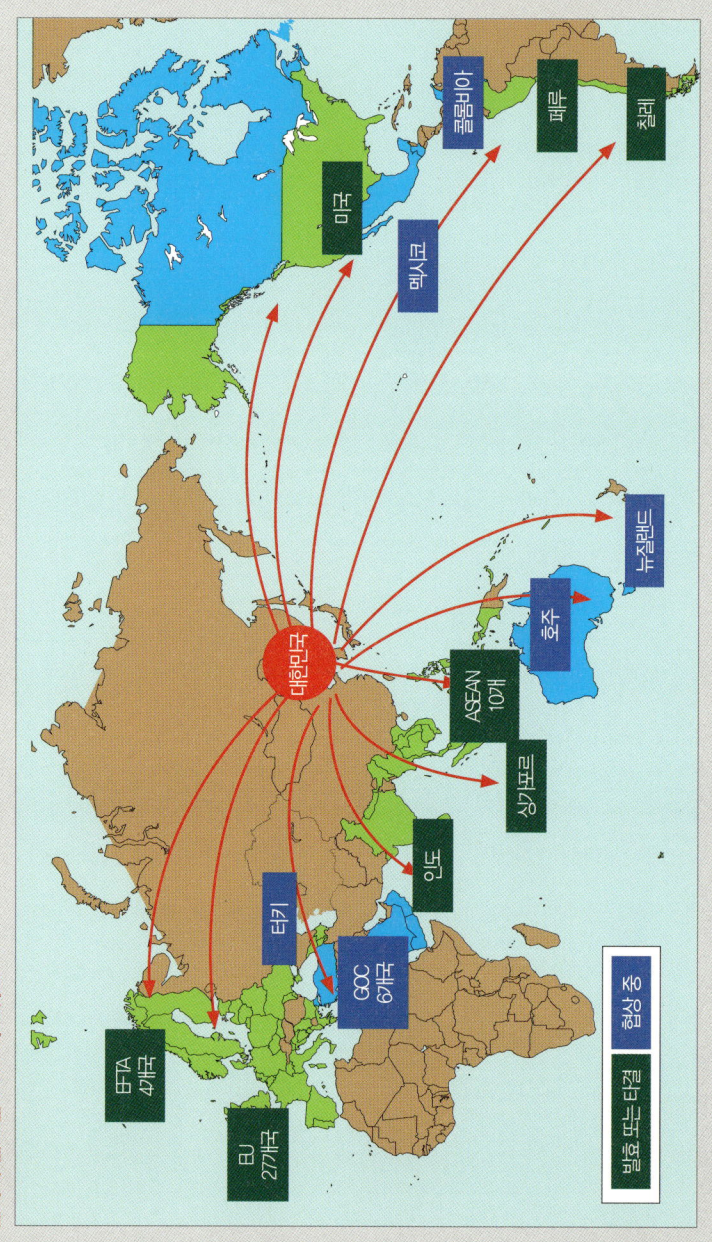

## 한국, 원 아시아 촉진자 · 조정자

| '원 아시아 모멘텀'을 일으키기 위한 한국의 역할은 '촉진자(Facilitator) · 조정자(Coordinator)'다.

〈인터내셔널 헤럴드 트리뷴(IHT)〉은 "전반적으로 한국은 동남아에서 환영받고 있다"면서 "이는 강적으로 간주될 정도는 아니지만 미·일·중으로부터 때로는 괴롭힘을 당한다고 느끼는 나라들에게 여러 대안을 제공할 만큼 중요하다"고 진단했다. 그러면서 "한국의 영향력 확대를 주시하지 않는다면, 중국은 더 많은 것을 잃을 수 있다"고 전망했다.

미·일·중이 외교적으로 각축을 벌이는 상황은, 한국이 해야 할 원 아시아의 중재자 역할이 이상이 아닌 현실임을 다시 한 번 일깨워준다.

많은 이들이 아시아를 둘러싼 중·일 대립의 중재자로서 한국의 역할에 큰 기대를 하고 있다. 한국이 아시아통합 관련 이슈를 선점한다면 중국과 일본 사이에서 원 아시아의 지렛대를 움직이는 것이 그다지 어렵지만은 않을 것이다.

이뿐만이 아니다. 〈인터내셔널 헤럴드 트리뷴〉의 보도처럼 한국은 선진국과 개발도상국, 동북아시아와 동남아시아 사이에서 가교 역할을 맡을 수 있다. 어느 한 쪽에 치우치지 않아 거부감이 적기 때문이다.

이런 관점에서 한국은 경제개발과 위기극복 경험을 동남아시아나 남부아시아는 물론 중앙아시아와 서아시아 개발도상국에 보다 적극적으로 전수해야 할 필요성이 있다. 세계에서도 가장 낮은 수준의 출산율을 감안하면 한국 입장에서도 민족주의 타성에서 벗어나 다문화를 받아들이는 것이 중장기적인 발전에 도움이 될 것이다.

이외 한국은 아시아에서 유일하게 미국·EU와 FTA를 체결한 나라로서 원 아시아와 미국·유럽을 연결시킬 고리역할을 할 수 있다. 요컨대, 원 아시아는 한국에게 천재일우(千載一遇)의 기회가 될 수 있다.

## 작은 원들과 큰 원

| 2010년 11월 튀니지 과일장수 마흐메드 부아지지가 경찰에 손수레를 빼앗기고 분신자살을 할 때까지만 해도 이 사건이 튀니지·이집트·리비아 이슬람의 민주혁명으로 불타오를지 아무도 몰랐다. 역사란 그런 것이다. 방아쇠를 당기는 사건은 대개 우연히 만들어진다. 그렇지만 성냥불을 그었다고 해서 아무렇게나 타오르는 것은 아니다. 미리 가스가 차오르고 기름이 끼얹어져 있어야 불길이 번지는 법

이다.

 단번에 원 아시아라는 어마어마하게 큰 원을 그려낼 수 없다면 각 지역에서 작은 원들을 부지런히 그려내는 게 큰 성공을 위한 밑거름이 될 것이다.

 EU가 바로 그런 예다. EU가 있기까지 석탄철강공동체, 원자력공동체, 유럽통계처, 관세동맹, 센겐협정(국경통제폐지), 마스트리히트조약(경제통화통합), 유럽중앙은행 창설, 유럽헌법 가결 등 작은 성공들이 촘촘히 드리워져있던 칸막이들을 하나씩 거두어나갔다.

 궁극적으로 아시아가 느슨한 통합체에라도 도달하려면 아시아지역에도 이런 일이 반복적으로 일어나야 한다. 호수에 여러 번 돌을 던지면 여러 작은 원들이 파장을 일으키며 다른 원으로 다가간다. 그리고 마침내 호수 전체가 하나의 큰 원으로 연결되는 것을 볼 수 있다. 원 아시아 구상도 마찬가지다.

## 원 아시아 액션플랜

 | 원 아시아로 가기 위한 액션플랜은 다양한 형태로 제시돼왔다. 그중에서도 가장 시급한 과제로 꼽히는 것은 통계통합이다. 유럽통합 과정에서 가장 먼저

생긴 조직은 1953년 설립된 유럽통계처(Eurostat)다. 한·중·일 3국 협력 사무국이 한국에 들어서면 사무국 내에 아시아통계팀을 만들고 이를 발전시켜 아시아연합통계처(Asiastat)를 설립할 필요가 있다.

액션플랜도 작은 분야부터 시작하는 것이 좋다. 보건과 교육은 갈등의 소지가 적은 분야다. 아시아보건기구(Asian Health Organization), 아시안 비즈니스스쿨, 아시안 로스쿨 등을 검토해볼 필요가 있다. 이 가운데 신종플루, 사스(SARS) 등 국경을 넘나드는 각종 전염병에 대응하기 위한 보건기구 설립은 매우 시급하다.

자격증 상호 인증 역시 '미니뱅' 전략이 필요한 부분이다. 앞으로 역내 국가 간 FTA 체결이 늘어날수록 이런 표준화 필요성이 커질 것이다. 아시아 관련 이슈 서베이 기관을 구성하거나 클라우드 컴퓨팅을 가능케 할 아시아 데이터센터를 공유하는 방안도 고려해볼 수 있을 것이다.

이런 연쇄적인 노력을 통해 지향해야 할 중간 디딤돌은 '아시아평의회' 설립이다. 유럽연합(EU) 탄생에 결정적인 역할을 했던 유럽평의회(European Council)처럼 아시아통합을 위한 최고 의사결정 기구가 필요하다. 1974년 시작된 유럽평의회는 유럽통합에 걸림돌이 됐던 국가 간 이견을 조율하고 세부 합의를 도출하는 핵심 역할을 했다.

## 한·중·일 FTA

  앨런 디어도프 미시간대 교수는 매일경제가 공동주최하는 한·미경제학회 특별강연에서 "한·중·일 세 나라는 정치·경제적으로 매우 복잡성을 띤 나라다. 그러나 무역자유화를 하지 않으면 손해라는 생각을 모두가 갖고 있다. 바로 이런 이유로 시간이 얼마나 걸리든지 간에 한·중·일 FTA는 결국 성사될 것으로 생각한다"고 말했다.

한·중·일 FTA 3국의 시장규모는 유럽연합, 북미자유무역협정(NAFTA)에 이어 세계 3위의 큰 시장이다. 3국은 세계 총 교역규모의 5분의 1가량을 차지하고 있다. 그럼에도 불구하고 3국 간 교역비중은 20%대로 EU나 NAFTA의 60% 수준보다 훨씬 낮다. 이는 한·중·일 역내 소비시장이 커질 여지가 그만큼 크다는 뜻이기도 하다.

한·중·일 FTA가 성공하면 한·중·일+ASEAN에 호주, 뉴질랜드, 인도 등 3국을 포함한 광역 FTA 결성도 가시권으로 들어올 수 있을 것이다.

이러한 자유무역지대 팽창은 무역으로 먹고사는 한국에게는 큰 이익을 선사할 것이다. 대만과 중국의 경제협력(CEFA)이 한국의 경쟁력을 일정 부분 잃도록 만든 게 사실인데, 자유무역지대 확장은 이를 커버해주고도 남는다. 대외경제정책연구원(KIEP) 분석에 따르면 3국이 FTA를 체결하면 3국의 GDP는 한국 5.14%, 중국 1.54%, 일본 1.21% 증대될 것으로 추산된다. 3국 모두 득을 보게 되지만 한국의 수혜 폭이 훨씬 크다.

시간이 걸리더라도 한·중·일 FTA는 의미 있는 진전을 만들어갈 것이다. 성과를 보이고 있는 치앙마이 이니셔티브 다자화(CMIM) 체제도 굳이 ASEAN+3에 머물 것이 아니라 범위를 확대시키려는 노력이 필요하다.

## 원 아시아는 미래다

아시아는 빠르게 부와 지식을 축적하고 있다. 이제는 아시아의 지속가능한 미래성장을 위한 해법을 고민해야 한다. 바로 원 아시아다. 강력한 원 아시아 모멘텀을 어떻게 창조할 것인가? 아시아는 어떻게 세계 시장에 혁신적인 가치를 부여할 것인가? 아시아를 한발 앞서 나가게 하는 모멘텀을 어디서 찾고 어떻게 실현할 것인가? 이런 질문들에 대한 대답을 준비해야 한다.

저자는 INSEAD(유럽경영대학원)의 장 클로드 라레슈(Jean-Claude Larreche) 교수와 기업의 효율적 성장 비밀인 '모멘텀 이펙트(Momentum effect)'에 관해 대화를 나눈 적이 있다. 모멘텀 전략이란 '스스로 물결을 만들어 올라타고 멀리까지 가게 만드는 것(지속 성장)'이라는 점을 공유할 수 있었다. 지금 아시아인들은 새로운 물결(New wave)을 만들고 있다. 이 기회를 놓치지 말아야 한다. 단순히 기업 차원에서뿐만이 아니라 국가 차원에서, 아시아 차원에서 모멘텀 이펙트를 찾고 실행해야 한다.

2011년 3월 발생한 동일본대지진은 전후 일본에 최악의 피해를 야기했다. 더군다나 일본은 정치적 혼란 속에 GDP의 200%가 넘는 국가채무에 신음하고 있다.

그러나 역으로 이런 상황이 원 아시아 논의가 탄력을 받는 계기가 될 수도 있다. 이번 일본대지진은 아시아인을 변화시키는 계기가 됐다. 서로에 대한 배려와 도움, 그리고 상생을 생각하게 했다.

블룸버그 칼럼니스트인 윌리엄 페섹은 일본대지진이 주는 세 가지 잠재적 희망 요소들(Silver linings)에 주목했다. 1855년 '대지진'이 막부의 종말을, 1923년 '관동대지진'이 군국주의의 발호를, 1995년 '한신대지진'이 전후 일본 경제 부흥기의 종말을 예고했다. 따라서 이번 대지진도 일본에게 전환점이 될 것인데, 일본 경제에 일종의 '웨이크업 콜(Wake-up call)' 역할을 할 수 있다고 강조했다. 또 일본이 한·중과 관계를 회복할 기회라고 봤다. 페섹은 특히 일본과 중국 정부 간 경제·영토·군사·역사분야의 긴장을 완화시킬 것이라고 봤다.

아시아는 지금 빠르게 변화하고 있다. 하지만 많은 아시아인들은 새로운 변화를 알지도 못하며, 안다 해도 적응을 못하고 있다. 이런 사람이나 기업, 그리고 국가들은 거센 물결에 쓸려갈 것이다.

아시아는 이미 하나의 거대한 물결을 타고 항해를 시작했다. 이 기회를 활용해야 한다. 원 아시아(One Asia)는 여러분의 미래다.

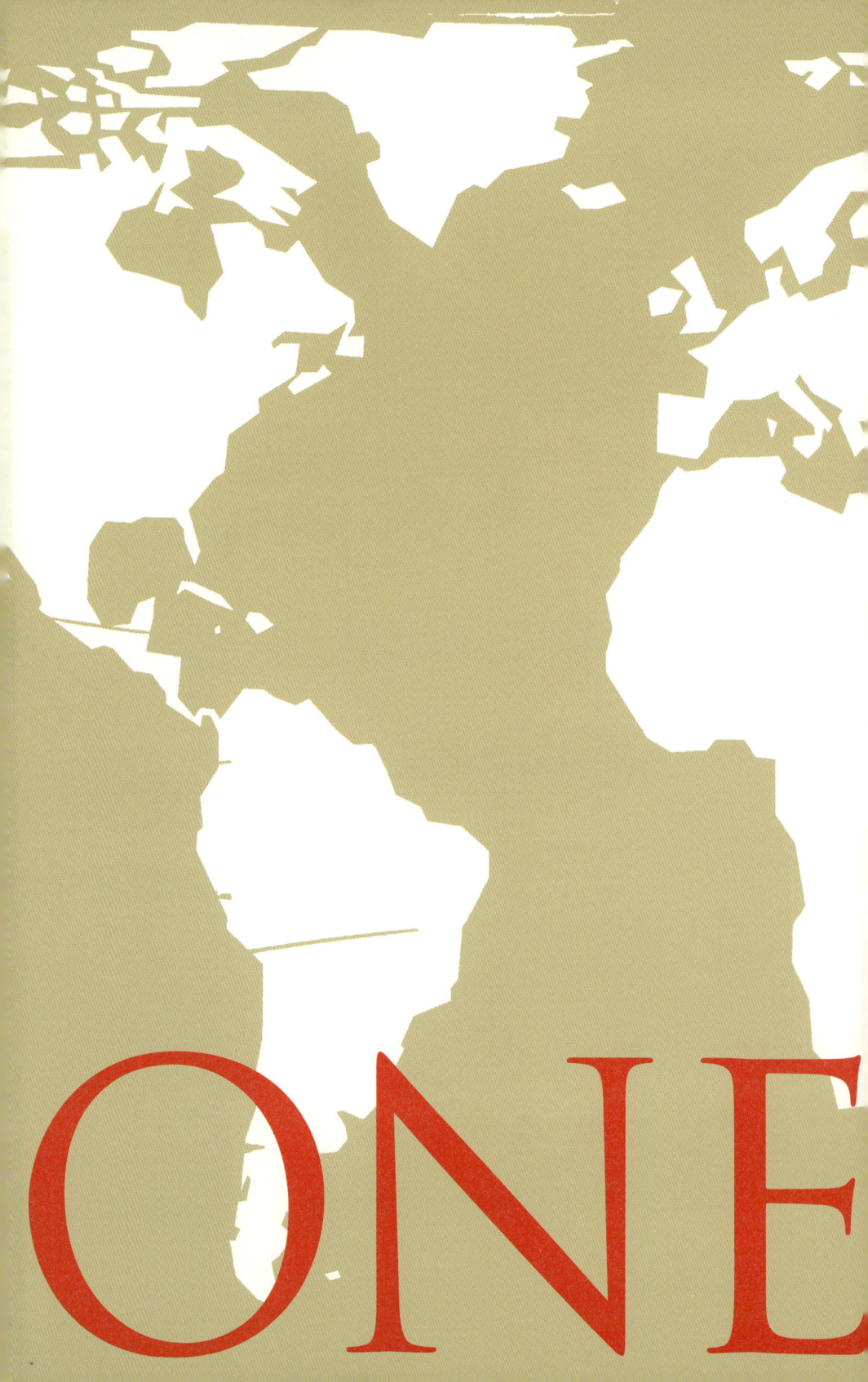

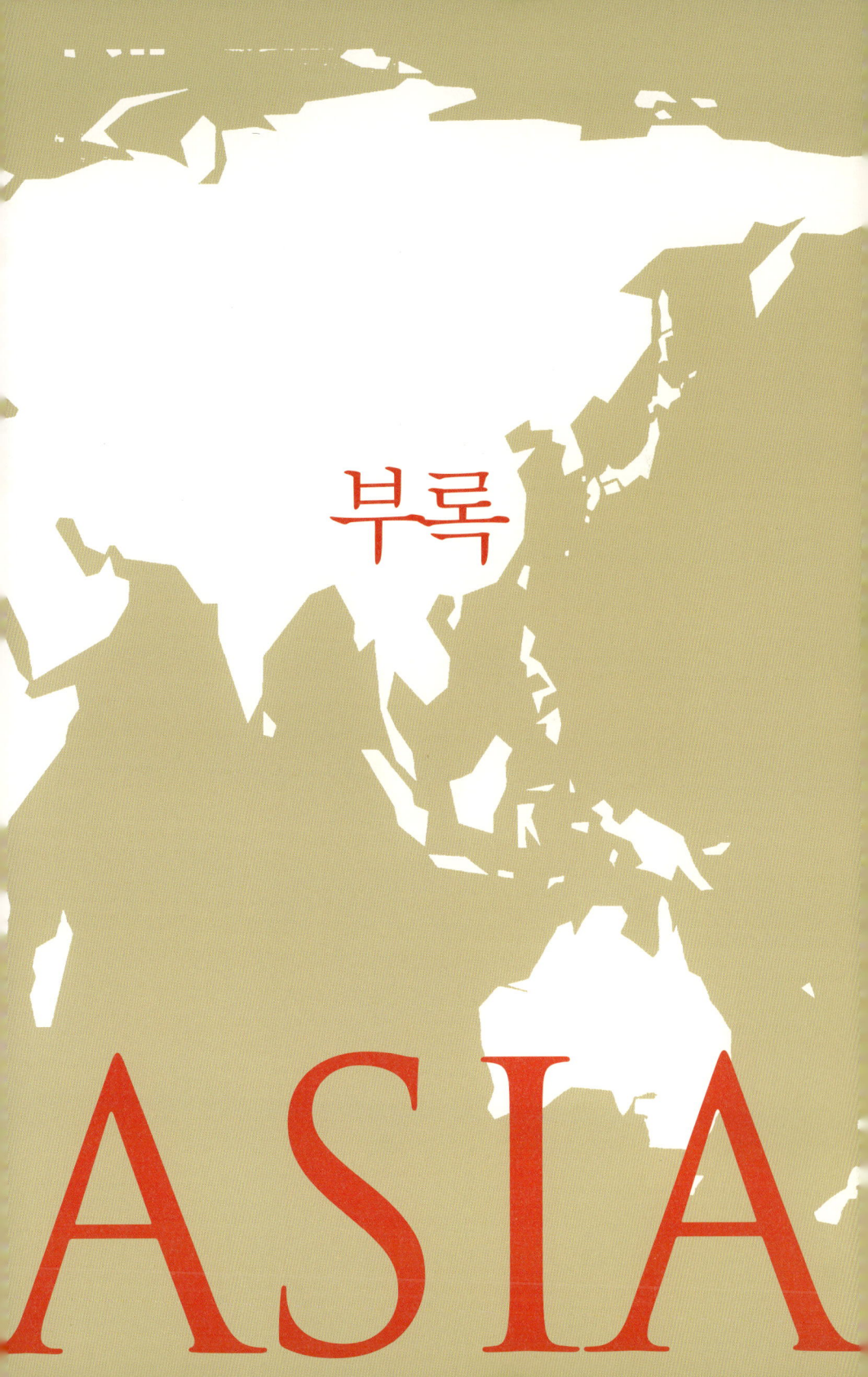

ONE ASIA

# 한국의 FTA 추진현황

| 진행단계 | 상대국 | 추진현황 | 의의 |
|---|---|---|---|
| 발효<br>(5건, 16개국) | 칠레 | 1999년 12월 협상 개시, 2003년 2월 서명, 2004년 4월 발효 | 최초의 FTA 중남미 시장의 교두보 |
| | 싱가포르 | 2004년 1월 협상 개시, 2005년 8월 서명, 2006년 3월 발효 | ASEAN 시장의 교두보 |
| | EFTA<br>(4개국) | 2005년 1월 협상 개시, 2005년 12월 서명, 2006년 9월 발효 | 유럽 시장 교두보 |
| | ASEAN<br>(10개국) | 2005년 2월 협상 개시, 2006년 8월 상품무역협정 서명, 2007년 6월 발효, 2007년 11월 서비스협정 서명, 2009년 5월 발효, 2009년 6월 투자협정 서명, 2009년 9월 발효 | 제3위 교역대상 |
| | 인도 | 2006년 3월 협상 개시, 2009년 8월 서명, 2010년 1월 발효 | BRICs국가, 거대 시장 |
| 체결<br>(3건, 29개국) | 미국 | 2006년 6월 협상 개시, 2009년 8월 협정 서명, 2010년 12월 추가협상 완료 | 거대 선진경제권 |
| | EU | 2007년 5월 협상 출범, 2009년 7월 협상 실질 타결, 2009년 10월 가서명, 2010년 10월 정식서명 | 세계 최대경제권<br>(GDP기준) |
| | 페루 | 총 4차례 협상 개최(2009년 3·5·6·10월), 2010년 11월 가서명 | 자원부국, 중남미 진출 교두보 |
| 협상진행<br>(7건, 12개국) | 캐나다 | 2005년 7월 협상 개시, 2008년 3월 제13차 협상 개최 | 북미 선진 시장 |
| | GCC<br>(6개국) | 2007년 11월 사전협의 개최, 총 3차례 협상 개최(2008년 7월, 2009년 3·7월) | 자원부국, 중동국가와의 최초 FTA |
| | 멕시코 | 2007년 12월 기존의 SECA를 FTA로 격상하여 협상 재개, 2008년 6월 제2차 협상 개최 | 북중미 시장 교두보 |
| | 호주 | 2007년 5월~2008년 4월 민간공동연구, 정부 간 예비협의 2차례 개최(2008년 10월,12월), 총 5차례 협상 개최 (2009년 5·9·12월, 2010년 3·5월) | 자원부국 및 오세아니아 주요 시장 |

| | | | |
|---|---|---|---|
| | 뉴질랜드 | 2007년 2월~2008년 3월 민간공동연구, 정부간 예비협의 2차례 개최(2008년 9·11월), 총 4차례 협상 개최(2009년 6·9·12월, 2010년 5월) | 오세아니아 주요 시장 |
| | 콜롬비아 | 2009년 3월~9월 민간공동연구, 총 4차례 협상 개최(2009년 2월, 2010년 3·6·10월) | 자원부국, 중남미 신흥 시장 |
| | 터키 | 2008년 6월~2009년 5월 공동연구, 2010년 1월 국장급 협의 개최, 총 2차례 협상 개최(2010년 4월, 7월) | 유럽·중앙아 진출 교두보 |
| 협상준비 또는 공동연구 (8건, 14개국) | 일본 | 2003년 12월 협상 개시, 2004년 11월 6차 협상 후 중단, 협상 재개를 위한 실무협의 4차례 개최(2008~2009년), 동 실무협의를 국장급으로 격상한 협의 진행 중(제1차 회의 2010년 9월 개최) | 제4위 교역대상 |
| | 중국 | 2007년 3월~2010년 5월 산·관·학 공동연구, 양국 간 민감성 처리방안에 관한 사전협의 진행 중(제1차 회의 2010년 9월 개최) | 제1위 교역대상 |
| | 한·중·일 | 2003~2009년 한·중·일 3국 간 민간공동연구, 2009년 10월 한·중·일 정상회의 시 공동연구 추진 합의, 2010년 1월 3국 간 국장급준비회의 개최, 총 3차례 공동연구회의 개최(2010년 5월, 9월, 12월) | 동북아경제통합의 기반 마련 |
| | MER-COSUR (4개국) | 2005년 5월~2006년 12월 정부 간 공동연구(2007년 10월 연구보고서 채택), 2009년 7월 무역협정 추진 협의를 위한 공동협의체 설립, MOU 체결 | BRICs국가, 자원부국 |
| | 이스라엘 | 2009년 8월 민간공동연구 개시, 공동연구회의 개최(2009년 8·9월, 2010년 4월), 2010년 8월 연구 종료 | 서부 중동 지역 거점 시장 |
| | 베트남 | 2010년 6월 FTA 공동작업반 제1차 회의 개최 | 제2위 투자대상국 |
| | 몽골 | 2008년 10월 민간공동연구 개시 합의 | 자원부국 |
| | 중미 (5개국) | 2010년 10월 공동연구 개시, 참여국: 코스타리카, 파나마, 과테말라, 온두라스, 도미니카공화국 참여 | 북미와 남미를 잇는 전략적 요충지 |

출처 : 외교통상부

# 용어설명

**ABMI(Asia Bond Market Initiative, 아시아 채권 시장 이니셔티브)**
아시아 국가의 잉여 자본을 불필요하게 역외에 투자하지 말고 역내에 투자해 아시아 역내에서 자금을 환류하자는 제안이다. '원 아시아(One Asia)' 채권 시장을 만들기 위한 핵심 토대로 2003년 한국이 처음 제안했으며, 2010년 5월 ASEAN+3 재무장관회의를 계기로 공식 출범했다. ASEAN+3 국가들은 전 세계 외환보유액의 약 55%를 보유하고 있지만 미국 국채 등 역외 채권 투자에만 의존해 금융위기 등에 취약한 모습을 보여 왔다.

**AH(Asian Highway, 아시안 하이웨이)**
아시아 32개국을 약 14만 $km$로 그물망처럼 엮어 놓은 도로망이다. 국제연합의 아시아·태평양경제사회위원회(ESCAP, Economic and Social Commission for Asia and the Pacific)에서 추진하고 있다. 1992년 ESCAP에서 승인한 아시아육상교통기반개발계획(ALTID, Asian Land Transport Infrastructure Development)의 세 축 중 하나로, 주로 기존의 도로망을 활용해 현대의 실크로드를 목표로 계획되고 있다. 외교 등 여러 문제가 얽혀 있어 실제 연결까지는 적지 않은 시간이 걸릴 것으로 예상된다. 우리나라는 일본-부산-서울-평양-중국-베트남-태국-인도-이란-터키 등으로 이어지는 1번 노선(AH1)과 부산-강릉-원산-러시아(하산)-중국-카자흐스탄-러시아 등으로 이어지는 6번 노선(AH6) 등 2개 노선이 통과된다.
이 중 AH1은 상징적으로 일본 도쿄에서 출발하지만 실제 대륙의 출발지는 부산이다. AH1은 서울·평양에 이어 중국 선양·베이징·우한·광저우, 베트남 하노이·호치민, 프놈펜(캄보디아), 방콕(태국), 양곤(미얀마), 인도 콜

카타·뉴델리, 파키스탄, 아프가니스탄, 이란, 터키를 거친다. 길이가 무려 2만 710km에 달한다.

### ASEAN(Association of Southeast Asian Nations, 동남아시아국가연합)

아시아 국가들의 결속을 위해 1961년 창설됐던 동남아시아연합(ASA)이 해체됨에 따라 설립됐다. 1967년 8월 필리핀, 말레이시아, 싱가포르, 인도네시아, 태국 등 5개국으로 출범했다. 그후 브루나이, 베트남, 라오스, 미얀마, 캄보디아가 가입, 10개국으로 늘어났다.

정상회담, 각료회의, 상임위원회, 전문위원회 등의 조직이 있다. 설립 당시에는 공산주의 팽창에 대응하는 성격이 강했지만 점차 경제 협력체로서 자리매김하게 됐다.

### CMI(Chiang Mai Initiative, 치앙마이 이니셔티브)

1990년대 말 외환위기를 겪었던 동아시아 국가들이 재발 방지를 위해 맺은 통화교환협정이다. 2000년 태국의 치앙마이에서 개최된 ASEAN과 한국, 중국, 일본 재무장관회의를 계기로 출범했다. 위기 시에 체계적인 유동성을 공급하는 것이 기본 역할이다.

### CMIM(Chiang Mai Initiative Multilateralization, 치앙마이 이니셔티브 다자화협정)

치앙마이 이니셔티브(CMI)는 한·중·일과 ASEAN 5개국(태국, 말레이시아, 인도네시아, 싱가포르, 필리핀) 사이의 개별적인 양자 간 스왑계약(서로 다른 통화를 약정한 환율에 따라 일정한 시점에 상호 교환하는 외환거래) 체계였다. 이를 다자간 스왑계약으로 발전시킨 것이 CMIM이다. CMIM이 2010년 공식 출범하면서 규모가 780억 달러에서 1,200억 달러로 확대됐고, 회원국도 ASEAN+3 전체 및 홍콩으로 늘어났다.

### EAEC(East Asia Economic Caucus, 동아시아경제협의체)

유럽과 북미 시장의 통합에 대응하기 위해 마하티르 모하메드 전 말레이시아 총리가 제안한 아시아 경제 블록 구상이다. 동남아국가연합(ASEAN)과 한국, 중국, 일본, 대만, 홍콩이 연합체를 형성하여 공동보조를 취하자는 취지이나 미국, 호주, 캐나다 등 아시아·태평양 지역 국가들을 배제한 한계가 있다.

### EAS(East Asia Summit, 동아시아정상회의)

2005년 12월 말레이시아 쿠알라룸푸르에서 첫 개최됐다. 동아시아공동체 창설을 위해 ASEAN+3(한·중·일) 외 호주, 뉴질랜드, 인도 등 16개 국가가 참가해 매년 열리는 정상회의다. 2006년 회의에서는 동아시아정상회의 비전과 역할을 담은 쿠알라룸푸르 선언문이 채택된 바 있다. 미국은 2011년 발리 정상회의부터 참석하며 EAS와 관계를 돈독히 하려 하고 있다.

### EAVG(East Asia Vision Group, 동아시아비전그룹)

김대중 전 대통령이 1998년 ASEAN+3 정상회의 때 제안해 설치된 ASEAN+3의 민간 자문기구다. 한·중·일을 포함한 동아시아 13개국 민간 인사 26명으로 구성되어 있다. 동아시아 지역협력을 위한 중·장기적인 비전을 연구하고 있다. EAVG보고서는 '평화, 번영과 발전의 동아시아 공동체' 창설을 비전으로 제시한 바 있다.

### ERIA(Economic Research Institute for ASEAN and East Asia, 동아시아 아세안 경제연구센터)

동아시아의 경제 통합에 이바지하는 정책연구 및 통계자료의 정비 등을 통한 정책제언활동을 실시할 것을 목적으로 주로 일본 정부의 출자에 의해 설립된 국제연구기관이다. ASEAN 국가들은 2006년 전문가그룹의 논의를 거쳐 2007년 필리핀 마닐라에서 비로소 설립에 합의했다. ERIA는 ASEAN 정상회의, 경제장관회의 등에 정책제언을 하고 동아시아공동체 구축을 위한 연구

활동 등을 하고 있다.

### FTAAP(Free Trade Area of Asia Pacific, 아시아·태평양 경제자유무역지대)

APEC 21개국 전체가 참여하는 다자간 FTA 구상이다. 2006년 이후 APEC 차원에서 논의되기 시작했다. 아시아·태평양 지역 안에서 체결되거나 논의가 진행 중인 180여 개 양자 간 무역협정이 서로 얽히면서 분쟁이 많아지자, 이를 한꺼번에 해소하기 위한 방안으로 필요성이 제기됐다. 2015년 창설을 목표로 APEC에서 논의되고 있다.

### GMS(Greater Mekong Subregion, 메콩강 유역 개발사업)

아시아개발은행(ADB)이 지난 1992년부터 메콩강 유역의 경제권 개발을 위해 추진 중인 대규모 개발프로젝트다. '확대 메콩강 유역(GMS, Greater Mekong Subregion)'이란 중국(운남성, 광시좡족자치구), 미얀마, 라오스, 캄보디아, 태국, 베트남 등 메콩강을 끼고 있는 6개국을 말한다. GMS의 국가들은 BRICs(브라질, 러시아, 인도, 중국)의 뒤를 잇는 차세대 성장축으로 떠오르고 있다.

### 스파게티볼 효과(Spaghetti bowl effect)

여러 나라가 동시다발적으로 FTA(자유무역협정)를 체결하면 협정 체결효과가 반감할 수 있다는 개념이다. 원산지 규정, 통관 절차, 표준 등을 확인하는 데 따른 시간, 비용 때문에 비효율이 발생할 수 있다는 논리다.

### TAR(Trans-Asian Railways, 아시아횡단철도)

시베리아횡단철도(TSR), 중국횡단철도(TCR), 만주횡단철도(TMR), 몽골횡단철도(TMGR), 남북횡단철도(TKR) 등을 연결해 아시아 대륙 28개국을 지나는 총 연장 8만 1,000$km$에 이르는 철도망을 구축하자는 프로젝트다. 국제연합 아시아·태평양 경제사회위원회(UNESCAP, Economic and Social

Commission for Asia and the Pacific)를 중심으로 1960년부터 사업추진이 논의됐지만, 1970년대 논의가 중단됐다가 1990년대 초반에 이르러서 프로젝트 추진이 재개됐다. 횡단철도가 개설되면 부산-모스크바 사이의 운송거리와 운송시간이 획기적으로 단축돼, 아시아 각국에 물류혁신을 일으킬 것으로 기대되고 있다. 관광열차 운행 등에 따른 경제적 파급효과도 상당할 것으로 전망되고 있다.

**TPP(Trans-Pacific Partnership, 환태평양경제동반자협정)**
2005년 6월 싱가포르, 뉴질랜드, 칠레, 브루나이 등 4개국 간 체결된 무역협정이다. 아시아·태평양 지역의 경제 통합을 위해 2015년까지 농산물을 포함해 관세와 비관세 장벽 완전 철폐를 목표로 삼고 있다. FTA보다 개방 수준이 높은 것으로 평가된다. 미국, 호주, 페루, 베트남, 말레이시아 등이 협상을 벌이고 있다. 또 한국, 일본, 캐나다, 필리핀, 대만 등도 관심을 보이고 있다.

**도광양회(韜光養晦)**
칼날의 빛을 칼집에 감추고 어둠 속에서 힘을 기른다는 뜻이다. 자신의 재능을 밖으로 드러내지 않고 인내하면서 기다린다는 의미다. 1980년대 덩샤오핑(鄧小平)이 내세웠던 중국의 대외정책을 일컫는다.

**돌돌핍인(咄咄逼人)**
기세가 등등하다는 뜻으로 후진타오(胡錦濤) 중국 국가주석이 집권한 이후 점차 강경해지고 있는 중국의 대외정책을 나타낸다. 서방의 언론들은 중국 군부의 입김이 주변국과의 외교문제에 영향을 미치면서 나온 말로 해석한다.

**리스본조약(Treaty of Lisbon)**
2005년 프랑스와 네덜란드 국민투표에서 부결된 EU헌법을 대체하기 위한 조약이다. 정치공동체로 나아가기 위한 '미니 유럽헌법'으로 불리기도 한다. EU 27개 회원국 정상들이 2007년 12월 포르투갈의 수도 리스본에 모여 공식 서명했기 때문에 리스본조약으로 명명됐다. EU 대통령과 외교총책 자리를 신설하고 EU 집행위원 수를 줄이는 등의 내용을 담고 있다.

### 마스트리흐트조약(Treaty of Maastricht)
1991년 최종협상을 거쳐 1992년 네덜란드 마스트리흐트에서 유럽 공동체 가입국이 서명한 조약으로 유럽연합의 기초가 되는 조약이다. 단일통화 사용, 유럽중앙은행 창설 등을 주요 골자로 한다. 유럽공동체(EC)가 시장 통합을 넘어서 정치·경제적 통합체로 발전하기 위한 기반을 제공했다.

### 베이징 컨센서스(Beijing Consensus)
정부가 주도하는 중국식 시장경제 발전모델의 확산을 말한다. 정치적 자유화를 강요하지 않으면서 시장경제의 요소를 최대한 도입한다는 점에서 미국식 시장경제체제의 확산을 뜻하는 워싱턴 컨센서스(Washington Consensus)에 대응하는 개념이다. 정부 주도의 점진적인 경제개혁, 다른 나라의 주권을 존중하는 대외정책 등을 포괄한다. 2004년 중국 칭화대학교 라모 교수가 처음 제시했다.

### 센겐협정(Shengen Agreement)
EC회원국 간 통관, 경찰, 이민정책을 단일화하기 위해 1985년 룩셈부르크 센겐에서 체결된 협정이다. EC의 12개 회원국들을 하나의 시장으로 묶는데 장애가 되어 온 국경의 제거를 목적으로 하고 있다. 이 협정에 가입한 나라끼리는 국내이동과 같은 효과를 지닌다.

### 싱크탱크(Think Tank)
전문가의 두뇌를 조직화해서 이를 자본으로 삼아 영위하는 두뇌집단, 두뇌회사를 말한다. 여러 전문분야의 이질적 두뇌들을 결집시켜 조사·분석 및 연구·개발하여 그 결과로서 얻어낸 지식이나 기술을 제공한다.

### 아시아적 가치(Asian Value)
서양의 학자와 언론 사이에서 1970년대 초부터 쓰이기 시작한 용어다. 아시아 국가들, 특히 1970~1980년대 고도성장을 거듭한 동아시아 국가들의 경제 성장 요인을 설명하는 과정에서 생성된 개념이다. 1980년대부터 한국, 홍콩, 대만, 싱가포르 등 신흥공업국을 '아시아의 네 마리 용(龍)'으로 부르면서, 이들 국가들의 경제 성장이 가부장적이고 권위주의적이며, 인치(人治)와 인정 사상에 바탕을 둔 아시아의 뿌리 깊은 유교적 전통에 기인한다고 보고, 이를 아시아적 가치라고 불렀다.

### 유소작위(有所作爲)
행사할 수 있는 곳에 힘을 행사한다는 뜻이다. 적극적인 관여와 개입을 뜻하는 중국의 새로운 외교 전략을 상징한다. 국제관계에서 중국의 역할을 강조한다. 중국이 북한 핵 문제에 적극적으로 개입해 6자회담을 성사시킨 것이 대표적인 사례로 꼽힌다.

### 클라우드 컴퓨팅(Cloud Computing)
각종 데이터나 소프트웨어를 서버 컴퓨터에 저장해두고 인터넷을 통해 필요할 때마다 내려 받아 사용할 수 있는 환경을 말한다. 스마트폰, 컴퓨터, 태블릿PC 등 다양한 기기를 통해 시간과 장소의 제약 없이 자료를 내려 받을 수 있어 편리하다. 데이터 처리를 위해 실제 작동하는 컴퓨터는 구름(Cloud)과 같이 산재한다는 개념이다.

### 화평굴기(和平崛起)
1980년대 덩샤오핑이 추진한 '도광양회', 1990년대 장쩌민이 추진한 대국외교에 이어 2003년부터 추진하는 중국의 대외전략이다. 세계평화를 지지하면서 대국으로 발전하겠다는 의미다. 2003년 10월 하이난에서 열린 보아오 포럼에서 정비젠 중앙당교 상무부장이 주창했다.

# 참고자료

### 도서

이숙종, 장훈, 《세계화 제2막, 한국형 세계화의 새 구상》, 2010
김애화, 안영민, 임승수, 조예재, 《다극화체제, 미국 이후의 세계》, 2010
매일경제 국제부, 《원 아시아 전략보고서》, 2010
박번순, 《하나의 동아시아: 동아시아 경제공동체, 통합과 공존의 모색》, 2010
이용희, 《동북아경제》, 2010
박세일, 《창조적 세계화론》, 2010
김한성, 방호경, 이창재, 노유연, 《동아시아 FTA 실현을 위한 당면과제와 해결방안》, 대외경제정책연구원, 2009
동북아역사재단 편, 《동아시아 공동체 논의의 현황과 전망》, 2009
최원식, 백영서, 신윤환, 강태웅, 《동아시아의 오늘과 내일》, 2009
조재욱, 《표류하는 동아시아 공동체》, 2009
정인교 외, 《동아시아 경제통합 주요국 입장과 통합관련 이슈》, 2009
송원근, 《동아시아 교역패턴에 대한 분석 및 경제통합에 대한 시사점》, 2009
송원근, 이태규, 김필헌, 《글로벌 금융위기와 동아시아 경제통합》, 2009
하영선 외, 《동아시아 공동체: 신화와 현실》, 2008
외교안보연구원, 《동아시아 지역협력 추진 과제》, 2007
김두진, 《EU 사례에서 본 동아시아 경제통합: 거대기업 역할론》, 2006
양길현, 《동아시아 공동체의 가능성과 전략》, 2005
장대환, 《Knowledge Driver》, 2004
다니구치 마코토, 《동아시아 공동체》, 2004

John & Doris Naisbitt, 《China's Megatrends: The 8pillars of a New society》, 2010

Yukiko Fukagawa, 《Japan and Korea in Globalization and its Backlash: Challenges and Prospects》, 2010

Stephen Roach, 《The Next Asia: Opportunities and challenges for a new globalization》, Wileu, 2009

Joseph F. Francois, Ganeshan Wignaraja, 《Pan-Asian Integration ; Linking East and South Asia》, Palgrave Macmillan, 2009

《Global Trends 2025: A Transformed World》, 2008

Kent E. Calder, Francis Fukutama, 《East Asian Multilateralism: Prospects for regional stability》, 2008,

Martina Timmermann et la, 《Institutionalizing Northeast Asia: Regional steps towards global goverence》, 2008

Kishore Mahbubani, 《The New Asian Hemisphere: The irresistible shift of global power to the East》, 2008

Jean-Claude Larreche, 《The Momentum Effect: The secret of efficient growth》, 2008

Jack Weatherford, 《Genghis Khan and the Making of the Modern World》, 2004

Mahathir bin Mohamad, 《New Deal for Asia》, 1999

Zbigniew Brzenzinski, 《The Grand Chessboard》, 1998

Kishore Mahbubani, 《Can Asians think?》, 1998

Francis Fukuyama, 《The end of history and the lastman》, 1992

Joseph Nye, 《Bound to Lead: The Changing Nature of American Power》, 1990

Mahathir bin Mohamad, 《The Malay Dilemma》, 1970

**Article**

한·아세안센터, 2010, 한-아세안 통계집
김형태, 〈한·중·일 3국 협력 평가와 향후 과제〉, 외교통상부, 2010
조양현, 〈제3차 한·중·일 정상회의 평가와 전망〉, 외교안보연구원, 2010,
한·중·일 정부 간의 3국 협력 사무국 설립에 관한 각서(비공식), 2010, 제3차 한·중·일 정상회의 채택 공동문서
아시아21: 미래경제의 선도적 주체 컨퍼런스 자료, 2010
김한수, 〈A way forward to promote financial cooperation in Asia〉, 자본시장연구원, 2010
신기욱, 〈아시아 문화의 세계화〉, POSCO Asia Forum, 2010
박길성, 이명진, 김영선, 〈동북아 3국의 사회자본 지역공동체 형성〉, POSCO Asia Forum, 2010
중국사학회, 〈교육을 통해 본 중국사〉, 2010
백영서, 〈아시아의 다양성과 실감으로서의 동아시아〉, POSCO Asia Forum, 2009
안경애, 〈동아시아지역 경제 및 통화통합에 관한 한·중·일의 이해관계와 역할〉, 2008
중국사학회, 〈법을 통해 본 중국사〉, 2008
배긍찬, 〈동아시아 지역협력 과제와 전망: 제11차 ASEAN+3 및 제3차 EAS 결과를 중심으로〉, 외교안보연구원, 2007
이동휘, 〈한·미 FTA 이후 동북아 지역협력 방향〉, 외교안보연구원, 2006
배긍찬, 〈동아시아 협력과 미국 변수: EAS 개최문제를 중심으로〉, 외교안보연구원, 2006
배긍찬, 〈동북아시대 구상과 ASEAN+3 협력〉, 외교안보연구원, 2005
배긍찬, 〈동아시아정상회의(EAS)의 향후 전망과 과제〉, 외교안보연구원, 2005
이재승, 〈동아시아통합협력의 가능성 모색: 유럽통화통합의 경험을 중심으로〉, 외교안보연구원, 2001

배긍찬, 〈동아시아 정체성 창출방안 연구〉, 외교안보연구원, 2001
신현종, 〈아시아적 가치와 아시아 금융위기〉, 1999
김종식, 〈동아시아 문화와 경영〉, 1999
2010 KOF Index of Globalization
Dick K. Nanto, 〈East Asian regional architecture: New economic and security arrangements and U.S. policy〉, CRS Report, 2010
Brookings, The U.S., China and Japan in an Integrating East Asia, 2010
Brookings, 〈Simulation of a Crisis in East Asia〉, 2010
Hillary Clinton, 〈Remarks on Regional Architecture in Asia: Principles and Priorities〉, 2010
Atlantic Council, Will China Rule the World?, 2010
Derek Scissors, 〈10 China Myths for the New Decade〉, The Heritage Foundation, 2010
Walter Lohman, 〈Managing Alliances in an Upside-Down World〉, The Heritage Foundation, 2010
American Enterprise Institute, Losing Asia?, 2010
C. Fred Bergsten, 〈The future of APEC and its core agenda〉, APEC 2010 Symposium, 2010
The Brookings Institution, 〈Building Asia Pacific Regional Architecture: The Challenge of Hybrid Regionalism〉, 2009
C. Randall Henning, 〈The future of the Chiang Mai Initiative: An Asian Monetary Fund?〉, Peterson Institute, 2010
Asia-Pacific Finance and Development Center, Emerging trends in regional cooperation and integration in Asia and the Pacific, 2009
Incheon Initiative for the Asia Economic Community, The declaration for the Era of Asia, 2009
JO Yanghyeon, 〈The 2nd China-Japan-ROK Summit Meeting and

Northeast Asian Cooperation〉, IFANS Focus, 2009

Chunh-in Moon, 〈The Politics of Northeast Regional Integration: Opportunities, Constraints, and Prospects〉, 2009

Srinivas Madhur, Ganeshan Wignaraja, Peter Darjes, 〈Roads for Asian integration: Measuring ADB's contribution to the Asian Highway Network〉, ADB Working paper, 2009

The declaration for the era of asia-Incheon Initiative for the Asia Economic Community, 2009

Nagendra Shrestha, 〈The Future of Economic Integration in Asia〉, 2008

Joseph F. Francois & Ganeshan Wignaraja, 〈Economic Implications of Asian Integration〉, 2008

Shabir Mohsin Hasami & Yap Teck Lee, 〈Towards East Asian economic integration〉, 2008

Phil Goff, 〈Evolving Asia pacific Regionalism: Challenges and Opportunities〉, 2008

United Nations, State of the World, 2007

A.T. Kearney, 〈The Globalization Index〉, Foreign policy, 2007

Hubert Schmitz, 〈Rise of the East: What does it mean for Development Studies?〉, 2007

Gloria O. Pasadilla, 〈Fianacial services integration in East Asia:Lessons from the European Union〉, 2006

Masahiro Kawai, 〈Asian Economic Integration: Challenges and Opportunities〉, 2005

Josef T. Yap, 〈Economic Integration and Regional Cooperation in East Asia: A Pragmatic View〉, 2005

Joseph Nye, 〈Soft Power and American Foreign Policy〉, 2004

Paul Evans, 〈The prospects for multilateralism in Northeast Asia:

From Six party talks to a regional security framework?〉, 2004

Taehyun Kim, 〈The vision and realities of Northeast Asian community: The case of multilateralism security cooperation〉, 2004,

John E. Endicott, 〈The role of multinational dialog in Northeast Asia and its relation to the Second nuclear age〉, 2004

Vasily Mikheev, 〈Northeast Asian cooperation, development and security〉, 2004

Raymond Struyk, 〈Transnational think-tank networks: Purpose, membership and cohesion〉, 2002

Anthony Milner, 〈What's happened to Asian Values?〉, 2002

EAVG Report, 〈Towards an East Asian Community: Region of Peace, Prosperity and Progress〉, 2001

World Bank, 〈Global poverty and inequality in the 20th century: turning the corner?〉, 2000

C. Fred Bergsten, 〈The New Asian Challenge〉, 2000

Mahathir bin Mohamad, 〈6th Nikkei Shimbun International Conference〉, 2000

Anthony Milner, 〈'Asia' Consciousness and Asian Values〉, 2000

Takashi Inoguchi & Edward Newman, 〈Asian Values and Democracy in Asia〉, 1997

Amartya Sen, 〈Human Rights and Asian Values: what Lee Kuan Yew and Le Peng don't understand about Asia〉, The New Republic, 1997

Paul Krugman, 〈Foreign Affairs〉, Vol.73, "The Myth of Asia's Miracle", 1994

Bela Balassa, 〈The Theory of Economic Integration〉, 1961

Stephen Bell, 〈UNITED ASIA A POSSIBILITY.; Japan's Ability to

Organize the Greatest Empire Ever Seen〉, 〈NYT〉, 1904
Danny Leipziger, 《An Overview of China: Prospects and challenges》, 2010

### 웹사이트

기획제정부: http://www.mosf.go.kr
대외경제정책연구원: http://www.kiep.go.kr
매일경제: http://www.mk.co.kr
외교통상부: http://www.mofat.go.kr
외교통상부(ODAKOREA): http://www.odakorea.go.kr
외교안보연구원: http://www.ifans.go.kr
한국국제협력단: http://koica.go.kr
한국무역협회 무역통계: http://www.kita.net
한국수출입은행: http://www.koreaexim.go.kr
한국은행 경제통계시스템: http://ecos.or.kr
아시아경제공동체재단: http://www.aecforum.net
위키피디아: http://www.wikipedia.org/
IMF Data & Statistics: http://www.imf.org
IMF Fianace & Development: http://www.imf.org/fandd
UN Comtrade Databaase: http://comtrade.un.org/db
ASEAN Web: http://www.aseansec.org

### TV 프로그램

〈대국굴기(大國崛起)〉-강대국의 조건, 중국 CCTV제작, EBS 특별기획